다양한 인재가 세상을 바꾼다

글로벌 인재포럼 2015

다양한 인재가 세상을 바꾼다

교육부　KRIVET 한국직업능력개발원　한국경제신문 특별취재팀 지음

한국경제신문

왜 '다양한 인재'인가

"넌 무엇에 대해 알고 싶니?"

여러분은 학교에 다니면서 이런 질문을 받은 적이 있습니까? 저는 없습니다. '이것을 아느냐', '저것을 아느냐', '이것을 배워야 한다', '저것을 배워야 한다'는 식으로 많은 것을 학습(學習)하라는 이야기만 들었습니다.

학교에서 보는 시험도 마찬가지였습니다. '얼마나 많이 알고 있는 지'에 대해 묻는 것들뿐이었습니다. 내가 모르는 것이 무엇인지를 생각해보라는 문제나 어떤 특정한 상황에서 제기할 수 있는 문제가 무엇인지에 대해 묻는 질문도 없었습니다. 그렇게 질문보다는 하나라도 더 알도록 하는 '지식을 주입하는 교육'을 받았습니다. 사실 알아야 할 것이 많을 때 적합한 교육 방식이었는데, 일제 식민지에서 벗어나 하루 빨리 경제 개발을 해야 하는 한국에 가장 필요했다고 봅니다. 선진국들이 이뤄 놓은 것을 단기간에 최대한 빨리 흡수하는 것이 한때 우리 교육의 목표였습니다.

지금까지의 경제 개발은 선진국에서 잘 되고 있는 산업을 재빨리 배우는 '따라가기 교육'만으로도 충분했습니다. 선진국에서 이미 답이 나온 것들을 배우는 일이 주(主)였기 때문에 '질문하기'보다는 '학습하는 능력'이 더 중요했습니다. 그래서 당시 초·중·고등학교 시기의 '천재'들은 주어진 문제들을 정해진 시간 내에 얼마나 많이 푸는지가 공부를 잘 하는 기준이었습니다. 한때 인기가 있었던 〈장학퀴즈〉도 단답형 질문으로 우승자를 가렸습니다.

학생들을 한곳에 모아 놓고 지식을 주입시키는 집체식 교육은 중후장대한 공장형 산업을 일으킬 때는 효과적이었습니다. 하지만 지금은 달라졌습니다. 물론 집단의 규율이 여전히 중요하지만, 세상에 없는 것들을 창조하는 '창의성'이 중요해졌습니다.

한국은 이제 국제 사회에서 선진국인가, 아니면 개발도상국인가 하는 문제가 이슈로 떠오를 정도로 성장했습니다. 외국의 원조를 받던 나라에서 원조하는 나라가 됐습니다. 이런 발전은 우리에게 새로운 화두를 던져줬습니다. 바로 선진국들을 따라가는 '배우는 교육'을 어떻게 바꿔야 할 것인가 하는 문제입니다. 배우는 것만으로는 앞서갈 수 없기 때문입니다.

지금 우리 사회에 절실히 필요한 인재는 주어진 문제를 빨리 푸는 유형의 인재, 학습 능력이 뛰어난 인재가 아닙니다. 물론 이런 유형의 인재가 여전히 많이 필요하지만 창의적인 제품으로 세상의 흐름을 주도하는 글로벌 기업들과 '맞장'을 뜨려면 답이 있는지 없는지도 모르는 상황에서 다양한 문제를 설정하고 여러 가지 새로운 시도를 하는 '한계돌파형 인재'와 같은 창조적인 인재가 필요합니다.

따라잡기(catch-up)보다 먼저 움직이는 사람(first mover)을 키우려면

'질문하는 능력'을 키워야 하고, 질문하는 능력을 키우려면 다양한 경험과 시각을 가져야 합니다. 우리 사회에서 다양한 인재를 키우는 일이 그만큼 중요해졌습니다.

또한 한국의 인구 구조도 바뀌고 있습니다. 우리나라에는 이미 100만 명을 훨씬 넘는 외국인이 살고 있습니다. 행정자치부가 발표한 '2015년 외국인 주민 현황' 통계에 따르면 올해 1월 1일 기준으로, 한국에서 사는 외국인 주민은 174만여 명입니다. 지난 10년간 연평균 14.4% 증가했습니다.

우리 사회에서 함께 살아가는 사람들이 다양해진 만큼 교육도 이제는 다양해져야 합니다. '한국은 단일 민족사회'라는 식의 단편적인 인식이나 교육은 바뀌어야 합니다.

〈글로벌 인재포럼〉을 공동 주최하는 교육부, 한국경제신문, 한국직업능력개발원이 올해 10회째를 맞은 이번 행사의 주제를 '다양한 인재가 세상을 바꾼다(Diverse Talent, Changing Societies)'로 정한 것은 이런 의미를 담았습니다. 대중적이면서도 획일적인 교육 시스템이 지금의 한국을 만드는 데 많은 기여를 했지만, 이제는 다양한 가치관을 중시하는 쪽으로 교육이 바뀌어야 한다는 메시지입니다.

'세상을 바꾼다'라는 슬로건은 좀 더 나은 사회로 계속 나아가야 한다는 희망을 담았습니다. 한국은 세계가 놀랄 정도로 빠른 경제 성장을 이뤄냈지만 우리 사회에는 어려운 사람이 여전히 많습니다. 1990년대 말 외환위기와 2008년 글로벌 경제 위기 등을 거치면서 경제 성장의 속도가 느려졌습니다. 이로 인해 사회적 취약 계층이 큰 고통을 받고 있습니다. 이들이 어려움을 이겨나갈 수 있도록 한국을 역동적인 사회로 다시 바꿔야 합니다.

2015년 11월 3일부터 5일까지 서울 삼성동 그랜드 인터컨티넨탈 파르나스 호텔에서 진행한 〈글로벌 인재포럼 2015〉에는 60여 개국에서 120여 명의 HR(human resources: 인적 자원) 전문가들이 연사와 토론자들로 참가했습니다.

고촉통 싱가포르 전 총리는 기조연설에서 "아시아적 가치는 급속한 경제 성장을 이룬 네 마리 용(한국·싱가포르·홍콩·대만)을 키워냈지만 윗사람에게 질문을 못하는 사회적 분위기가 형성됐다. 마음껏 질문하는 문화는 간단해 보이지만 창의적인 인재를 키워내는 데 핵심"이라고 강조했습니다. 이번 인재포럼의 핵심을 짚은 명언이었습니다. 고촉통 전 총리는 미래의 세 가지 키워드로 세계화, 지식, 혁신을 꼽았습니다.

기조연설을 한 제프리 페퍼 스탠퍼드대학교 경영대학원 석좌교수는 "리더와 조직 구성원 간에 리더십을 평가하는 잣대가 다르다. 더 많은 직원의 업무 몰입도와 직장 만족도를 높일 수 있는 리더가 좋은 리더"라고 제시했습니다.

페터 제흐 레드닷 대표, 크리스틴 팜비앙키 코닝 HR 총괄 수석부사장, 움란 베바 펩시그룹 AMENA 총괄 수석 부사장이 발표자로 나선 '한계 돌파 기업: 틀 바꾸기로 세상을 보라'에서는 기존의 틀을 깨는 시도로 세계 경기 침체 상황을 이겨낸 기업의 사례가 많이 소개됐습니다. 이 세션의 좌장을 맡은 전성철 세계경영연구원 회장은 "기업이 기존 패러다임을 전환해 한계를 돌파할 수 있는 방법은 인재 관리와 아이디어에 대한 틀을 바꾸는 것"이라고 말했습니다.

존 섹스턴 뉴욕대 총장, 스티븐 러바인 칼아츠(캘리포니아예술대학) 총장, 마이클 아서 영국 유니버시티 칼리지 런던(UCL) 총장 등이 연사로 나선 '학생 이동과 고등교육의 국제화' 세션에서는 "대학이 재능과 개성을 갖춘 인재들을 연결시키고 조화를 이룰 수 있어야 한다"는 의견 등이 제시됐습니다.

이 밖에 많은 연사와 토론자들이 우리 사회 발전에 필요한 좋은 이야기를 많이 해주셨습니다. 이 책은 〈글로벌 인재포럼 2015〉에 참석하지 못했거나, 참석했더라도 여러 세션이 동시에 열려 다 참여하지 못한 아쉬움을 달래려는 분들을 위해 만들었습니다.

이 책은 크게 4부로 구성되었습니다. 제1부는 '다양한 인재가 세상을 바꾼다' 라는 올해 주제를 분야별로 집중적으로 다룬 세션들을 소개하고 있습니다. 인종적 다양성을 바탕으로 말레이시아의 한 어촌마을에서 세계적 도시국가로 변신한 싱가포르의 성공 사례를 고촉통 전 싱가포르 총리가 소개합니다. 또한 여성 인력 활용이 기업의 높은 성과와 직결된다는 점을 실증적 수치로 소개한 데버러 길리스 캐털리스트 회장의 강연을 포함해 다문화 인재, 고령층, 새터민 등 성·인종·세대 등을 아우르는 우리 사회의 다양한 인재를 어떻게 육성할지에 대해 소개합니다.

제2부는 글로벌 기업들의 인재 전략을 다루고 있습니다. 글로벌 기업들이 겪고 있는 리더십의 위기를 극복하는 방안을 소개한 제프리 페퍼 교수의 강연을 비롯해 세계 3대 디자인상 가운데 하나인 독일 레드닷어워드를 경영하는 페터 제흐 회장, 미국 코닝과 펩시그룹의 주요 경영자들이 한계를 돌파하고 혁신과 성장을 선도하는 기업

들의 인재 전략에 대해 소개합니다. 인사조직의 혁신 방안과 신흥시장에서의 인재 육성 방안 등 우리 기업들이 꼭 참고해야 할 인재 관리 비법이 포함되어 있습니다. 또한 창조적 인재에게 가장 필요한 것 가운데 하나인 기업가 정신을 초등학생 단계부터 심어주기 위한 다양한 방안도 소개됩니다.

제3부는 세계 교육 현장에서 일어나고 있는 변화와 혁신을 집중적으로 소개합니다. 최근 강조되고 있는 인성 교육과 취업을 겨냥한 도제교육, 사물인터넷(IoT)과 함께 성큼 다가온 디지털 스마트 학습 등에 대한 새로운 흐름을 엿볼 수 있습니다. 또한 영국의 연구 중심 대학 모임인 러셀그룹 소속 대학들이 들려주는 산학 협력 사례와 호주의 명문대학 모임인 'Go8' 소속 대학들의 다양한 인재 육성 교육이 소개되어 양국 대학들의 자존심 경쟁을 간접적으로 경험할 수 있습니다.

제4부는 해외 취업 활성화, 인구 변동에 따른 인재상의 변화, 로봇의 등장으로 예상되는 인력 활용 변화 등 창의적 인재 육성을 위한 다양한 논의가 펼쳐집니다. 굴기(堀起, 우뚝 일어섬)에 성공해 '주요 2개국(G2)'의 위상을 굳건히 하고 있는 중국의 혁신도 집중 조명했습니다. 그리고 21세기에 필요한 직무능력을 배양하기 위한 방안도 소개되었습니다.

교육부, 한국직업능력개발원, 한국경제신문사가 세계은행, 유네스코(유엔교육과학문화기구) 등 국제기구와 협력해 마련한 〈글로벌 인재 포럼 2015〉의 모든 세션을 이 책을 통해 마음껏 즐기시기를 바랍니다. 미래를 내다보는 통찰력과 세계적 석학 및 글로벌 리더들의 지혜

를 얻는 소중한 기회가 될 것으로 기대합니다. 독자 여러분에게 건강
과 행복이 가득하기를 기원합니다. 감사합니다.

현승윤 글로벌 인재포럼 사무국장
(한국경제신문 편집국 부국장)

차례

제3부 다양한 교육과 창의적 인재

제4부 창의적 인재 양성

제1부

세상을 바꾸는
다양한 인재

01 인재의 다양성 확보로 고속 성장한 싱가포르

고촉통 전 싱가포르 총리는 〈글로벌 인재포럼 2015〉에서 '변화하는 사회, 변화하는 교육'이란 주제의 기조연설을 통해 "아시아적 가치는 급속한 경제 성장을 이룬 '아시아의 네 마리 용(한국, 싱가포르, 홍콩, 대만)'을 키워냈다. 하지만 윗사람에게 질문을 못하는 사회적 분위기가 형성됐다. 마음껏 질문하는 문화는 간단하게 보이지만 창의적인 인재를 키워내는 핵심이다. 미래의 세 가지 키워드는 '세계화', '지식', '혁신'이며 싱가포르는 앞으로 바이오 기술이 중요해질 것을 대비해 초등학교 때부터 DNA 등의 개념을 가르치고 있다"라고 강조했다. 또한 모든 국가가 교육을 중요하게 생각하지만 교육은 움직이는 자동차의 타이어를 바꾸는 것과 같아 생각만큼 쉽지 않다면서 다음과 같이 말했다.

"지금까지의 교육은 학교를 졸업하고 한두 개의 기업에서 평생 일하는 것에 초점이 맞춰져 있었지만 이미 철밥통은 깨졌으며 기대수명(Life expectancy)이 늘어났기 때문에 오래 일해야 한다. 하지만 더 많은 고등교육의 제공은 해법이 아니다. 세계 각국의 성장률이 7%를 가뿐히 넘던 고도 성장기를 지나 지금은 2~4%로 낮아지고 있기 때문이다.”

경제가 빨리 성장할 때 확 늘린 대학 정원 때문에 대학을 졸업하고도 취업하지 못한 사람이 전 세계적으로 쏟아져 나오고 있다고 지적하면서 그 현실을 극복하기 위해 싱가포르가 도입한 교육제도는 ‘기술 직업교육’과 ‘평생교육’이라고 강조했다. 아울러 대학 졸업자라도 제과, 제빵 등 다양한 기술 직업교육을 받을 수 있는 기회를 많이 제공해야 한다고 제안했다.

| 강연 |

변화하는 사회, 변화하는 교육

고촉통(전 싱가포르 총리)

나는 영국 식민지 시절에 싱가포르에서 태어났다. 영국 학교를 다니면서 영국 역사, 지리, 문학을 배웠으며 영국 국가 〈갓 세이브 더 퀸 (God Save the Queen)〉을 부르며 자랐다. 내가 대학에 들어갔을 때 싱가포르는 독립 → 말레이 연방 편입 → 다시 독립하는 과정을 거쳤다. 그때만 해도 싱가포르는 제3세계 교육 시스템을 갖고 있었고 기초적인 교육을 제공하는 것조차 힘들었다. 하지만 오늘날 싱가포르의 교육은 세계 최고 수준으로 올라섰다. 경제협력개발기구(OECD)의

고촉통 "변하는 세상에서는 질문을 할 수 있는 인재를 육성해야 한다."

국제학업성취도평가(PISA)에서 세계 1위를 한 사례가 그 증거다.

나는 영국 식민지 때부터 시작해 싱가포르가 가난한 제3세계 국가에서 선진국으로 발전한 과정을 바로 옆에서 봤다. 그래서 그 발전의 가장 큰 원동력은 바로 교육제도에 있다는 확신을 갖게 되었다.

사회 변화와 교육은 밀접한 관련이 있다. 교육은 사회와 경제를 변화시키고 또한 사회와 경제는 교육을 변화시킨다. 이런 생각을 바탕으로 싱가포르는 처음부터 교육과 경제 개발의 선순환을 도모했다. 싱가포르의 유일한 자원이라고 해봐야 사람 밖에 없었기 때문이다. 1950년대부터 싱가포르의 교육제도가 어떻게 바뀌었는지 설명하겠다.

싱가포르는 정말 작은 하나의 점에 불과하다. 면적은 720Km²로 서울보다 약간 크다. 원래는 이보다 더 작았는데 간척과 매립으로 국토 면적을 넓혔다.

영국 식민지였을 때 이민자가 많이 들어왔기 때문에 중국인, 말레이시아인, 인도인 등 여러 민족이 섞여 살고 있었다. 1959년 자치 정부가 되었을 때 인구의 60%가 문맹이었다. 교육제도는 분열되어 각 민족끼리 학교를 만들어 아이들을 가르쳤다. 중국인은 화교학교에, 말레이시아인은 말레이학교에 아이들을 보냈다. 또한 교회에서 운영하는 학교가 있는가 하면 이슬람 사회에서 만든 학교도 있었다. 각 민족마다 자국 언어로 교육했고 교과과정도 표준화되어 있지 않았다. 이러다 보니 같은 싱가포르 사람끼리도 말이 통하지 않았고, 무엇보다 같은 국민이라는 정체성이 깃들지 않는 문제가 생겼다.

1959년 싱가포르 정부는 교육이 최우선인 정책을 내놓았다. 당시 실업률은 10%, 경제 성장률은 연 3.3%였다. 1966년 싱가포르 국립 산부인과 병원에서는 4만 명의 아이가 태어났다. '세계에서 가장 큰 아기 공장'이라는 보도가 나올 정도였다.

싱가포르는 전 국민을 위한 교육정책을 수립했다. 부잣집 아이든, 가난한 집 아이든 모든 사람에게 교육의 기회를 제공했다. 베이비 붐 세대를 가르치기 위해 오전반, 오후반으로 나눴으며 부족한 교사를 채우려고 교사들에게 오전에 배우고 오후에 가르치도록 했다.

싱가포르인이라는 공통된 정체성을 기르기 위해 영어를 공식 언어로 채택했다. 영어, 중국어, 말레이어, 타밀어 등 4개의 공식 언어가 있지만 그 중에서도 영어는 필수로 지정했다. 영어는 싱가포르를 구성하는 민족 중 어느 누구의 언어도 아니었기 때문에 큰 불만 없이 수용됐다. 만약 특정 민족의 언어를 필수 공식 언어로 내세웠다면 반발이 있었을 것이다.

영어를 채택하면서 싱가포르는 대단한 경쟁력을 갖게 됐다. 모든 싱가포르인이 영어를 통해 하나로 화합했고 외국인들은 쉽게 싱가포르에서 일하고 투자할 수 있었다.

물론 문제도 있었다. 너무 빨리 교육제도를 확대하려고만 하다 보니 중퇴율이 높게 나타났다. 왜 학생들이 학교를 그만두는지 분석했더니 교육과정이 너무 평균적인 학생들에게 초점을 맞춘 것이 원인으로 나타났다. 우수한 학생들에게는 수업이 지루했고, 조금 부족한 학생들은 수업을 따라가지 못했다. 이를 해결하기 위해 도입한 것이 수준별 교육이다. 1970년대 6%에 달했던 초등학교 중퇴율은 1997년 0.5%로 떨어졌고, 중학교 중퇴율도 같은 기간 13%에서 3.3%로 하락했다. 어린학생들에게 너무 가혹하다는 비판도 많았다. 하지만 조금 부족한 학생들의 성적이 올라가고, 모든 과목에 차별 없이 적용하면서 비판은 점점 줄어들었다.

싱가포르의 교육은 경제와 사회가 발전하면서 바뀌어 갔다. 1985년 첫 번째 경기 침체를 맞은 것이 하나의 계기가 됐다. 현재 필요한 인재가 아니라 앞으로 미래에 필요한 인재를 키워야 한다는 것을 깨달았기 때문이다. 혁신적이고 창의적인 인재가 필요했던 것이다. 그래서 학교에 정보기술(IT)을 도입하고 좀 더 분산화가 된 교육 시스템을 실험했다. 가능한 많은 학생에게 최대한 효율적으로 교육을 하려고 했다면 이제는 좀 더 유연한 교육환경이 요구되었다.

미래의 트렌드를 3가지로 봤다. 계속될 '세계화', 중요해질 '지식'과 '혁신'이 바로 그것이다. 아울러 변화는 끊이지 않고 계속될 것이다. 이제 주입식 교육은 효과가 없어졌다. 참여하는 교육, 학생 스스로 발견해가는 교육, 평생교육이 필요했다.

과거에는 정해진 교육과정을 다 거치면 취업해서 평생 하나 또는 두 개의 직장에서 일하는 것이 전형적이었다. 하지만 기대수명이 늘어 더 오래 살고 더 오래 일하게 되었다. 철밥통이라는 개념이 더 이상 적용되지 않는 것이다. 그러므로 국민이 평생 일할 수 있는 능력을 길러줘야 했다.

물론 교육 개혁이 쉬운 일은 아니다. 마치 움직이는 자동차의 타이어를 교체하는 일과 같다. 자동차가 아무리 천천히 움직여도 매우 세심한 주의가 요구된다. 앞으로 어떤 도로가 펼쳐질지도 미리 내다볼 수 있어야 한다.

교육은 사람의 미래를 여는 열쇠다. 더 나은 삶의 기회가 되어야 한다. 나는 모든 아이가 똑같이 이런 기회를 누려야 한다고 생각한다. 물론 배경이나 선천적 능력이 앞날에 많은 영향을 주겠지만 교육은 공평하게 제공되어야 한다.

싱가포르는 학업능력이 떨어지는 학생들에게도 교육자원을 많이 할애하고 있다. 교육과정을 따라가지 못하는 아이들을 위해 특별 학교를 세웠고, 거기서 직업교육을 받아 사회에 무리 없이 들어갈 수 있다. 자폐증이나 다운증후군을 앓는 아이들을 위한 학교도 세웠다. 물론 경제적인 시각으로 보면 남들보다 기여한다고 볼 수 없다. 하지만 성공의 정의를 여러 각도에서 다시 내리고 있다. 최소한 그들 자신의 삶에 도움이 될 수 있는 방안을 제공하려고 한다. 필요한 기본 교과 과목은 다 같이 배운다.

싱가포르의 교육은 그동안 성적과 효율성을 강조해왔다. 덕분에 매우 경쟁력 있는 교육제도를 갖췄다. 하지만 시간이 흐르면서 부모는 자녀가 남들보다 앞서는 것에 너무 목을 매게 됐다. 한국도 비슷할 것이다. 사교육까지 동원하는 이런 세태가 꼭 나쁘지만은 않지만 그런 여력이 없는 집안의 아이들이 뒤처지는 것은 원치 않는다.

또한 교육은 항상 앞을 내다봐야 한다. 사람을 키우는 것은 상당한 시간이 걸린다. 중국에는 이런 말이 있다.

"나무를 키우는 데는 10년이 걸리지만, 사람을 키우는 데는 100년이 걸린다."

현재에 치중한 교육으로는 아이가 다 자랐을 때의 세상을 대비하지 못한다. 세상은 옛날보다 훨씬 빠르게 변하고 있다. 우리가 지금 얘기하는 동안에도 새로운 기술이 등장하고 있다. 교과서들은 출간되자마자 시대에 뒤처진 정보를 담게 된다. 이런 시대에서는 평생 동안 새로운 지식을 습득하는 태도가 중요하다.

교육은 국가의 필요를 충족시켜줘야 한다. 싱가포르는 교육에 대해 항상 실용적인 접근방식을 유지해왔다. 교육을 위한 교육이 아니라 미래의 인력을 길러내는 과정이어야 한다. 싱가포르는 대학 정원이 너무 늘어나지 않도록 주의했다. 많은 나라에서 대졸 실업자들이 양산되는 것을 봤기 때문이다.

대학에 가서 단순히 과학, 법, 인문학 등을 공부하는 대신 다양한 방식으로 성공할 수 있는 길을 열어놓았다. 직업교육 학교와 폴리텍 대학교는 젊은이들에게 실질적인 기술을 가르친다. 산업화 시대에는 이런 교육기관이 전문적인 기술자를 양산해왔다면 오늘날에는 셰프 과정, 웹디자이너 과정, 항공 설계 엔지니어 과정 등 다양한 교육과정을 개설했다.

물론 부모는 자녀가 사람들이 선망하는 직업을 갖기 바란다. 특히 아시아 국가에서는 여전히 명문대의 졸업장이 중요하게 여겨진다. 이런 열망을 충족시켜주기 위해 자신의 분야에서 장인이 되기를 희망하는 사람들이 좀 더 많은 교육을 추가로 받을 수 있는 길도 만들었다. 최근 세워진 싱가포르공과대학교(SIT)가 대표적이다. 폴리텍대학교 학위를 가진 사람이 더 공부하고 싶으면 SIT에 입학해 더 깊게 배울 수 있다. 예를 들어, 싱가포르기술교육대학교(ITE)를 졸업한 간호사는 폴리텍대학교와 SIT를 거쳐 연구원이 되거나 미래의 간호사들을 가르치는 교수가 될 수 있다.

한 국가가 성공하기를 원한다면 반드시 교육을 최우선에 둬야 한다. 자원을 아껴서 쓰는 것은 중요하지만 교육만큼은 충분하게 투자할 필요가 있다.

우리 정부는 매우 많은 재원을 교육에 쏟고 있다. 교사의 급여는 꽤 높다. 그래서 교사는 능력을 계속 발전시켜 교육전문가가 될 수 있다. 이런 투자는 꼭 명문대만 해당하지 않는다. 폴리텍대학교나 직업교육 학교에서도 최상의 환경이 조성되도록 한다.

오늘 이 자리에서 나는 지난 50년간 싱가포르의 교육이 어떻게 발전했고 어떤 원칙을 갖고 있는지를 설명했다. 이는 다른 나라에서도 적용이 가능한 보편적이며 타당한 원칙이라고 생각한다.

오늘날의 젊은이들은 부모나 조부모세대와는 확연이 다른 세상에 서 있다. 급속한 경제 성장을 기대하기 힘들고 삶의 수준이 빠르게 개선될 가능성도 낮다. 누군가에게는 빠른 기술 발전이 신나는 일이지만 사람들 대부분에게는 무시무시한 상황이 될 수 있다. 로봇이 일자리를 대체할 것이란 이야기도 나오고 있다. 만약 교육이 아이들을 미래에 대해 제대로 대비시키지 못한다면 우리는 정치적으로나 경제적으로 박탈감에 시달리는 세대를 양산하게 될 것이다.

교육만이 유일한 해결책은 아니다. 하지만 매우 중요한 필요조건이다. 내 강연이 교육을 통해 어떻게 밝은 미래를 만들 수 있을지 여러분에게 고민과 생각을 자극하는 계기가 되었으면 좋겠다.

〈오연천 울산대학교 총장과의 대담〉

Q 싱가포르가 경제 발전을 이루고 훌륭한 교육제도를 갖게 된 것은 정치적 안정이 뒷받침됐기 때문이 아닌가? 만약 싱가포르에서 정권이 주기적으로 바뀌었다면 일관성 있는 교육 정책을 펼 수 있었을까?

A 아니다. 선거 때마다 정권이 바뀌었다면 지금과 같은 교육제도를 만들지 못했을 것이다. 정당이 서로를 견제하며 발전하는 것은 좋은 일이지만 불필요한 경쟁도 일으킨다.

정치는 좌파와 우파, 보수와 진보 등 이런 복잡한 정치적 맥락 속에서 이뤄진다. 그래서 정권을 잡은 당은 싫든, 좋든 정책을 바꿀 수밖에 없다. 아무리 좋은 정책이라도 결과가 나오기까지 시간이 걸린다. 특히 교육정책은 2~3년이 아니라 10년, 20년이 지나야 한다. 정권이 바뀌면 훌륭한 정책도 바뀔 수밖에 없으니 교육정책도 혼란에 빠지게 된다.

한 가지 짚고 넘어가자면 싱가포르는 당이 하나가 아니다. 다당체제다. 지난 선거에서도 5~6개의 정당이 나왔다. 하지만 집권당인 인민행동당이 계속해서 비전을 제시하고 잘 운영해왔기 때문에 국민들의 선택을 받을 수 있었다.

Q 높은 실업률과 불완전 고용이 청년층에서 심각하다. 전 세계적인 현상이다. 이런 문제를 교육을 통해 어떻게 해결할 수 있나?

A 설명하기는 쉽지만 실천하기는 쉽지 않다. 세상의 변화를 예상해야 한다. 어떤 동향이 있고 어떤 산업이 뜰 것인가를 내다보고 경제를 성장시켜야 한다.

경제는 초기에는 빠르게 성장하지만 시간이 흐르면서 성장률이 떨어진다. 초기에는 쉽게 일자리를 찾을 수 있었지만 성장이 둔화되면 상황이 바뀐다. 경제 성장률이 높아야 3% 밖에 안 되는데 대학 정원이 계속 늘어난다면 교육 격차가 생길 수밖에 없다.

현재의 교육이 학생들에게 필요한 미래 기술을 제공해주지 못하는 것도 문제다. 그래서 평생교육이 어느 정도 답이 될 수 있다고 생각한다. 졸업한 후에도 여러 지원을 통해 평생 동안 학습할 수 있도록 한다면 인력 낭비를 최소화할 수 있을 것이다.

앞을 내다보는 교육도 중요하다. 몇 년 전부터 바이오와 제약이 미래에 유망한 산업이 될 것이라 생각하고 초등학교 때부터 DNA에 관한 개념 등을 가르치고 있다.

Q 아시아적 가치는 한국, 싱가포르, 홍콩, 대만 등 아시아의 네 마리 용을 키워냈다. 이런 아시아적 가치의 약점은 무엇이라 생각하나?

A 아시아적 가치는 수년 전에 중점적으로 논의됐던 주제다. 교육과 가족에 중점을 두는 가치관이다. 취약점도 있다. 부모와 선생님을 존경하라는 충효사상 때문에 어른들에겐 질문을 하지 않는 전통이 있다.

변하는 세상에서는 질문을 할 수 있어야 한다. 적극적으로 주장하고 내 견해를 방어할 수 있어야 한다. 미국에서 볼 수 있는 태도다. 호기심을 바탕으로 한 지식 추구 덕분에 실리콘밸리가 탄생할 수 있었다. 아시아에서는 조용히 앉아서 듣기만 한다. 그렇게 지식을 배우는 것에만 초점을 맞춘다. 이제는 들은 내용을 그대로 받아들이는 것에 그치지 않고 적극적으로 문제를 제기해야 한다.

이제 싱가포르에서도 학생들에게 더 많이 질문하도록 하고 스스로 연구하도록 한다. 단순한 지식은 이제 스마트폰으로 다 알 수 있다. 더 이상 암기할 필요도 없다. 검색만 하면 된다. 앞으로 지식을 추구하고 통찰력과 판단력을 갖는 게 중요하다.

고촉통

고(故) 리콴유 전 싱가포르 총리의 뒤를 이어 1990년~2004년 제2대 싱가포르 총리를 지냈다. 1941년 영국 식민지 시절의 싱가포르에서 태어나 1961년 싱가포르국립대학교 경제학과를 수석 졸업했고 미국 윌리엄스대학교에서 경제학 석사학위를 받았다. 귀국 후 1969년 넵튠해운회사에 들어가 1973년 대표이사가 됐다.
싱가포르 여당인 인민행동당의 추천으로 35세였던 1976년 정계에 입문하여 국회의원으로 당선됐다. 1977년 재정부 장관을 시작으로 통상부 장관, 보건부 장관, 제1부총리, 국방부 장관 등 요직을 거쳤다. 총리 재임 중에는 아시아 금융위기, 싱가포르 주재 해외 대사관 테러 위협 등이 있었으나 슬기롭게 헤쳐 나갔다는 평가를 받는다.
2004년 총리직을 사임한 후 선임장관이 되어 정부 정책에 대한 조언을 하고 있다. 유엔 사무총장 후보로 오르기도 했다.

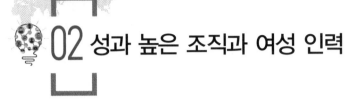

02 성과 높은 조직과 여성 인력

'기업의 미래 성장, 여성 인력에 달렸다' 라는 주제의 발표자들은 "한국이 경쟁력을 확보하기 위해서는 문화적 변화부터 일어나야 한다"라고 입을 모았다.

데버러 길리스 캐털리스트 회장은 "여성들의 경제 참여를 늘려야 국가 경쟁력을 키울 수 있다. 명절 증후군, 경력 단절 여성을 외면하는 사회적 분위기를 해결하지 못하면 앞으로 한국 경제의 성장은 벽에 부딪힐 수 있다"라면서 한국을 주변국과 비교했다.

"한국 여성의 경제 활동 참가율은 미국은 물론 중국보다도 낮은 상황이다. 아이 돌보기 등의 가사 책임이 여성에게만 있다고 생각하는 사회적 분위기가 여성의 사회 참여를 가로막고 있으며 육아 등의 이유로 직장을 그만두는 여성들로 인해 매년 수조 원의 사회적 자산이 낭비되고 있다. 한편으로 2012년 한국 남성 직장인 가운데 3%만이 육아 휴직을 사용했다. 한국 정부가 사내 보육센터 설립을 지원하고 여성의 사회 참여를 돕는 물리적 인프라 설립에 노력했지만 남성이 눈치 보지 않고 육아를 분담할 수 있는 문화 인프라를 구축하는 것이 더 중요하다. 그러므로 여성의 경제 활동 참여를 늘리기 위해서는 정부와 민간이 함께 노력해야 한다."

문화적 변화를 이끌기 위해서는 기업의 정책적 뒷받침이 있어야 한다면서 "회사가 남성과 여성에게 공정한 기회를 주고 있다는 조직의 가치를 보여주는 정책이 필요하다. 경영진에 남성과 여성 비율을 똑같이 배정하는 정책을 폈던 '박스 인터내셔널'은 정책 시행 이후 영업이익 등 경영지표가 크게 개선됐다. 경영진에 여성 비율을 늘려 성공신화를 만드는 것은 여성의 경제 참여를 늘릴 수 있는 좋은 방법이다. 그러므로 주요 기업의 여성 임원 비율이 전체 임원의 1.9%에 불과한 한국은 심각하게 고민할 필요가 있다"라는 문제를 제기했다.

또 다른 발표자 제프리 페퍼 교수는 조직이 성공하는 비결로 조직 문화를 고려한 채용, 내부 인사 중용, 성과에 근거한 보수체계를 꼽았다. "기술은 배울 수 있지만 직원의 문화적 특성은 바꾸기 힘들다. 내부 승진을 통해 직원에게 자신감을 심어주고 성과에 근거한 보수를 확실하게 주면 조직의 성과는 따라오게 되어 있다"라고 말했다.

또한 기업 스스로 맞춤형 조직 형태를 만들어야 한다고 주장하면서 "기업마다 처한 사업 환경이 다르기 때문에 잘나가는 기업들의 조직을 따라 하면 성공할 수 있다는 한국 기업의 판단은 옳지 않다. 애플, 구글, 맥킨지 등 최고 조직들은 조직이 직면한 문제를 해결하기 위한 최적의 구조를 스스로 찾고 있다. 조직 구조를 스스로 만들기 위해서는 조직 상황에 대한 정확한 진단 작업이 먼저 있어야 하므로 성과와 관련된 핵심 지표를 4~5개 만들어 지속적으로 진단해야 한다"라고 조언했다.

기업의 미래성장, 여성 인력에 달렸다
데버러 길리스(캐털리스트 회장 겸 CEO)

기업이 성과를 내기 위해서는 최고 경영진에 여성의 비중을 늘려야 한다. 캐털리스트의 조사에 따르면 여성 직원 가운데 83%가 조직 내 있는 유리천장 때문에 고위 임원직에 오를 수 없다고 생각했다. 현실에서는 여성 직원들이 중간관리자로도 승진하지 못하는 일이 부지기수다.

특히 직장에서 한국 여성들은 더 크게 차별받고 있다. 한국 직장에서 남성과 여성의 임금은 38%나 차이가 나는데 이는 OECD 회원국 가운데 큰 수치다. 이러한 임금 격차 때문에 많은 여성이 일할 필요가 없다고 생각한다는 점이 중요하다. 임금 격차가 여성의 경제 활동 참여를 가로막으면서 임금 차이가 지속되는 악순환의 고리가 형성된 것이다. 결국 여성들이 최고 경영진에 오르기는 하늘의 별따기다.

캐털리스트의 조사에 따르면 한국 여성의 사회적 성공 욕구는 남성만큼 크다. 이미 한국 여성들은 남성만큼 고등교육을 받았으며 남성보다 뛰어난 학업 성과를 기록한 예를 쉽게 찾아볼 수 있다. 물론

데버러 길리스 "기업의 미래는 여성 인력에 달렸다."

학교에서 잘한다고 직장에서도 잘하는 것은 아니다. 직장에서는 다른 사람과 관계 맺는 방법을 익히는 것이 특히 중요하다. 여성으로 직장생활을 하면서 직접 느낀 점이다.

여성들이 성공할 수 있도록 도와주는 직장 내에 멘토와 후원자가 있어야 한다. '멘토'는 조언을 해주고 경험을 공유해주는 사람이며 '후원자'는 여성들이 중요한 역할을 맡을 수 있도록 도와주는 사람을 뜻한다.

한국 여성들은 이미 능력이 있다. 한국 여성들에게 필요한 것은 조직을 이끌 수 있는 기회와 경험이다. 회사가 여성을 고용하는 것만으로는 부족하다. 여성을 뽑은 뒤에 적절한 멘토링과 후원자를 연결해줘 경험과 기회를 제공해야 한다. 회사의 이러한 노력은 여성 직원을 넘어 지역사회에 긍정적 영향을 미칠 것이다.

한국이 여성 인력을 발판 삼아 성장하기 위해서는 문화적인 변화를 이끌어 내야 한다. 지난해 맥킨지의 연구에 따르면, 한국 여성의 경제 활동 참가율은 미국은 물론 중국보다도 낮았다. 아이 돌보기 등의 가사 책임이 여성에게만 있다고 생각하는 사회적 분위기가 사회 참여를 가로막고 있어서 여성들이 경제 활동을 주저하고 있는 것이다. 여성개발연구원의 분석에 의하면, 육아 등의 이유로 직장을 그만두는 여성(경력 단절 여성)들로 인해 한국에서는 매년 수조 원의 사회적 자산이 낭비되고 있다.

여성의 경제 활동 참여를 늘리기 위해서는 정부와 민간이 함께 노력해야 한다. 정부의 제도 정비만으로는 부족하다. 기업도 앞장서야 한다.

한국에서는 남성들이 법적으로 육아 휴직을 낼 수 있도록 되어 있다. 하지만 아무리 유급 휴가정책이 있어도 그것을 활용할 수 있는 사회적 분위기가 조성되어야 제도를 실제로 사용할 수 있다.

2012년 한국 남성 직장인 가운데 3%만이 육아 휴직을 사용했다. 남성이 편하게 육아 휴직를 쓰지 못하는 사회적 분위기가 만연한 것이다. 최근 조사에 따르면, 한국의 남자 대학생 중 50% 정도가 부인이 일하는 대신 자신이 육아를 전담하는 것을 고려해봤다고 답했다.

한국 정부가 사내 보육센터 설립을 지원하며 여성의 사회 참여를 돕는 물리적 인프라 설립에 노력하고 있지만 남성이 눈치를 보지 않고 육아를 분담할 수 있는 문화 인프라의 구축이 더 중요하다.

이러한 문화적 변화를 이끌기 위해서는 기업의 정책적 뒷받침이 필수적이다. 바로 회사가 남성과 여성에게 공정한 기회를 주고 있다는 조직의 가치를 보여주는 정책이다. 기업 경영진이 여성 비율을 늘리도록 하여 성공 신화를 만드는 것은 여성의 경제 참여를 늘릴 수 있는 좋은 방법이다. 경영진에 남성과 여성 비율을 똑같이 배정하는 정책을 폈던 박스 인터내셔널은 정책 시행 이후 영업이익 등 경영 지표가 크게 개선됐다. 주요 기업의 여성 임원 비율이 전체 임원의 1.9%에 불과한 한국은 심각하게 고민할 필요가 있다.

 데버러 길리스

캐나다 요크대학교 정치학과에서 석사학위를 받았다. 캐나다 온타리오 주정부 책임 정책연구원, 컨설팅 기업 그랜트 손튼의 캐나다 지사장을 거쳐 2006년에 캐털리스트에 합류했다. 이후 캐나다 지사 전무, 북미지역 부사장, 글로벌 부사장, 글로벌 최고운영책임자를 지냈으며 2014년부터 캐털리스트 회장 겸 CEO로 있다.

| 강연 ② |
성과 높은 조직, 어떻게 만들 것인가
제프리 페퍼(스탠퍼드대학교 경영대학원 석좌교수)

세계적으로 많은 조직이 성공한 기업들의 성공 비결을 잘 벤치마킹하면 성공의 사다리에 오를 수 있다고 생각한다. 하지만 글로벌 일류 기업들은 남의 성공 방정식을 따르지 않는다. 세계적인 IT 기업 애플, 컨설팅업체 맥킨지 등을 보면 자기 스스로 해법을 찾아낸다.

제프리 페퍼 "글로벌 인류 기업들은 남의 성공 방정식을 따르지 않는다."

많은 기업들과 프로젝트를 하다 보면 '구글의 성공 전략을 우리 기업에 적용하면 되는가' 라는 질문을 많이 받는다. 나의 대답은 언제나 '아니다' 이다. 기업은 자신만의 성공 비결을 스스로 찾아내야 한다. 남과 다르기 위해서는 남다른 방법을 찾아야 한다는 말이다.

나만의 방법을 찾으려면 조직의 현실에 대한 정확한 측정이 필요하다. 스스로 평가해봐라. 여러분의 조직에 몇 점을 줄 수 있는가? 문제점은 무엇인가? 그걸 개선하기 위해 우리는 무엇을 할 수 있는가?

우선 조직이 하고 있는 일들의 목록을 만들어 봐라. 그리고 그 일들이 조직 성과와 얼마나 연관성이 있는지 스스로에게 물어봐라.

너무 많은 지표를 측정하는 것은 의미가 없다. 조직 성과와 밀접하게 연관성을 갖는 몇 개의 중요한 지표를 지속적으로 측정하는 것이 중요하다. 머릿속에 떠오르는 지표가 7개라면 2개 정도는 지울 필요가 있다. 선택과 집중이 중요하기 때문이다.

성공하는 기업이 되기 위해선 자신이 수고한 만큼의 보상을 받아야 한다. 공평한 문화가 필요한 것이다. 혁신이 가능하며 나도 목소리를 낼 수 있다고 생각하게 만드는 문화도 중요하다. 또한 한 사람, 한 사람이 지식을 공유해서 집단적으로 학습하고 더 빨리 효과적으로 일하게 하는 것이 조직 성공의 핵심 요소다.

회사에 대한 충성심을 직원들에게 말하려면 회사가 솔선수범해야 한다. 사람을 자른다고 해서 더 좋아지지 않는다. 미국이 좋아지고 있는 것은 언제든지 사람을 자를 수 있어서가 아니다.

채용할 때부터 이 직원들을 평생 데리고 갈 것인가 아니면 잠깐 데리고 갈 것인가 생각해야 한다. 오래 고용할 생각이라면 조직에 맞는 사람을 골라야 한다. 기술은 교육시킬 수 있지만 배려심이나 품성은 바꾸기 어렵다. 오랫동안 함께 하려면 직원에게 지속적으로 투자해야 한다. 회사가 잘될 때뿐만 아니라 잘되지 않을 때도 마찬가지다.

세계적인 항공사인 싱가포르항공을 컨설팅한 적이 있었다. 회사가 한번 약속하면 끝까지 지키는 조직임을 강조하고 있었다. 또한 직원들을 꾸준히 교육하고 훈련시킨다는 것을 소중하게 생각했다. 회사와 직원 사이에 상호주의가 있었던 것이다. '내가 너에게 투자하면 너는 내게 보답한다' 라는 생각이 직원과 회사 간에 공유되고 있었다.

조직 문화를 고려해서 인재를 채용하고 내부 인사를 중용하는 문화를 만드는 것도 건강한 조직을 만드는 비결이다. 회사의 기술은 배울 수 있지만 직원의 문화적 특성은 바꾸기 힘들다. 내부 승진을 통해 직원에게 자신감을 심어주고 성과에 근거해 확실한 보수를 주면 조직 성과는 뒤따라오기 마련이다. 그리고 과업별 액션 플랜을 만들어라.

이런 저런 생각을 하겠지만 5분이 지나면 다 잊게 된다. 왜 못하고 있는지를 먼저 살펴보고 누가 언제까지 바꿀 것인지를 고민해야 한다.

> **👤 제프리 페퍼**
>
> 미국 스탠퍼드대학교 경영대학원 석좌교수로 있다. 상식으로 받아들여지는 경영이론을 철저한 실증연구를 통해 검증해온 조직 행동·리더십·인사 관리의 세계적 대가다. 관련 논문이 100여 편이 있으며 《사람이 경쟁력이다》, 《휴먼 이퀘이션》, 《왜 지식경영이 실패하는가?》 등 14권의 책을 집필했다.

| 토론자 |
최원식(맥킨지 서울사무소 대표), 데버러 길리스(캐털리스트 회장 겸 CEO),
제프리 페퍼(스탠퍼드대학교 경영대학원 석좌교수)

▶ **최원식:** 아는 것과 하는 것의 격차에 대해 절감했다. 페퍼 교수에게 묻겠다. 성과 높은 조직에서는 내부 승진이 중요하다고 말씀하셨는데, 조직에는 아웃사이더가 필요하지 않나?

▶ **제프리 페퍼:** 조직에 새로운 아이디어를 심기 위해서는 아웃사이더가 필요한 것은 사실이다. 하지만 조직에 오래 있었던 사람이 새로운 생각을 할 수 없다고 말하는 것은 근거가 없다. 나이가 들면 젊은 사람들이 연구역량이 좋다고 생각하지만 내 생각에는 그렇지도 않다.
조직이 추구하는 것이 적응력인지 변화인지를 파악해야 한다. 여러분이 무언가를 몸에 이식하면 거부 반응이 날 수 있듯이 내부 승진을 한 경우에는 거부 반응이 없다. 외부에서 온다고 꼭 새로운 생각을 하는 것은 아니다.

▶ **데버러 길리스:** 캐털리스트의 네 번째 회장이자 첫 번째 내부 승진자다. 취임 후 연설에서 나를 계승할 사람은 회사 안에 있길 바란다고 강조했다. 조직에서 성과를 내면 최고의 자리에 오를 수 있다는 사실은 직원들에게 큰 동기부여가 된다.

▶ **최원식:** 다양한 사람들의 조직 내 합의가 어려울 수 있다. 합의를 원활하게 이끌기 위한 방법이 있는가?

▶ 데버러 길리스: 다양성은 어느 조직에나 있다. 중요한 것은 포용성 있는 리더십이라고 생각한다. 포용의 리더십을 갖고 일터의 문화를 바꿔나가는 것이 하나의 방법이다. 방법은 여러 가지가 있을 수 있다. 최근 우리 회사는 아이디어를 듣기 위해 밀레니엄 그룹을 만들었다. 2000년 이후 출생한 사람들에게서 아이디어를 듣는다. 젊은 사람들에게 우리의 생각이 받아들여질 수 있는지 살펴보는 것이다.

▶ 최원식: 여성들의 경제 활동 참가를 위해 한국의 남성들은 어떤 활동들을 할 수 있는가?

▶ 데버러 길리스: 한국 회사의 경영진은 대부분 남성이다. 입사 때에는 남녀 비율이 비슷한데 경영진으로 올라가면서 여성 비중이 떨어진다. 그 이유는 많다. 비단 육아의 문제만은 아니다. 여성들에게 아이가 없을 때에도 여성과 남성은 서로 다른 길을 간다. 남성은 멘토가 많다. 이런 멘토가 여성들에게도 필요하다.

연구 결과, 전문성의 계발은 현재 일을 하면서 어떤 일을 할당받느냐에 달려있다. 남성들이 대부분 중요한 프로젝트에 들어간다. 당연히 모든 임무가 똑같이 주어지지 않는다. 일이 주어지지 않았으니 성과가 좋지 않다.

역할 모델이 필요하다. 사무실을 떠날 때, 아이를 보러 나간다고 이야기하는 것이 남성들에게는 역할 모델이 될 수 없다. 여성들이 식구들과 더 시간을 보내는 것이 역할 모델인 상황이다.

남성과 여성이 상호 호혜적으로 일을 했을 때 여성을 이해하게 된다. 여성들은 그런 기회를 적극적으로 잡아야 한다.

03 다문화 시대의 인적 자원 개발

한국은 이미 명실상부한 다문화 사회로 진입했다. 행정자치부가 지난 7월 발표한 〈2015년 외국인 주민 현황〉에 따르면, 한국에 거주하는 외국인은 174만 1,919명에 달한다(2015년 1월 1일 기준). 대전시(153만 명), 충청북도(158만 명)의 인구를 넘어섰다. 경기도 안산은 거주자 10명 중 한 명이 외국인일 정도다.

2006년만 해도 54만 명 수준에 불과했던 외국인 숫자는 9년 만에 3배 이상 늘었다. 세계화의 확산으로 국경의 문턱이 낮아졌고 저출산 및 고령화로 생산 가능 인구가 감소하고 있으니 체류 외국인이 한국 사회에 미치는 영향은 확대될 전망이다.

정부 역시 '다문화 가족 적응 지원 강화' 관련 정책 등 이주민을 한국 사회의 일원으로 끌어안기 위한 다양한 정책을 도입하고 있다. 하지만 이 같은 노력에도 불구하고 한국사회가 다문화 가족의 경제적 욕구와 필요를 제대로 포괄하지 못하고 있다는 지적이 나온다. 다

문화 가족을 정착시키면서 중·장기적으로 경제 활동 주체로 진입시키기 위해서는 제대로 된 인적 자원 개발정책이 필수적이라고 전문가들은 강조한다. 이번 강연에서는 고령화로 인해 경제 활동 참가율이 지속적으로 감소하고 있는 한국의 한계를 극복하려면 다문화 가족의 인적 자원을 어떻게 개발하고 활용할 수 있을지 모색했다. 도제식 직업 학교 시스템으로 잘 알려진 스위스의 교육 정책 전문가들은 "한국이 이주민들의 평생교육에 적극적으로 나서는 동시에 관계부처 간 통합 정책을 연구할 필요가 있다"라고 제안했다.

스위스에서는 일정한 기간 동안 필요한 기술을 습득하는 것에 어려움을 겪는 외국인들을 포기하지 않고 지속적으로 교육의 기회를 제공한다. 언어 장벽 극복 시스템, 동일한 국가 출신들과의 네트워킹 지원 등 다양한 정책을 통해 전체 인구의 4분의 1에 달하는 외국인들을 경제 활동의 일원으로 참여시키고 있다. 안드레아스 슐라이허 OECD 교육국장은 교육부, 노동부, 외국인 주민 관련 부처 등 각 정부기관들이 통합 연구를 통해 다문화시대에 적합한 정책을 만들 필요가 있다고 강조했다.

| 강연 ① |

스위스의 인재 통합 전략
필리프 그네기(스위스 연방직업능력개발원 원장)

스위스의 이원화된 직업교육과 교육제도 안에서 어떻게 인재들을 통

필리프 그네기 "외국인도 제대로 된 훈련을 받을 수 있게 한다."

합시키는지 소개하겠다. 스위스는 작은 나라로 직접 민주주의 제도를 채택하고 있다. 1년에 4번 10~12개 주제로 국민투표를 한다. 휴가를 일주일 연장하는 것과 같은 주제도 투표를 통해 결정된다. 공용어는 독일어, 프랑스어, 이탈리아어, 로망슈어 총 4개다.

스위스의 출산율은 1.43%로 다른 유럽 선진국과 마찬가지로 출산율이 떨어지고 있다. 스위스의 전체 인구 중 25%가 외국인이기 때문에 이 외국인들이 통합되도록 노력한다.

스위스의 실업률은 3.2% 수준으로 매우 낮은데 경제가 제대로 굴러가고 있는 것을 보여주는 지표라고 생각한다. 스위스의 직업교육 훈련에 대해 듣게 되면 실업률이 낮은 이유를 이해할 수 있다.

우선 공립학교는 무상교육을 하기 때문에 교육비가 들지 않는다. 4세부터 다니기 시작해 16세까지가 의무교육이다. 의무교육과 중등교육, 고등교육 이렇게 3가지 단계로 나뉜다.

학생들은 학술적인 길이나 기술적인 길을 택할 수 있다. 트랙이 둘로 나뉜다. 학술 연구를 위한 대학도 있지만 전문 기술을 가르치는 대학도 있으며 이 둘은 직위가 동등하다. 전문 기술을 택한다고 해서 학술적인 연구보다 아래인 것으로 인식되지 않는다.

통계를 보면 학생들의 66%가 직업교육 훈련을 택한다. 3분의 2가 직업교육을 택하고 14%만 대학에 진학한다. 대학 진학률이 매우 높은 한국 등의 국가와는 매우 다르다. 스위스에서는 3분의 2가 대학보다 실업계에서 직업교육을 택한다. 대학을 나오지 않아도 사는 것에 지장이 없다. 인문계든 실업계든 모두 어렵지 않게 일자리를 찾을 수 있다.

스위스 교육을 이원화 시스템이라고 부른다. 학교에 다니면서도 일주일에 3~4일은 회사에 가서 일을 배운다. 하루에서 이틀 정도만 학교에 간다. '인더스트리 코스'라고도 하는데 학생들의 66%가 이 같은 길을 택한다. 기업들의 참여와 투자도 활발하다. 기업들의 투자는 60억 스위스프랑(약 7조 원)에 달한다. 기업이 참여하지 않으면 이원화 시스템이 지속될 수 없다.

이 같은 도제 시스템의 생산성은 어떨까? 많은 기업이 도제 시스템을 통해 학생을 고용하고 있다. 이를 위해 기업들에게 직접 훈련시키는 사람들은 바로 당신의 자녀들이라는 것을 인식시키려고 노력한다. 그렇게 직접 맡아서 데리고 가르친 아이들을 채용하는 것이다. 이뿐만 아니라 이들을 채용하는 데 따른 투자 수익도 7~10% 정도 나온다. 단순한 자선 활동이 아니라 경제적인 선택이기도 하다. 도제

시스템은 노동시장에서 큰 이점이 있다. 이미 일을 해봤기 때문에 어떻게 일해야 하는지 안다.

일부 국가를 제외하고 국가 대부분에서 인문계보다 실업계가 하위에 놓인다. 또한 전문대학교가 연구 중심의 일반 대학교보다 떨어진다고 생각하는데 스위스는 동등하게 본다. 사실 동등한 지위가 확보되지 않으면 실업계는 계속 선택받지 못한다. 대학에 학사, 석사, 박사 학위가 있듯이 등급을 매기는 작업을 하고 있다. 의료, 사회, 서비스, 예술 등 여러 종류의 전문대학교가 있기 때문에 성별에 따라, 또 다른 여러 가지 조건에 따라 다양하게 지원할 수 있다.

그렇다면 스위스는 25%의 외국인을 어떻게 끌어안고 있을까? 해답은 '지속적인 교육'이다. 외국인들 가운데 3분의 2는 평생교육에 참여한다. 대학만으로 끝나는 게 아니라 평생교육까지 받는다. 학습에 어려움을 겪는 학생들은 의무교육 이후 시스템 안에서 교육받을 수 있도록 지원한다. 국제학업성취도평가(PISA) 점수가 1점이라도 중퇴시키지 않고 교육 시스템 안에 남아있도록 한다. 3년 안에 학위를 받기 힘들다면 2년을 더 준다. 이렇게 하는 이유는 공립 교육제도이기 때문이다.

스위스에서는 제대로 된 전문성 인증을 받지 못하면 일자리를 갖기 어렵다. 정부 차원에서도 외국인들을 위한 교육에 투자해서 제대로 된 훈련을 받을 수 있도록 한다. 이민자를 위한 언어 장벽 극복을 비롯해 동일한 국가 출신들이 도움을 줄 수 있도록 연결시키는 네트워킹 지원 등을 한다.

40대 이민자들의 경우에는 별다른 자격증이 없어도 다양한 노동의 경험을 갖고 있을 가능성이 크다. 그래서 전혀 새로운 업종에 종사하지 않는 조건으로 해당 업종의 자격증을 속성으로 딸 수 있도록 하고 있다. 그 전에 일했던 경력을 우대해주면서 전문적인 경험을 인정해주는 자격증을 1년 안에 발급해준다.

 필리프 그네기

스위스의 대표적인 직업교육 전문가로 뇌샤텔대학교, 프리부르대학교 등 스위스의 주요 대학교에서 사회사업을 가르쳤다. 스위스 교육부, 뇌샤텔 주 운영위원회 위원 등을 거쳐 2013년부터 스위스 연방직업능력개발원(SFIVET) 원장을 맡고 있다. 뇌샤텔대학교에서 법 경제학 석사와 사회과학 박사학위를 취득했다.

 | 강연 ② |
기술 인재를 어떻게 활용할 것인가
안드레아스 슐라이허(OECD 교육국장)

사회가 통합되고 경제적으로 발전하면서 사회 불평등이 많아졌다. 자연스럽게 기술의 격차도 벌어진다. 경쟁력을 갖고 혁신을 추진하려면 다른 기술을 갖고 있는 인재들을 어떻게 활용할 것인지 해답을 찾아야 한다.

연구에 따르면 여러 가지 기술 가운데 언어적 능력이 있는 사람들이 훨씬 긍정적 결과를 가져올 수 있는 것으로 나타났다. 취업도 잘

안드레아스 슐라이허 "교육정책이야말로 일관성이 있어야 한다."

되고 긍정적인 것들을 많이 얻어서 건강도 나아지는 것을 볼 수 있다. 기술이 좋은 사람들이 신뢰를 더 많이 받게 된다.

한국에서는 왜 기술이 중요할까? 해마다 1인당 GDP 성장률이 낮아지고 있다. 오랜 기간 발전을 거듭했지만 이제는 성장률이 내려가는 추세다. 그 이유는 비교적 명확하다. 한국은 다른 어떤 국가와 비교해도 열심히 일하고 노동 자원을 적극적으로 활용하고 있으며 노동시간도 길다. 하지만 노동 생산성 효율이 높지 않다. 한마디로 자원을 잘 활용하고자 하는 의지는 있지만 영리하게 사용하지 못하고 있다. '얼마나 열심히 일하느냐'가 아니라 '얼마나 효과적으로 사용하느냐'가 중요하다.

한국의 노동 생산성은 다른 국가에 비해서 훨씬 낮다. 일하는 시간은 길지만 거기서 얻어 들이는 결과물은 적다.

한국은 인적 자원을 활용하기 위한 전략도 많이 내놓고 있다. 지금의 인구 변화 추세를 보면 생산 가능 인구가 줄어들고 있다. 그동안 적극적으로 노동력의 활용전략을 짠 것은 긍정적이지만 생산 가능 인구가 줄어든다는 것이 문제다. 그렇기 때문에 외국 이민자에게 눈을 돌려야 한다.

이민자들은 아직 일할 자격 요건을 갖추지 못했지만 구성원으로서 그 숫자가 늘고 있다. 어떻게 해야 일자리를 갖고 사회 구성원으로 역할을 할 수 있을까? 이와 관련해 한국에는 여러 연구 기관이 있지만 각자 독단적으로 연구하지 말고 함께 협력해서 통합 연구결과를 제공해야 한다.

필요한 기술을 키우고 그런 기술을 갖고 있는 인력을 늘려야 한다. 한국은 기술을 개발시킬 때 너무 학술적인 측면에만 치중하는 경향이 있다. 고등교육에 집착하는 것이다. 그러다 보니 대학 졸업생은 많은데 원하는 인재는 없다. 또한 취업을 목표로 교육하는 것이 아니라 본인 스스로 창업할 수 있도록 교육해야 한다.

적절한 교육을 받지 못하거나 사람들이 요구하는 스팩을 갖추지 못한 사람들은 필요한 기술은 물론 일자리를 찾지 못한다. 특히 여성은 기술이 있어도 일과 가정 사이에서 균형을 찾기가 어렵다. 여성 인력에 대한 활용을 늘려야 한다. 그리고 많은 기술을 갖고 있는 연장자들의 활용에 대해서도 고민이 필요하다.

기술에 대한 개발 측면에서 접근해보자. 한국은 고등교육을 받은 25~64세 성인의 비율이 OECD 평균보다 훨씬 높다. 하지만 기술을 배워도 실제로 사용하지 않을 경우 일정한 시간이 지나면 잊게 된다.

그래서 대학 때까지 어떤 교육을 받았다고 해도 취직해서 사용하지 않으면 '자기 기술'이 아니라 '없어지는 기술'이 된다. PISA 테스트에서 한국 학생은 대부분 좋은 점수를 받는다. 수학뿐만 아니라 전 과목에서 복잡한 문제를 잘 풀어낸다. 반면 창업가 정신 측면에서 보면 학교에서 배운 후 또는 취업한 후에 유용했다고 대답한 비율은 매우 낮았다.

한국은 창업가에 대한 이미지나 관련 교육이 제대로 이뤄지지 않고 있다. 핀란드, 미국, 아이슬란드와 비교해 한국은 매우 낮다. 학교의 교육이 창업가 정신을 북돋고 인센티브를 주는 방식이 아니기 때문에 학생들은 창업가 정신을 갖기 힘들다. 좋은 기술뿐만 아니라 창업가 정신도 가르쳐야 하는데 매우 부족하다. 구글에서 검색만 해도 지식은 얻을 수 있다. 하지만 지식을 얻는 것보다 어떻게 활용하느냐가 중요하다. 스타트업 트레이닝을 제대로 하는 나라와 그렇지 않은 나라의 차이는 엄청나다.

어떤 국가는 젊은이들보다 고령층의 기술 수준이 더 높다. 20~30년 전과 비교해 현재 요구되는 기술 수준이 높아졌다. 세대 간의 기술 격차를 줄여야 한다.

일자리 직무와 관련된 교육에 대한 조사를 살펴보면 노르웨이, 덴마크, 스웨덴 등과 비교해도 한국은 투자가 매우 부족하다. 세상에 빨리 변하기 때문에 자신의 직무에 필요한 기술의 발전도 빨라진다. 젊었을 때 교육받는 것이 평생 갈 수 없기 때문에 계속 교육을 받아야 하는데 이런 투자가 부족한 것이다.

한국에 많은 인재가 있는데 어떻게 활용해야 하는가? 우선 여성에 주목해야 한다. 한국 여성들은 보육시설 등이 충분하지 않는 것과 같은 이유 때문에 일과 가정 사이에서 균형점을 찾기 어려워한다. 그래서 노동시장 참여율도 낮다. 젊은 여성들 중에는 남성들보다 더 높은 수준의 교육을 받고도 노동시장에 참여하지 않는다. 다른 나라의 경우에는 여성들이 노동시장에 참여하지 않는 이유로 기술 부족이 있지만 한국은 그렇지 않다. 특히 한국 여성 노동자의 참여율을 보면 30대에서 뚝 떨어진다.

임시직에 대해 무조건 부정적으로만 생각할 필요는 없다. 다양한 경험이 가능하며 더 좋은 자리를 찾아갈 수도 있다. 문제는 정규직으로 옮겨가지 못하고 임시직으로 끝날 때 발생한다.

OECD 국가들을 대상으로 한 연구에 따르면 공부와 일을 잘 병행할 때 고용 가능성도 높은 것으로 나타났다. 젊은이의 경우에는 직무 관련 훈련이 잘 되고 있지만 고령층은 쉽지 않다. 고령화가 빠르게 진행되는 상황에서 이들이 오랫동안 경제에 기여하게 하려면 정부와 기업 차원에서 교육을 지원하는 노력을 해야 한다.

66~75세는 적절한 기술을 갖고 있지 않기 때문에 은퇴 후 상당한 경제적 어려움에 직면하는 것으로 나타났다. 기술을 효율적으로 사용하는 것도 중요하다. 근로시간당 GDP를 비교해 봤을 때 노르웨이는 그렇게 오래 일하지 않는데도 GDP가 높다. 그냥 열심히 일하는 게 아니라 똑똑하게 하기 때문이다.

기술 과잉도 여러 국가에서 나타나는 문제다. 필요한 것보다 많은 기술을 갖고 있다고 반드시 나쁜 것은 아니다. 다만 경제적 의미에서 불필요한 것까지 갖는 것은 중복적이고 낭비적이다. 기술에 대한 미스매치(mismatch)를 해결하는 것, 기술 수준이 낮은 상태에서 높은 상태로 옮겨야 하는 것 역시 도전과제다.

결론적으로 평생학습이 아주 중요하다는 것을 기억해야 한다. 그렇게 하려면 정책의 일관성이 있어야 한다. 정부가 바뀔 때마다 이전 정책이 달라져 버리면 일관성을 얻을 수 없다. 정부와 사회가 힘을 합해 기술 관련 문제를 해결하려고 노력해야 한다. 지금 필요한 기술이 내일도 필요할 것이란 보장은 없다.

한국이 장기적으로 성장하고 경쟁력을 갖추려면 필요한 기술이 무엇인지 지금부터 고민해야 성장을 담보할 수 있다. 지방 정부, 중앙 정부 할 것 없이 이런 정책의 설계와 실행에 협력해야 한다.

안드레아스 슐라이허

국제평가학회 네덜란드지부, 독일 함부르크지부 연구이사를 거쳐 1994년부터 OECD 교육국장을 맡고 있다. 각 국가가 어떻게 효율적인 교육정책을 통해 맞춤형 인재를 키워낼 수 있는지를 주로 연구한다. 독일 함부르크대학교에서 물리학을, 호주 디킨대학교에서 이학 석사학위를 취득했다.

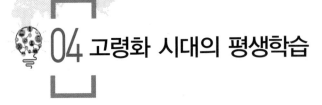

04 고령화 시대의 평생학습

많은 나라가 전체 인구의 14% 이상을 65세 이상 인구가 차지하는 고령사회에 접어들었다. 고령사회에서는 중장년층의 생산 인구가 적어지면서 부양 부담이 증가하게 된다. 수명이 연장되는 추세 속에서 '교육-일-여가'로 단편화되는 전통적 의미의 삶의 과정보다 교육, 일, 여가, 삶이 중첩되는 것이 현대 삶의 특성이다.

한국의 고령화는 속도가 빠르며 은퇴 이후에도 노동시장에 가장 늦은 나이까지 참여하는 경향이 있으나 이들을 위한 직업 능력 개발을 포함한 평생학습의 기회는 매우 부족한 실정이다. 이러한 상황에서 정부는 '100세 시대 국가 평생학습 체제 구축'을 국정과제로 제시하고 국민 행복의 시대에 기여하고자 한다.

이번 강연에서 히로미 사사이 일본 교육정책연구원 센터장은 대표적인 고령화 국가 일본의 노동 노령화 추세와 이에 따른 대처방안에 대해 발표했다. 일본은 2060년이 되면 전체 인구의 40%가 노령인구로 변한다는 이야기로 시작했다. 특히 증가하는 노년층의 1인 가구는 현재 소득에 대한 자신도 줄어들고 사회적 관계에 있어서도 문제점을 느끼고 있다고 지적했다. 이 때문에 일본의 노년층은 의외로 혼자서 즐기는 편안한 노후보다 자원봉사활동이나 스터디그룹과 같은 소통 창구를 통해 사람들과 만나 네트워크(관계)를 맺는 참여 방식의 평생학습을 선호하고 있다. 노인 평생교육의 3가지 핵심으로 '다양한 사회 참여', '커뮤니케이션을 통한 인적 네트워킹', '욕구와 이러한 경험을 바탕으로 한 자원봉사에서의 유급 노동'이 이뤄져야 한다고 강조했다.

리카르도 기사도 스페인 고용훈련 노사정재단 국장도 스페인의 사회 환경이 기대수명의 연장으로 노령화되고 있다면서 화두를 꺼냈다. 140여 년 전 30세에 미치지 못했던 기대수명이 82.98세로 늘어나는 등 고령화가 급속히 진행됐다는 것이다. 그는 사회적 개입을 통해 사람들이 오래 일할 수 있는 환경을 만들어주자고 제안했다. 그것을 위해 노령화세대를 위한 평생학습은 더 이상 선택이 아닌 필수라고 강조했다. 이 문제를 대처하기 위해 스페인 기관들은 새로운 교육훈련을 제공하고 있으며 기업도 동참하고 있다.

노년층이 젊은 층보다 일하는 속도는 느리지만 더 조직화되고 더 유연하게 대처하는 능력이 있으며 특히 자신과 회사를 동일시하기 때문에 충성도가 더 높다고 분석했다. 그래서 이들을 교육시키는 평생교육이 더욱 중요해지고 있으며 고용뿐만 아니라 삶의 질을 위해서도 필요하다고 강조했다.

이번 강연에서는 은퇴 이후 행복한 삶과 노동시장 참여를 위한 평

생학습에 대해 각 나라의 사례를 공유하면서 좀 더 합리적이고 효과
적인 학습과 일, 그리고 삶의 통합 방안을 논의하고자 한다.

| 강연 ① |
일본의 고령화 사회 평생학습 정책
히로미 사사이(일본 교육정책연구원 평생학습 정책센터 센터장)

현재 일본의 고령교육을 담당하는 연구원에서 일하고 있다. 일본의
평생교육에 대해 말하고자 이 자리에 참석했다. 발표 주제는 '사회
참여와 학습 활동'이며 일본의 고용을 중심으로 말하려고 한다.

우선 일본의 현주소부터 알아보자. 65세 이상의 인구가 전체 인구
의 7%를 차지할 때 그 사회를 고령화 사회라고 한다. 현재 일본을 보
면, 2013년 데이터 기준으로 전체 인구의 25.5%가 고령층에 속한다.
결국 4명 중 1명꼴로 노년층에 속한다고 볼 수 있다. 나머지 인구의
62%가 15~64세 사이에 속한다. 나머지 인구의 13%는 15세 이하다.
일본이야말로 가장 빠르게 고령화가 이뤄지고 있는 나라다.

그렇다면 미래에는 어떨까? 일본은 점점 더 고령화가 심화될 추세
를 보이고 있다. 미래를 예측해보면 3명 중 1명을 '노인'이라고 부를
날이 멀지 않았다. 2060년이 되면 전체 인구 40%가 고령층에 속한
다. 한국도 상황이 유사하다. 한국과 일본이 빠르게 고령화가 이뤄지
고 있는 것이다.

이런 상황과 더불어 혼자 사는 인구의 비율도 높아졌다. 특히 혼자 사는 노인들 중에 50%는 지역사회의 활동에 참여하지 않는다. 1인 노인 가구가 어떻게 증가하고 있는지를 살펴보자.

2013년 일본의 고령화 관련 사회백서를 보면, 1인 가구는 꾸준하게 늘고 있다. 그 백서에 조사된 자

히로미 사사이 "평생고용의 가능성을 보장해야 한다."

료 중에서 건강에 대한 확신이 없다는 대답이 조금씩 올라가고 있는 상황을 나타낸 것이 있다. 확신 없는 비율이 늘고 있다는 말이다.

또한 월 소득이 '10만 엔 이하인 경우'를 조사한 자료를 보면, 60~64세에서 62%, 65~69세에서 53%로 나타났다. 소득 빈곤층에 속한다고 볼 수 있다.

노인들의 사회 활동을 보면, 대부분 여가를 TV 시청으로 보낸다. 또한 TV 시청을 취미 활동으로 꼽았다. 하지만 다른 사람들과의 소통뿐만 아니라 학습이나 지역사회 활동도 하고 싶어 한다. 뭔가 지역사회와 상호작용할 수 있는 기회를 갖고 싶다는 것을 의미한다.

사회 활동 선호순위를 조사한 자료를 보면, 많이 나온 응답이 문화행사를 즐기는 것이었다. 특히 시각예술, 공연예술 감상을 가장 많이

꼽았다. 그룹 활동이나 스터디그룹 등을 하고 싶다는 의견도 높았다. 배우고 싶은 욕구를 그대로 반영한 결과이다.

50~59세 사이 연령층이 다른 연령집단에 비해 직업 활동을 하고 싶다는 의견이 많았다. 살아가면서 보람을 느끼고 싶다고도 했다. 이런 것을 노인들이 가장 많이 느끼고 있었다. 그런데 연령 집단별로 조금 차이가 났다. 60세 기준으로 좀 더 젊은 노인과 고령층 노인 간에 추구하는 가치가 달랐다.

지금까지 고령화 사회의 현상들을 살펴봤다. 여기서 평생학습 정책의 주요 포인트가 바로 다음 3가지를 겨냥하고 있다. 노인들의 지역사회 참여 촉진, 다른 사람들과의 소통 촉진, 창의적 소통에 대한 장려가 그것이다. 평생학습의 교육목표이기도 하다.

고령층의 두드러진 특성이 '제한적인 소득'이다. 이외에도 은퇴를 했기 때문에 절약을 하면서 일상생활을 영위하고 싶어 하며 개인의 건강에 관심이 많고 보람도 갖고 싶어 한다. 반면 기동성이 젊은 사람보다 떨어진다.

이러한 1인 노인가구가 지속적으로 늘고 있으므로 노년층을 위해 정책을 만들 때 우선 고립되거나 소외된 노인층을 배려하고 좀 더 풍족하게 해주는 기회를 제공해야 한다. 또한 주변 사람들과 소원해지기 쉬우므로 의사소통의 장려를 위해 주변과의 접근성을 높여줘야 한다. 좀 더 지역사회 사람들과 함께 할 수 있도록 접근을 쉽게 해주며 주민센터와 같은 공공장소에서 교류할 수 있는 자리를 마련해야 한다.

보람을 느끼고 싶다는 바람을 충족시켜주기 위해 학습 활동을 통한 스터디그룹이나 자원봉사, 농업 활동 같은 창의적이고 실무적인 활동을 지원하는 것도 좋다. 지역사회의 구성원이 될 수 있는 자리를 마련해주는 것이다. 소득이 생기면서 보람도 느끼게 하여 고령층의 창업 활동을 위한 학습반을 조성하고 지원하는 것도 하나의 방법이 된다.

노년층이 이끄는 커뮤니티 비즈니스(지역의 자원으로 지역민들이 지역사회를 기업처럼 운영하는 것)에 대한 관심이 많아졌다. 자원봉사나 무급 활동이 예가 될 수 있는데 고령화 사회에서는 보람을 느끼면서 고용 기회나 소득 확보까지도 가능하다.

고령화 사회가 직면한 문제는 청년 실업과도 연결된다. 신문에도 나왔는데 일본의 청년 실업률이 40%까지 늘어났다. 일본 정부가 청년 실업을 낮추기 위해 나서고 있으므로 노년층은 커뮤니티 비즈니스 창업을 고려하면 좋다. 노년층에서 시작한 커뮤니티 비즈니스로, 노인들이 요리를 해서 점심 도시락을 다른 노인들에게 제공하거나 휴대전화 고리 등의 액세서리를 만들어 판매하는 경우가 있다.

정리하자면, 노인을 대상으로 하는 평생교육의 핵심은 첫 번째는 '참여', 두 번째는 '네트워킹', 세 번째는 '자발적 자원봉사 차원에서의 유급 노동'이다.

일본의 많은 기업이 종신고용정책을 택하고 있다. 지금까지 평생고용정책을 택하고 있는 기업이 있었지만 노동시장이 많이 유연해졌다. 이제 평생고용정책보다는 평생고용의 가능성을 보장해주는 것이 필요하다.

히로미 사사이

홋카이도대학교에서 법학과를 졸업하고 1980년부터 1993년까지 일본 문부과학성에서 일했다. 자리를 옮겨 문부과학성 산하 평생학습 촉진부서장을 거쳐 모교인 홋카이도대학교에서 평생학습 정책 및 성인 교육 연구 분야 부교수를 지냈다. 2011년까지 일본 교육정책연구원에서 연구원으로 일하다가 2012년 일본 교육정책연구원(NIER) 평생학습센터 센터장에 취임했다.

 |강연 ②|
늘어난 기대수명에 따른 평생학습의 방향 전환
리카르도 기사도(스페인 고용훈련 노사정재단 국제관계국장)

강연 요청을 받았을 때, 두 가지가 생각났다. 첫 번째, 내가 곧 50세가 되어 고령화 사회의 일원이 된다는 것이다. 두 번째, 이번 기회에 한국을 처음 방문하는데 드디어 태권도 본산지에 간다는 것이다. 사실 오랫동안 태권도 수련을 해왔다. 벌써 검은 띠 유단자다.

평생학습에 대해 강연하려다 보니 이 두 가지가 생각났다. 몸이 예전 같지 않다. 10년 동안 꾸준히 했는데 이후 20년간은 연습을 따로 하지 않았다. 지금은 시범을 보여 달라고 하면 다리도, 반사신경도 예전 같지 않다고 느끼게 된다. 그런데 과연 이것이 나이 때문일까? 연습을 하지 않아서일까? 아마 둘 다로 본다. 그래도 더 큰 원인은 연습을 하지 않아서라고 생각한다. 이것이 바로 일, 훈련과 연관이 된다.

과학이 발전하고 사회가 좋아지면서 사람들의 건강도 좋아졌다. 그러자 사람들의 웰빙에 대한 요구가 증가했다. 선진국에서는 기대수명이 크게 늘었다. 또 다른 한쪽에서는 동시에 베이비 붐 세대가 은퇴를 시작했으며 출산율은 낮아지고 있다. 점점 초고령화 사회로 진입하고 있는 것이다. 이런 변화의 영향으로 고용시장에도 여러

리카르도 기사도 "지금의 고령자가 미래에는 고령자라고 할 수 없다."

가지 변화가 일어나고 있으며 연금정책 등도 새롭게 마련해야 하는 시기가 됐다.

현재 50세 이상 사람들은 노동시장에서 활발하게 활동하고 있다. 지금 고령자라고 부르는 사람이 멀지 않은 미래에는 고령자라고 할 수 없게 된다. 지금의 고령자 개념과 미래의 고령자 개념에는 큰 차이가 발생할 것이다. 나이의 개념이 바뀌는 것이다.

사실 '나이'는 일종의 개인적인 특성이다. 과연 이 특성을 어떻게 설명할 수 있을까? 4가지로 구분해봤다.

① 생활 나이: 생년월일

② 생물학적 나이: 노화의 정도에 따른 나이

③ 심리적 나이: 각 개인과 그룹별 심리적 특성

④ 사회적 나이: 경제적 고용이나 가정 환경에 따른 나이

이 중에서 절대로 바꿀 수 없는 것은 '생활 나이' 뿐이다. 나머지 3개는 어느 정도 변화를 줄 수 있다.

분자 생물학의 발전으로 가까운 미래에는 기대수명이 훨씬 늘어날 것이다. 그런 상황에서 65세에 은퇴하는 것이 과연 잘하는 일일까? 100년, 120년 인간의 수명은 길어지는데 65세에 일을 그만둬야 할까? 아직 검증하지 않은 가설이지만 이 문제에 대해 고려는 해봐야 한다. 사실 은퇴 연령이 65세로 정해진 것은 1889년 독일 비스마르크 재상에 의해서다. 그 이후에 고용 환경이나 기대수명은 많이 달라지지 않았나.

스페인의 사회 환경을 예로 들겠다. 기대수명이 길어지고 연금 수령자의 숫자가 늘어나고 있으므로 분명 인구의 고령화는 사회의 뇌관이 될 것이다. 스페인의 기대수명은 1870년대에는 30세가 채 되지 않았지만 작년에는 82.98세로 높아졌다. 여성은 남성보다 기대수명이 5년 더 높다.

스페인은행의 '2050년 예측 자료'에 이민자가 많아지거나 출산율이 높아지지 않으면 고령화는 점점 더 빠르게 진행될 것이라고 나왔다. OECD에서도 스페인의 은퇴 연령을 67세로 높여야 한다고 제안했다. 스페인 정부는 2027년에 67세로 맞추려고 한다.

과학이 발전하면 기대수명은 더 늘어난다. 앞서 언급한 수치들은

기대수명이 더 이상 늘어난다는 사실을 고려하지 않았다. '고령 직원'이라는 말에 대해서도 다시 한 번 생각해보자.

사회적 개입이 있어야 하며 개입을 통해 사람들이 더 오랫동안 일할 수 있는 환경을 만들어줘야 한다. 환경의 변화로 노년층이 더 오랫동안 더 활동적인 것을 할 수 있어야 한다. 그렇게 하려면 평생학습이 필요하다.

50세부터는 생리학적 변화가 많이 생긴다. 이때 효과적으로 학습하려면 어떻게 해야 할까? 생물학적 측면에서 보면 뇌는 충분히 학습이 가능하다. 일정한 나이 이후에는 물리적, 인지적으로 기능이 떨어져서 학습 속도가 느려진다. 그렇다고 해도 우리의 뇌는 끊임없이 뉴런을 만들어낸다. 최근 뇌 과학 관련 연구결과가 증명했다. 신경세포 간의 상호작용도 계속 일어난다.

젊었을 때에는 새로운 아이디어를 만들지 못한다. 오히려 40대가 되어서야 더 뛰어날 수 있다. 장기적으로 프로젝트를 관리하거나 필요한 정보를 걸러내는 능력은 젊은이보다 뛰어나다. '지혜'가 더 늘어나는 것이다. 또한 감정 조절도 잘하게 되고 인지자원도 더 효율적으로 사용하게 된다. 늙은 개에게는 새로운 재주를 가르칠 수 없다는 말이 있는데 더 이상 그렇지 않다.

그런데도 우리는 나이가 많은 근로자에 대한 고정관념이 있다. 유연하지 않고 변하지 않는다고 생각한다. 하지만 충성도를 갖고 있다. 학습과정이란 우리가 인지학적 측면에서 봤을 때 기존에 갖고 있었던 인지구조에 대한 지식을 습득하고 개선하는 것이다. 경험 많은 사람들은 오히려 젊은이보다 더 배울 수 있는 준비가 되어 있는 것이다. 그러니까 '학습'은 경험과 주변 환경 간의 상호작용이다.

'경험'은 살면서 겪은 것과 배우면서 얻은 것, 이렇게 2가지 측면이 있다. 학습과정에서 '배운다'는 우리가 어떤 일을 하고 있느냐, 어떤 조직에 있느냐에 따라 달려있다는 것을 말한다. 그러므로 어떤 직장에서 어떤 일을 하고 있느냐가 중요하다. 그것이 영향을 더 끼친다.

개인이 학습하는 모습을 살펴보면 개인 삶의 스토리가 나이가 들면서 더 중요해진다. 성과의 차이는 같은 나이 그룹 간에 많이 나타난다. 나이가 다른 그룹 간에 차이가 많이 나는 것이 아니다. 그리고 사회적인 상황이 동기부여를 하는 데 굉장히 중요하다. 생물학적인 나이가 심리 운동학적인 측면에서 중요한 역할을 한다. 꾸준히 지속적으로 뭔가를 하면 작업하면서 속도가 떨어지는 것을 충분히 보상받을 수 있다.

경험을 늘리는 것은 퍼포먼스를 긍정적 또는 부정적으로 만드는 데 영향을 미친다. 나이가 많은 사람에게 학습은 태도의 문제일까? 적성의 문제일까? 앞서 말했듯이 점점 나이가 많은 근로자들에 대한 시각이 달라지고 있다. 인구 구성이 변하기 때문이다.

이전에는 나이와 경험이 많은 사람들은 연봉이 높기 때문에 은퇴하고 대신 젊은 사람이 그 자리를 채워야 한다고 여겼다. 하지만 이제는 은퇴하려는 사람이 예전처럼 많지 않다. 이러한 상황을 해결하기 위해 새로운 정책들이 마련되고 있다. 새로운 기관에서 새로운 교육훈련을 제공하고 기업들도 여기에 동참하고 있다.

기업들이 인적자원에 대해 취하고 있는 정책을 보면 기업의 구조, 형태, 수익에 많은 영향을 미친다. 나이가 있는 근로자는 학습하고 일하는 방식이 느리다. 비록 속도는 느리지만 조직화가 되어 있고 상황에 잘 대처한다. 또한 회사와 자신을 동일시하기 때문에 충성도가 더 높으며 모든 일에 적극적이다. 이러한 근로자들의 태도는 훈련과정에 참고해야 한다.

기술이나 직무와 관련된 변화가 있을 때 트레이닝을 통해 학습할 수 있는 기회를 줘야 한다. 만약 근로자가 교육의 효용성을 파악하지 못하면 배우지 않을 것이다. 그러므로 그들이 유용하다고 생각할 수 있는 훈련을 제공해야 한다.

개방된 자세를 배우면서 열심히 참여하도록 하는 것도 중요하다. 이를 위해 먼저 분명한 목표와 교육의 효용성을 가시적으로 보여줘야 하며 환경에 잘 맞출 수 있는 유연한 방식을 택해야 한다. 적합한 훈련 기간 또는 교육시간, 투명한 정보와 인센티브 제공 등이 있어야 한다. 불안, 자신감 결여 등을 고려하는 심리학적 측면도 놓치면 안된다. 이러한 것들을 다 해주면 고령 근로자들은 얼마든지 참여할 자세가 되어 있다.

선진국 노년층을 보면, 나이가 많아도 오랫동안 일하고 싶어 한다. 일을 지속적으로 하면서 라이프스타일도 유지하는 등의 만족스러운 상태에서 삶을 즐기고 싶어 한다. 일을 그만두면 건강이 좋아지지 않는다는 한 대학교의 연구결과를 보더라도 은퇴 연령을 늦추고 학습의 기회를 제공하는 것이 우리 기업과 정부 그리고 사회의 역할이다.

그렇다면 여성과 남성 사이의 차이는 있을까? 일자리와 교육 훈련에 대해 사람들이 예상하고 있는 내용을 보면 생애주기마다 그 예상이 조금씩 다르다. 생리적으로 각 개인별로, 가족별로 그리고 남성과 여성 간에도 차이가 있다.

인간에게는 있지만 다른 동물에게는 없는 2가지가 바로 '사춘기'와 '성숙기'다. 사회학자는 이 2가지 때문에 인간이 꾸준히 진화를 거듭해온 것이라고 한다. 자녀를 낳으면 그다음에 20년 정도의 시간이 주어진다. 이 시간 동안에는 물리적, 정신적으로 건강하게 살고 싶어 한다. 그래서 이 시간 동안 많은 공부를 한다. 다음 세대를 도와주기도 한다. 다른 동물에게서는 일어나지 않는 행동이다.

40대~50대 여성은 굉장히 안정적이다. 반면 남성은 그 반대다. 그 시기에 일자리가 줄면서 더 민감해진다. 심리적으로도 불안정하고 대인관계도 쇠퇴한다. 이런 모습들을 보면 우리가 일하는 시간과 직장 관련 학습을 어떻게 계획해야 하는지 알 수 있다. 이런 것을 염두에 두고 정부와 국회에서는 사람들 생애별로 다른 욕구를 파악하고 일과 가정 간의 균형을 맞추게 하는 정책을 만들어야 한다. 육아 휴직 같은 것들 말이다.

한 연구결과를 보면, 여성은 35세 이상부터는 남성과 마찬가지로 트레이닝을 하는 횟수가 줄어들었다. 좀 더 높은 자격 여건의 경우에는 약 35세 기준으로 남성이 트레이닝을 받는 활동이 줄어드는데 여성은 45세까지 계속 늘어났다. 중간 정도 교육받은 사람도 있고 일하고 있다는 것을 감안했을 때 35세 이상 남성보다 여성이 낮은 것을 알 수 있다.

35세까지는 여성이 트레이닝을 받는 경우가 남성보다 훨씬 많았다. 그러다가 35세 이후에 트레이닝의 참여율이 떨어지는 이유는 임신, 출산 등 때문이 아닐까 한다.

이제부터 각 산업 분야 직종들, 세대 간 관계, 정책 등에 대해 말씀드리겠다. 과연 우리 경제의 어느 분야에서 직무 훈련이 잘 되고 있고 어떤 직종들이 직무 훈련에 개방적일까? 물리적, 인지적으로 기능이 떨어지는 것은 사실이지만 모든 직종에 부정적이지만은 않다.

유럽의 생활 및 근무 조건 개선과 관련한 노사정재단의 자료, 노사정재단의 여러 가지 연구를 통해 보면 트레이닝과 관련해서 보조금을 지급하면 35세 이상의 근로자들은 얼마든지 지속적으로 트레이닝을 받았다.

자료에 따르면, 트레이닝을 받지 못하는 분야는 주로 제조업, 유통, 건설이었다. 여행 분야는 이보다 높았다. 같은 연령대라도 초등학교 교육만 받은 사람의 경우에는 35세 이후에 트레이닝을 받는 비율이 낮았다.

그러므로 45세 이상의 사람들을 대상으로 트레이닝을 계속 하려면 어떤 정책을 펼쳐야 할까? 트레이닝을 계속 한다는 것은 향후에 좀 더 나이가 든 직원이 늘어날 것이므로 젊은 세대와 기성세대 간의 관계도 중요할 것이다.

현실에서는 기성세대의 경험이 큰 자산이다. 독일과 스위스는 이런 분들을 자산으로 잘 활용하고 있다. 도제 시스템을 통해 경험 많은 근로자들이 멘토가 된다. 그렇게 해서 서로 존중하고 협력하는 관계를 만든다면 노사관계도 부드러워지고 기업에도 도움이 된다.

정부는 적극적으로 나이가 많은 근로자들에게 트레이닝의 기회를 제공하는 정책을 만드는 데 노력해야 한다. 법을 개정하거나 정보 제공을 확대하고 또한 평생학습이 반드시 필요하고 이를 통해 고용을 유지할 수 있다는 것을 사람들이 알도록 유도해야 한다. 모든 국가의 정부가 알고 있는지는 모르겠지만 다양한 국가 기관을 통해 트레이닝을 제공한다면 직무와 관련된 정책의 효과가 나타날 것이다.

우리는 지금 기술 혁명의 시대에 살고 있다. 이는 노동시장에 큰 영향을 준다. 로봇만 해도 인간의 노동시간에 직접적인 영향을 준다. 로봇이 인간을 대체하는 분야는 늘어난다.

앞으로 기대수명은 더욱 늘어난다. 고용을 위해서뿐만 아니라 삶의 질을 높이기 위해서도 평생학습은 굉장히 중요하다.

 리카르도 기사도

마드리드대학교에서 경영학과 노동조합법을 전공했으며 1996년부터 현재까지 스페인 고용훈련 노사정재단에서 일하고 있다. 현재는 스페인 고용훈련 노사정재단 국제관계 국장으로 있다.

공
개
토
론

| 토론자 |
안드레아스 슐라이허(OECD 교육국장), 이기성(숭실대학교 평생교육학과 교수),
김미령(대구대학교 고령사회연구소 소장),
히로미 사사이(일본 교육정책연구원 평생학습 정책센터 센터장),
리카르도 기사도(스페인 고용훈련 노사정재단 국제관계국장)

▶ **이기성:** 평생학습이 사실 말은 쉬운데 토론하기에는 어려운 주제다. 여러 가지 측면이 존재하기 때문이다. 히로미 사사이 센터장의 강연에서 고령화 사회 또는 고령사회가 무엇인지 일본의 상황으로 보여줬다. 2년 전에 일본은 이미 초고령사회가 됐다. 2013년에 65세 이상 인구가 25.1%가 되었다. 이 추세라면 2060년에 65세 이상이 40%가 된다.

고령화로 여러 가지 이슈가 불거졌다. 혼자 사는 노인이 많이 생겼으며 건강에 대한 믿음, 소득에 대한 자신이 줄어들고 사회적 상호작용에 대한 문제를 느끼는 것이 대표적이다. 히로미 사사이 센터장은 학습활동을 추천했다. 조사 결과로 얻어진 기준이다. 노년층은 삶의 보람을 느끼고 싶어 한다. 살아오면서 축적한 인생의 기술을 지역사회에 환원하고 싶다는 설문 응답도 있었다.

일본 정부가 수립한 정책을 살펴보자. 첫 번째, 노년층의 사회 참여를 장려하기 위해 노력하고 있는 것이 우선 눈에 보였다. 두 번째, 그리고 노인 간의 커뮤니케이션을 원활히 하는 정책을 마련하고 환경을 조성해서 노인들이 보람과 성취감을 느낄 수 있도록 했다. 세 번째, 욕구와 경험을 바탕으로 소득을 늘리는 정책을 마련했다. 소득이 있어야 생활을 영위할 수 있고, 손자들에게 용돈을 넉넉히 줘야 하기 때문이다. 네 번째, 노인들을 위한 스터디그룹 조성을 유도해서 직업을 만들 기회를 줬다. 아울러 창업 활동을 위한 기술을 길러주기도 한다.

히로미 사사이 센터장은 한국도 일본처럼 고령화 사회에서 겪는 어려움이 있다고 했다. 나이가 들면서 부각되는 여러 이슈에 대해 한국이 일본보다 더 심각하다.

일본 정부가 지금 하는 정책과 관행에서 많은 시사점을 보여주므로 한국 정부는 면밀히 검토할 필요가 있다.

한국의 경우 65세 이상 노인 인구가 2000년에 전체 인구의 7.2%였다. 유엔(UN)이 정의한 고령화 사회에 진입한 것이다. 2019년에 고령사회, 2020년에 초고령사회가 될 것으로 예측했다. 이전에는 2032년이었는데 2020년으로 앞당겨진 것이다.

한국은 예측보다 빠르게 고령화가 되고 있다. 어쩌면 세계에서 가장 빠른 것인지 모른다. 고령화 사회에서 고령사회로 가는데 프랑스 150년, 미국 71년, 캐나다 61년, 스위스 54년, 일본 30년이 걸렸지만 한국은 19년으로 보고 있다. 초고령사회로 진입하는데 일본은 36년 걸릴 것으로 예측했지만 한국은 26년으로 예측되고 있으니 고령사회에서 초고령사회로 넘어가는 속도도 빠르다.

히로미 사사이 센터장의 연구처럼 한국에서도 고령화 현상에 대한 광범위한 연구를 실시해서 노년층의 니즈(needs)를 파악할 필요가 있다.

고령화가 급속도로 진행되고 있지만 아직까지 노년층을 대상으로 종합적인 설문 조사를 실시한 적이 없다. 그래서 노년층이 제공받고 싶어 하는 것을 알 수가 없었다.

또한 노년층에게 신체적, 심리적 여건에 맞는 학습 활동을 다양하게 설계하고 제공해야 한다. 그러기 위해서는 여가 선용의 기회를 제공하는 그룹이나 조직을 만들어 활성되도록 해야한다. 그 안에서 교육이나 교용의 기회를 얻어 소득까지 얻을 수 있으면 매우 효과적이다. 배우면서 돈을 벌 수 있는 기회를 얻은 것이다.

평생학습은 노인을 위한 것이라고만 보고 노인에게만 초점을 맞추는데 그것보다 고령화 사회의 전 구성원으로 범위를 확대해야 한다. 우리도 언젠가는 노인이 된다.

▶ 김미령: 히로미 사사이 센터장의 강연에서 일본은 이미 초고령사회가 됐으며 전체 인구 중 25.1%가 노년층이라고 했다. 4명 중 1명이다. 예전에 일본에 갔을 때 일본의 고령화가 심각하다고 생각했는데 그 수치가 2060년이면 40%가 넘는다고 하니 정말 심각하다.

한국 정부는 이미 빠르게 고령화가 진행 중인 일본을 벤치마킹해야 한다. 노인 문제로 주거, 건강, 사회 참여 등을 들었는데 독거노인이 심각하다고 본다. 남자보다 여자가 7년 정도 더 오래 살기 때문에 여성 노인에 더 신경을 쓸 필요가 있다. 노인의 고독, 소외감, 우울증 등의 정신질환, 자살뿐만 아니라 죽어도 주변에서 몇 달 동안 알지 못하는 고독사가 사회문제가 될 것이다.

노인들의 성취에 대한 욕구가 예상보다 높다. 특히 그동안 쌓은 자신의 인적 자원을 활용하고 싶은 욕구가 강하다. 평생학습을 통해 자원봉사나 지역에서 활동할 수 있도록 하면 노인들은 높은 만족도를 느낄 것이다.

리카르도 기사도 국장의 강연을 들으면서 고령화 시대와 평생학습은 떼려야 뗄 수 없는 관계라는 생각이 들었다. 기대수명이 증가하고 있으므로 은퇴 후 남은 여생을 새 삶과 새로운 환경에 잘 적응해야 하는데 교육으로 도움을 얻을 수 있다.

19세기 비스마르크가 정한 은퇴 연령도 21세기에는 달라져야 한다. 미국은 이미 은퇴 연령이 없어졌고 일본, 독일, 영국도 점점 없어지는 분위기다. 한국의 은퇴 연령은 60세도 아니고 56세다. 강제로 은퇴하면 53세가 되는데 연령차별금지법이 통과가 되어서 내년부터는 하지 못하지만, 연금을 수령하는 연령이 2008년부터 61세였다. 나중에 65세로 넘어갈 것이다. 한국도 은퇴 연령이 OECD의 다른 국가들처럼 서서히 높아지지 않을까 싶다.

리카르도 기사도 국장의 말처럼 '나이'는 사회적인 발명품이다. 이제 인간의 수명이 점점 늘어나므로 나이에 대한 개념도 달라져야 한다. 2년 전부터 미디어를 통해 '신중년(新中年, 40세를 중년으로 봤지만 고령화의 진행으로 인해 60세부터 75세까지를 새로운 중년층으로 분류한 것을 표현한 단어)'이라는 단어가 알려지기 시작했다. 라이프스타일은 젊은 중년과 비슷한데 나이 때문에 노인이라고 할 수 없게 됐다. 기대수명에 따라 중년의 나이도 달라져야 하므로 오래 살게 되면 중년의 나이도 높아져야 한다.

수명이 길어지고 있으므로 계속 배우는 자세가 필요하다. 50세 이후에도 배울 준비가 되어 있냐고 하면 당연히 그렇다고 해야 한다. 그러면서 세대 간의 관계에도 관심을 가져야 한다.

▶ 이기성: 은퇴 연령을 뒤로 미루면 젊은 층에 미치는 영향이 있지 않을까?

▶ 리카르도 기사도: 청년 실업률이 높은 상황에서 나이 많은 직원이 은퇴하지 않으면 문제가 될 수 있다는 질문인데 떠나고 싶어 하지 않는 나이 많은 직원과 청년 실업의 균형을 맞추는 것은 굉장히 복잡한 문제다. 스페인에서도 굉장히 큰 문제다. 그리스 다음으로 청년 실업률이 높다. 한 번에 해결하기 어려운 문제라고 생각한다.

▶ 안드레아스 슐라이허: 제로섬 게임으로 간주해서는 안 될 것이다. 누구를 더 오래 일하게 하면 다른 사람의 고용 기회가 줄어든다고 생각하면 안 된다. 생산성을 더욱 높이면 기회를 늘릴 수 있다. 어느 정책에 투자할 것인지는 사실 민감한 문제다.

▶ 리카르도 기사도: 오늘 스위스에서 오신 강연자께서 어릴 때부터 직업교육 훈련을 통해 노동시장에 참여한다고 했다. 이원적인 직업교육 훈련을 마련하는 것이 중요하다. 오스트리아, 스위스 등이 그렇게 하고 있다.

▶ 청중: 스페인에서는 나이가 든 사람 중에 재정적으로 풍부하면 일을 하지 않을 것이라고 했는데 우리는 재정적으로 풍부해도 일을 하고 싶어 한다. 평생학습을 연구하는 입장에서는 이러한 사람들을 어떻게 학습 프로그램으로 데리고 올 수 있는가?

▶ 리카르도 기사도: 노년층에게 평생학습을 하게 하려면 빨리 시작할수록 좋다. 여러 통계를 보면 미리미리 준비한 사람들은 훨씬 더 평생학습을 잘 받아들인다. 그러니 빨리 시작한 분들이 지속적으로 받을 수 있게 지지해줘야 한다.

▶ 청중: 사회에 참여하려면 책임, 권한, 의무인 3면등가의 원칙을 따르는데 사회에서

책임과 의무는 감당하게 하면서 권한은 제한하거나 무시하면 안 된다. 여기에 대한 연구와 말씀이 없었다.

▶ 히로미 사사이: 우선 반드시 인식해야 하는 고령화 사회의 구조를 파악해야 한다. 그렇게 파악해서 정부, 기업과 노조, 지역사회, 가족 구성원 각각 어떻게 해야 하는지에 대해 고민해야 한다. 고령화 사회의 이슈는 어떤 정치적인 문제는 아니라고 생각한다. 오히려 사회적인 문제다.

▶ 청중: 뭔가 배우려면 동기부여가 있어야 하는데 노인들에게 어떻게 동기부여를 할 수 있을까? 어린아이들도 동기부여하기 힘든데 변화를 싫어하는 노년층은 어떻게 해야 하는가?

▶ 안드레아스 슐라이허: 일본의 자료를 보면 오히려 반대다. 노년층이 학습 욕구가 더 높다.

▶ 히로미 사사이: 핵심은 태도와 행동인데 다행히 일본 사람들은 잠재적으로 학습에 대해 좋은 자세를 갖고 있다.

▶ 리카르도 기사도: 고령자들의 학습 방식은 젊은이들과 매우 다르다. 고령자들이 학습에 어려움이 있을 수 있겠지만 그 대신 경험이 아주 풍부하다. 또한 객관적인 자세로 학습에 접근한다. 그러므로 고령자들에게 뭔가 평생학습을 제공하려면 젊은이들과 다른 방식으로 접근할 필요가 있다. 젊은이들에게는 동기부여가 중요할 수 있지만 고령자들에게는 필요성 등을 더 알려줘야 한다.

▶ 안드레아스 슐라이허: 고용주의 역할도 중요하다. 직원을 교육시켜봤자 나가면 손해라고 생각해서 평생학습의 기회를 제공하는 것을 두려워한다. 하지만 그런 것까지 고려해 평생학습을 어떻게 해야 할지 생각해야 한다.

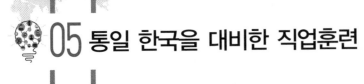

05 통일 한국을 대비한 직업훈련

통일 이후에 있을 혼란을 대비하기 위해 발표자들과 토론자들은 통합적인 직업훈련 체계를 차근히 준비해야 한다고 입을 모았다.

브리지트 토만 독일 연방직업교육연구원 국장은 "통일이 어떤 형태로 언제 다가올지 알지 못한다. 의지가 있다면 길(해결책)은 있다. 하지만 모든 문제를 해결할 수 있는 만능 키를 기대해선 안 된다. 그리고 변화하기 위해서는 시간이 걸린다. 기존의 경험을 완전히 단절해서는 안 되며 아이디어를 공유하고 연구해야 더 나은 곳으로 나아갈 수 있다"라고 말했다.

베른하르트 젤리거 한스자이델재단 한국사무소 대표는 북한에서 수행했던 직업교육 훈련의 사례를 소개하면서 "북한에도 직업교육 훈련 제도는 있지만 적절하게 운영이 되고 있는지는 미지수다. 외국인과의 접촉을 막는 북한 당국 때문에 직업교육과 기술 전수가 더디게 진행되고 있다"라고 말했다. 북한이 시장주의제도를 받아드릴 수 있는

지에 대한 강일규 한국직업능력개발원 선임연구위원의 질문에 베른하르트 젤리거 대표는 "북한은 이미 국민 80%가 시장경제 구조에 의존하고 있다. 그런데 북한 경제는 당 간부들에게 특혜를 주는 불공정한 시장경제로 보는 것이 맞다"라고 진단했다.

김영무 북한민주화위원회 이사는 "북한은 한국과 달리 교육을 위한 사회적 인프라가 부족하다. 능력을 키우기 어려운 구조인 북한의 입장에서는 통일이 되면 다양한 실업자가 양산될 것으로 본다"라고 지적했다.

| 강연 ① |

독일의 통일 후 직업교육 시스템 통합 과정
브리지트 토만(독일 연방직업교육연구원 국장)

'독일 통일 25주년 보고서'를 중심으로 한국 정부가 경험할 통일 이후의 직업교육 시스템 통합과정을 설명하려고 한다. 통일 한국에 적합한 엄청난 계획이나 구체적 전략을 제시하는 것보다 독일의 경험을 자세히 설명하는 것이 내 역할이라고 생각한다. 독일의 경험에서 개선점을 찾아 한국에 맞는 청사진을 찾길 바란다.

1989년 11월 3일 독일이 통일됐다. 그리고 25년이 훌쩍 지났다. 사반세기 동안 믿기지 않을 정도의 큰 변화를 경험했다. 직업훈련 교육 프로그램(이하 'VET')과 관련해서 보면, 통일 이전에도 동독과 서독의 간극이 크지 않았다. 직업 훈련제도의 차이가 크지 않았다는 뜻이다.

양쪽 정부 모두 양질의 노동력을 양성한다는 공통된 목적이 있었다. 또한 도제제도라는 공통점과 실무 교육 및 이론 교육이 있었다. 더불어 독일 국민들에게 직업은 일자리 이상을 의미한다는 보편적인 관념이 있었다. 하지만 통일이 되면서 상황이 반전됐다. 베를린 장벽이 무너지자 동독에서는 실업자가 늘어났다. 동독의 인재 양성은 국가 주도의 도제제도였는데 통일을 기점으로 민간기업이 도제제도의 운영 주체로 떠오르기 시작했다. 그래서 도제제도를 제공하려는 기업들을 찾아 나서야 했다. 동독의 기업들은 인재를 교육하는 훈련시설로 전환됐다. 새로운 도제제도 표준이 생긴 것이다. 무역, 보험업계 등에서 변화의 바람이 활발했다.

동독지역에 시장이 빠르게 도입되면서 기업들이 더 많은 첨단기술을 확보하자 새로운 분야의 노동력 수요가 커졌다. 우리는 학계, 노동자, 경영자 등 주요 이해 당사자들과 함께 전문가 위원회를 만들어서 '직업 기준'이라는 이름으로 각 직업별 표준을 만들었다.

동독과 서독에서 체계적으로 이러한 과정이 진행됐다. 통일된 뒤, 양국의 VET가 통합되었는데 그 과정이 예상보다 부드럽게 진행됐다. 일하는 사람들의 변화과정이 교육 프로그램을 정비하는 데 가장 중요하다는 것을 인식했기 때문에 쉽게 풀렸다.

동독과 서독의 직업훈련 기관에서는 양쪽 모두 정부 부처, 노조, 교사, 기업에 기반을 두고 있는 강사들로 구성된 전문가 위원회가 있었다. 1990년 5월부터 공동회의소를 설립해 VET를 조정했는데 서독에서는 직업 훈련학교가 있었으며 기업에서 실무교육과 직업교육이 이뤄졌다. 동독에서는 실무교육을 기업에서 많이 했다.

통일 당시 동독에는 180개 기업에 32,000명에 달하는 숙련 근로자가 있었다. 이들이 실무교육을 담당하는 것이 동독의 VET 구조였던 것이다. 그래서 조정이 필요했다.

새로운 교육제도를 만들기 위한 평가를 하면서 새로운 기준을 세웠다. 동독에 VET 시스템을 마련하면서 보조금이 필요했다. 경제 상황이 좋지 않았기 때문에 기업이 고용을 늘리지 않았다. 도제 직원 한 명을 고용하면 정부는 기업에 5,000마르크를 제공했다. 또한 도제 직원 3명 중에 1명꼴로 외부 교육을 받게 했다. 정부와 기업이 직업훈련에 대한 교육 부담을 나눠지는 이원화 시스템이 형성된 것이다. 1992년 과학교육부가 예산을 마련해서 직업교육 훈련센터의 기본을 만들었다.

직업교육 훈련을 제공하는 시설은 동독과 서독 양쪽 모두에 있었다. 연방직업교육연구원(이하 'BIBB')은 베를린 서쪽에 있었다. 베를린의 지위 때문에 양 기관의 관계가 정치적으로 갈등이 있었지만 실무적 차원의 교류는 활발했다. 서독과 동독 간에 문화협정을 맺고 1986년 금속공에 대한 교육훈련 표준을 정하는 것으로 협력을 시작했다.

두 기관은 중립적인 곳에서 워크숍을 갖고 정보 공유와 관계 개선을 추구했다. 1989년 말 독일이 통일되고 1990년이 되면서 협력관계가 더 치밀해졌다. 1990년 7월 직업교육법이 제정되면서 동독의 직업교육 훈련기관은 없어졌다. 하지만 30명에 달하는 동독 기관 직원들은 BIBB로 자리를 옮겼고 동독에서의 경험을 알려줬다.

직업훈련 교육기관이 하나로 통일된 지도 25년이 흘렀다. 그동안 많은 성과를 거뒀다. 통일 전 양국의 표준이 통일됐고 실업률이 떨어졌으며 동독과 서독의 소득 격차도 줄었다. 드레스덴 등 동독지역의 일부 지방은 서독지역보다 잘살 정도가 되었다.

독일의 VET가 지금 직면한 문제는 도제 계약이 줄고 있다는 점이다. 서독지역보다는 동독지역에서 좀 더 심각한다. 통일 이후 많은 사람이 동쪽에서 서쪽으로 넘어갔다. 게다가 숙련된 노동자가 은퇴하면서 기술을 전수할 숙련공의 수가 점점 줄고 있다. 과거에는 도제제도가 부족했다면 지금은 외면받고 있다. 정부 주도의 직업교육 훈련센터에서조차 양질의 노동력이 부족한 상황이다. 독일 경제 성장의 발목을 잡고 있다.

그렇다면 통일을 준비하는 한국이 주목할 점은 무엇일까? 독일의 과정을 보면, 두 개의 VET를 통합하고 이원화 교육을 수행했는데 상당히 많은 보조금이 들어갔다는 것을 알 수 있다. 단계별로 나눠 여러 해에 걸쳐 통합시켰는데도 양쪽 진영의 반응은 달랐고 통합과정에서 갈등도 있었다. 특히 통일 직후 급히 동독의 교육기관을 패쇄하는 바람에 동독지역의 교육 훈련제도가 가진 많은 장점이 사라졌다. 관련 기관을 오랫동안 같이 운영했으면 서독의 문제점 해결에 필요한 많은 교훈을 얻을 수 있었을지 모른다.

25년간의 VET의 변화를 보면, 많은 연구 거리가 있다고 생각한다. 변하기 위해서는 시간이 걸린다. 헬무트 콜 전 총리가 말했듯이 변혁하는 데 1~2년이 걸린다. 기존의 경험을 완전히 단절해서는 안 되며 아이디어를 공유하고 연구해야 한다. 더 나은 곳으로 가야 하기 때문이다.

"의지가 있다면 길은 있다. 하지만 모든 문제를 해결할 수 있는 만능 키를 기대해서는 안 된다."

브리지트 토만

뒤스부르크 대학에서 정치학으로, 카이저슬라우테른 공과대학교에서 성인교육학으로 각각 석사학위를 받았다. 독일 연방직업교육연구원 국제직업교육훈련 실장을 거쳐 현재 독일 연방직업교육연구원 국장으로 있다.

| 강연 ② |

북한의 직업훈련 현황
베른하르트 젤리거(한스자이델재단 한국사무소 대표)

우리는 아무도 언제, 어떤 방식으로 통일될지 모른다. 여러 가지 추측은 가능하지만 아무도 정확히 모른다. 지금까지 한스자이델재단이 북한에서 수행한 직업교육 훈련과 시사점에 대한 경험을 바탕으로 얘기하겠다.

독일의 직업교육에는 3가지 중요한 전제가 있다. 첫째, 독일에는 강력한 중소기업들이 있다는 것이다. 기존에 아주 잘하고 있는 중소기업도 있고 새롭게 나타난 강소기업도 많다. 둘째, 청년 실업률이 낮다. 셋째, 독일 경제의 산업적인 핵심을 든든히 지지하고 있다.

한스자이델재단이 중국에 처음으로 직업훈련을 하러 들어간 시기가 1979년이다. 현재 북한에 가보면 1980년대 초반의 중국 모습과 굉장히 흡사하다는 인상을 받는다. 중국에서는 전자, 자동차, 농업 등 다양한 분야에서 직업교육 훈련을 위한 협력이 이뤄졌다. 지역적

베른하르트 젤리거 "북한 사람들에게 직업교육을 시켜야 한다."

으로는 동쪽에서부터 서쪽으로 점점 옮겨 갔다.

중국 교육부와 협약해서 내몽고 쪽 티베트 가까이에서도 프로젝트를 진행하고 있다. 중국에서 진행한 직업훈련에서 주목할 점은 현지화다. 독일의 직업교육 훈련을 그대로 옮겨 놓은 것이 아니라 현지의 상황에 맞게 변형해서 적용했다.

중국의 농촌 경제 발전을 위해서 약 6,000명의 농촌 도제를 만들었다. 이런 직업교육은 중국에서 굉장히 중요한 프로젝트로 자리를 잡았고, 이론과 실무 교육에 대한 토론의 장도 활발했다. 독일의 여러 가지 모범 사례를 그대로 옮기지 않고 토론을 통해 현지에 맞게 적용을 시켰다.

그렇다면 북한에서는 과연 어떻게 직업훈련이 이뤄지고 있나? 제도는 있다. 일단 역량 강화와 관련해 스웨덴의 로얄인스티튜트 등에서 지식을 전수해주고 있었다. 평양산업대학교에서는 주말이나 야간 대학 때에 직업교육 활동을 지원하고 있다. 홍콩에서도 훈련 프로그램을 제공하고 있었으며 장학금 제도 운영 등의 새로운 시도도 진행 중이다.

하지만 제도가 훌륭히 운영되고 있는지는 미지수다. 북한에서 도제식으로 훈련하고 교육하고 싶어도 북한 당국에서 외국인과의 접촉을 꺼린다. 사회주의적 국가관에 방해될 수 있다는 이유에서다. 아무나 만날 수 없었고 만나기로 한 사람만 그것도 엄격한 통제하에 만날 수 있었다.

농업 현대화를 시켜야 했지만 비료와 기계가 없었다. 차라리 유기농 산업을 발전시켜야 하는 상황이었다. 유기농 관련 교과서나 관련 프로그램을 만들어서 교육을 시작했다. 독일의 모델을 전수하기 위해 젊은 도제 관계자 10명 정도를 데려가기도 했다. 이때도 다른 사람과의 접촉은 하지 않는다는 약속을 해야만 했다.

북한 사람들이 기업가 정신을 갖게 하면서 직업교육을 시켜야만 대량 탈북을 막을 수 있다. 한국도 구조를 보면 직업교육 훈련을 강화해야만 강한 중소기업을 키워나갈 수 있다는 점을 17년 동안 한국에서 살면서 느꼈다.

👤 베른하르트 젤리거

파리1대학 경제학과에서 석사학위를 독일 킬대학교에서 경제학 박사학위를 받았다. 현재 한스자이델재단 한국사무소 대표로 있다. 서울대학교 행정대학원 객원교수, 농수산식품부 자문위원으로도 활동했으며 서울시 명예시민으로 임명되었다.

| 토론자 |
강일규(한국직업능력개발원 선임연구위원), 브리지트 토만(독일 연방직업교육연구원 국장),
베른하르트 젤리거(한스자이델재단 한국사무소 대표),
김영무(북한민주화위원회·북한전략센터 이사)

강연 중인 베른하르트 젤리거 대표와 집중하는 청중들

▶ **강일규**: 25년 동안 독일 통일에 대해 겪었던 사례와 북한에서의 경험은 통일 한국
을 준비하는 우리에게 상당히 시사하는 점이 많다고 생각한다. 독일은 통일과정
에서 준비가 미비했다. 갑자기 통일이 됐기 때문이다. 통일 당시 직업훈련 분야에
서 가장 큰 장애물이 무엇이었고 한국은 통일 이후에 어떤 어려움을 겪을 것으로
예상하는지에 대해 브리지트 토만 국장에게 묻고 싶다.

▶ **브리지트 토만**: 돌이켜 생각해보면 아쉬운 점이 많다. VET 통합과정에서 좀 더 조
정을 잘할 수 있었는데 통일로 인해 상황이 급박하게 변했다. 제가 느꼈던 가장
큰 어려움은 모든 일을 빨리빨리 해야 한다는 것이었다. 통일 이후 직업교육법이

빠르게 제정되면서 발 빠르게 제도를 전환해야 했다. 기업들도 어려웠고 더 나은 삶을 위해 노력하려는 동독 청년들을 기다리게 할 수 없었다. 서두르다 보니 통합 과정이 미진한 부분이 컸다. 서둘러야 했다는 것이 가장 큰 도전이었다.

한국은 지금까지 어떤 일을 해왔는지 반추해야 한다. 통일은 급변을 의미하고 선택과 집중을 강요할 것이다. 한국이 빨리 달성할 수 있는 과업에 힘을 줘야 한다고 생각한다. 쉽게 성과를 낼 수 있는 것에 집중해서 우수사례를 만들어야 한다.

▶ 강일규: 당장 통일이 된다면 북한이 자본주의 시장경제 체제를 받아드릴 것으로 보는가? 과연 북한 인력으로 관리할 수 있을까? 만약 그것이 부족하다면 시장경제 시스템을 관리하는 인력을 지금부터 양성해야 한다고 생각하는가?

▶ 베른하르트 젤리거: 북한에서 다양한 부처의 사람을 만났다. 내가 만난 그 어떤 사람 중에 마르크스주의에 바탕을 둔 중앙계획경제를 신봉하는 사람은 없었다. 이미 80%는 시장경제 구조에 의존하고 있다.

1990년대 독일의 예를 보면 알 수 있듯이 북한의 경제는 불공정한 시장경제라고 보는 것이 맞다. 수요와 공급에 의해 가격이 정해지는 것이 시장경제인데 당 간부나 군부가 많은 혜택을 누리는 경제 구조다. 공정한 개념의 시장경제는 아닌 것이다.

북한 사람들로 관리가 가능할 것인지에 대해서는 시간이 필요하다고 생각한다. 통일이 되면 많은 사람이 남쪽으로 밀려 내려올 것이다. 북한의 젊은 사람이 많이 이주하고 일정 기간 배운 다음에 창업할 것으로 생각한다. 북한에서 한국의 교과서를 사용할 수 있으면 통일 이후를 준비하는 훌륭한 방안이 될 것 같다.

▶ 김영무: 3년 전까지 북한 노동부에서 근무했다. 북한의 실태를 보면 한국사회처럼 고등학교를 졸업하고 대학을 갈수 있는 체계가 아니다. 군대에 10년 동안 복무하고 여자들도 2011년부터 군사 복무를 4년 해야 대학에 갈 수 있다. 중·고등학교를 졸업해서 기능을 배울 시간이 없다.

한국은 학원에서 기능공 자격증을 취득할 수 있지만 북한은 국가가 배치해주는 곳에 가서 일을 한다. 가게 되면 15일 동안 노동환경 관련 교양 외에는 교육을 받지 않는다. 일을 잘해서 당의 추천을 받아야 들어갈 수 있다.

운전면허 하나 따는데도 1년이 걸리고 그나마 당의 허락이 필요하다. 종업원이 500명 이상 있는 기업들은 고급 기능공을 갖고 있으며 1,000명 이상은 공장 대학교를 운영하고 있다. 북한은 능력을 키우기 어려운 사회이며 만일 통일이 되면 많은 실업자가 나올 것이다.

제2부

글로벌 기업의
다양한 인재

01 리더십의 위기, 어떻게 극복할 것인가?

〈글로벌 인재포럼 2015〉의 기조연설자로 나선 제프리 페퍼 스탠퍼드 대학교 석좌교수는 "미국은 리더십 계발에만 연간 140억~500억 달러를 쓰지만 미국인의 69%가 '리더십이 위기에 봉착했다고 생각한다'는 조사 결과가 있다"라고 말했다. '인재 경영의 창시자'로 불리는 제프리 페퍼 교수는 리더십 관련 연구, 리더십 강화 교육 등 리더십 산업이 실패하는 이유로 리더십 전문가들의 떨어지는 전문성, 과학적이지 않은 리더십 측정 기준 때문이라고 지적했다. 또한 온라인 서점 아마존닷컴에서 검색하면 리더십 관련 서적만 11만 7,000여 권이 나오지만 좋은 리더의 전형이 무엇인지, 리더십의 정의가 무엇인지 명확하지 않다면서 "회사를 나가면서 퇴직금 4,100만 달러를 받은 칼리 피오리나 전 휴렛팩커드 CEO가 최근 미국 대통령 선거 출마 의사를 밝혔다. 재직 당시 수천 명의 직원을 해고한 사람이 과연 성공한 리더인가?"라고 반문했다.

최근 불거진 폭스바겐, 다카다(일본의 에어백 제조업체) 등 글로벌 기업들의 비윤리적인 경영 행태가 드러나고 있는 것도 리더십을 강화하기 위한 노력이 실패했음을 보여주는 사례이며 '카리스마 있는 리더'의 대명사인 잭 웰치 전 GE 회장의 경영도 당사자가 이야기한 것과 실제는 다른 면이 많다고 말했다. 많은 리더가 자기 기만적인 요소들을 더하면서 비현실적인 리더십의 성공 스토리를 계속 만들기 때문에 냉소적인 반응만 낳고 있다는 현실을 제대로 봐야 한다고 했다.

리더십의 위기를 극복하기 위해서는 리더에 대한 평가부터 제대로 이뤄져야 한다고 제프리 페퍼 교수는 강조했다. CEO는 조직원들의 생산성 향상보다 본인의 임금이나 근속 연수, 권력 구조 등에 관심이 더 많으므로 리더와 조직 구성원 간에 리더십을 평가하는 잣대가 달라야 한다고 주문했다. 그래서 직원들의 업무 몰입도와 직장 만족도를 높이는 리더가 좋은 리더이므로 몰입도, 만족도 등을 과학적으로 측정하는 것이 중요하다고 여겼다. 또한 리더십 계발 과정이 체계적이지 못하다고 비판했다.

"벨기에 블레릭 경영대학교 등에서 리더십 관련 강의를 '영감을 주는 경영학 과정'이라고 소개하지만 성공한 리더들의 '신화'를 통해 리더십을 기를 수는 없다. 영감을 주는 것은 단기적인 효과만 있을 뿐 장기적인 조직 성과로 이어지지 않는다."

최근 구글이 학습 및 리더십 계발 프로그램 '구글에듀'를 개편했다. 교육 내용의 실행 가능성을 높이기 위해 강의 대상과 시기를 구체적으로 규정하고 대학 강사 평가와 비슷한 부하직원의 상사 평가를 기반으로 관리자급에 적합한 강의를 추천하고 있다. 제프리 페퍼 교수는 그 예를 들면서 "구글을 제외하고는 글로벌 기업들도 직원의 행동, 성과 등의 결과를 기준으로 리더십을 과학적으로 평가하지 않는다"라고 지적했다.

리더십 계발 프로그램의 효과를 측정하는 것이 중요하므로 '교육 과정이 즐거웠는지'가 아니라 '리더십 계발이 실제 조직의 성과 개선에 도움이 됐는지'를 측정해야 한다고 언급하면서 자신의 저서 《리더십 BS》에 리더십 관련 교육 및 훈련과정에 막대한 비용이 들어가지만 직장 만족도와 직원의 업무 몰입도 등의 개선에는 전혀 도움이 되지 않았다는 연구 결과를 소개했다.

| 강연 |

과학적 리더십 연구·교육이 필요하다

제프리 페퍼(미국 스탠퍼드대학교 경영대학원 석좌교수)

최근에 집필한 《리더십 BS》는 두 가지 사실에서 출발했다. 첫 번째, 리더십 산업이 엄청난 규모라는 것이다. '구글 스콜라'로 검색되는 리더십 관련 논문만 260만 건에 이르고, '리더십'을 구글에서 검색하면 1억 4,800만 건의 문서가 나온다. 아마존닷컴에 등록된 리더십 관련 책은 11만 7,000권에 달한다. 미국에서는 리더십 계발에 연간 140억~500억 달러를 쓰고 있다고 집계됐다.

두 번째, 실제 일터에서 일어나는 일들을 살펴보면 리더십에 심각한 문제가 있다는 조사 결과가 많다는 것을 알 수 있다. 여론 조사기관 갤럽에서 142개국을 대상으로 조사한 결과, 13%의 직원들만 업무에 몰입한다고 나왔다. 24%는 전혀 업무에 몰입하지 못하는 것으로 드러났다. 또한 직장 만족도도 떨어지고 있다. 미국 주간지 〈퍼레이드〉의 조사 결과에 따르면, 2012년 직장인 35%가 직속 상사를 해고할 수 있으면 임금 인상을 포기하겠다고 답변했다. 미국 경제 조사기관 컨퍼런스보드는 2000년부터 CEO의 임기가 짧아지고 있다고 발표했다.

컨설팅 회사인 부즈가 2011년 발표한 보고서에 따르면, 세계 2,500대 기업 최고경영자(CEO) 14%가 해고됐다. 또한 많은 경영대 졸업생이 첫 직장에서 2년 안에 해고된다. 이들이 적응할 수 있도록 해주는 조직적인 지원이 없었기 때문이다.

리더십에 관한 연구를 포함한 리더십 산업은 실패했고 일터는 망가지고 수많은 리더가 해고됐다. 영국의 한 비즈니스 스쿨의 조사에 따르면, 부장급 임원들의 7%만이 자신이 속한 기업이 글로벌 리더를 효과적으로 계발한다고 했다. 액센츄어의 조사에서도 8%의 임원만이 자신의 기업에서 리더들을 효과적으로 계발한다고 평가했다. 기업생산성연구소가 1,367명의 임원들을 대상으로 조사한 결과, 66%가 리더십 계발이 효과적이지 못하다고 답변했다. 창의적 리더십센터(CCL)의 윌리엄 젠트리 박사도 임원의 절반이 현재 직무를 효과적으로 수행하지 못하고 있다는 사실이 수많은 연구 결과에서 드러났다고 밝혔다.

하버드대학교 케네디스쿨에서 2012년에 조사한 결과, 미국인의

69%가 리더십은 지금 위기라는 생각을 갖고 있었다. 로널드 클레멘트 박사가 1999년부터 2005년까지 〈포춘〉 선정 100대 기업을 조사한 결과, 40%의 기업이 뉴스에 나올 만한 심각한 과오를 저질렀다고 밝혔다. 또한 글로벌 HR 컨설팅 회사 DDI가 1,300명을 대상으로 조사한 결과, 3분의 1이 자신의 상사가 리더십을 제대로 발휘하지 못하고 있다고 답했다.

그렇다면 리더십 계발 관련 연구, 교육 등 리더십 산업의 위상을 정립하기 위해서는 어떻게 해야 할까? 리더십 계발 교육은 전문성이 없어도 전문가라고 인정받을 수 있는 분야다. 리더십에 관한 실증적인 연구가 없어도 말재주가 있거나 재미있는 스토리만 있으면 리더십 전문가가 될 수 있다. 미국 월간 경제잡지 〈Inc.〉이 지난해 선정한 상위 20위 리더십 전문가들을 조사한 결과, 이 중 4명만(20%)이 유관 분야에서 박사학위를 받았을 뿐이다. 5명은 경영학과 관련된 어떤 학위과정도 이수하지 않았다.

리더십 계발 과정의 성과를 평가하는 방법을 살펴보면 업무 몰입도나 직장 만족도 등의 변화를 측정하는 것이 아니라 재미있는 교육과정이 곧 좋은 리더십 프로그램으로 평가받고 있다. 구글 외에 어떤 기업도 리더십을 평가할 때 직원들의 행동과 성과 등을 기준으로 리더십 계발 프로그램을 평가하고 있지 않다.

조직의 리더와 나머지 조직원들의 관심사가 전혀 다르다는 것도 리더십에 대한 평가가 엇갈리는 이유 중 하나다. 리더들은 자신의 임기, 조직 내 권력 등이 최대 관심사다. 직원들의 업무 몰입도, 생산성 향상 등은 뒷전이 되기 싫다는 뜻이다.

좋은 리더의 기준도 명확하지 않다. 칼리 피오리나 전 휴렛팩커드 CEO는 퇴직금 4,100만 달러를 받고 회사를 떠난 뒤, 최근에 미국 대통령 선거 출마 의사를 밝혔다. 재직 당시 수천 명의 직원을 해고한 CEO를 성공한 리더라고 볼 수 있는가? 스탠리 오닐 전 메릴린치 회장 겸 CEO는 어떤가. 그들의 높은 연봉이 직원 입장에서도 좋은 리더였다는 것을 보여주는 지표는 아니다.

리더십을 측정할 수 있는 정확하고 정밀한 기준을 세울 필요가 있다. 마찬가지로 리더십 계발 전문가와 교육과정을 평가할 때도 교육받는 사람들에게 즐거움을 주는 엔터테이너가 아니라 과학자로서 평가해야 한다.

벨기에 블레릭 경영대학교나 오스트레일리안 경영대학원 홈페이지를 보면, '영감을 주는 경영학 과정을 찾고 있는가', '영감을 주는 교육 기회를 제공한다' 등의 문구를 볼 수 있다. 법학, 의학, 공학 교육 등 전문 분야의 홈페이지에서 각 분야의 전문 지식 대신 '영감'을 준다는 소개를 볼 수 있는가? 영감과 리더십은 다르다. 영감은 단기간에만 효과를 발휘한다.

리더십에 관한 신화는 현실을 온전히 반영하지 못한다는 문제가 있다. 극단적인 사례에서 일반적인 교훈을 얻을 수 없다는 뜻이다. 예를 들어, 카리스마 있는 리더의 전형으로 일컬어지는 잭 웰치 전 GE 회장도 자신의 리더십에 관해 이야기하는 것과 실제 경영이 완전히 같을 수 없다. 결국 리더들이 자신의 좋은 점만 보여주려고 하는 욕구가 더해지면서 자기 기만적인 요소들이 덧붙여질 수밖에 없기 때문에 비현실적인 리더십 성공 스토리가 만들어지고 그 반대에서는 냉소적인 반응만 낳고 있는 것이 현실이다.

　행동을 실제로 변화시킬 수 있는 과학적인 리더십의 연구 및 교육이 필요하다. 이를 위해서는 더 많은 직원이 몰입하고 더 높은 직장 만족도를 누릴 수 있도록 하는 요소가 무엇인지 과학적인 증거를 통해 밝혀야 한다.

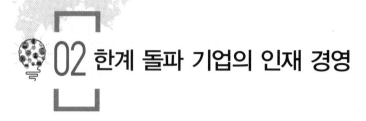

02 한계 돌파 기업의 인재 경영

크리스틴 팜비앙키 수석부사장은 2004년 21억 6,000만 달러의 영업 손실을 내며 위기에 빠졌던 코닝이 10년 뒤인 지난해 24억 7,000만 달러의 영업이익을 올리며 '부활'한 비결로 HR(Human Resource, 인적 자원) 시스템 혁신을 꼽았다.

"회사에 위기가 찾아왔을 때 조직이 안정적이고 탄탄해야 회사 성장을 이끌 수 있다고 판단해 지역별 HR 시스템을 효율적으로 정비하는 등 확 바꾸고 인재 계발에 공을 들였습니다. 그 변화가 혁신을 일으켰습니다."

5개 국가에서 디스플레이 사업장을 운영 중인 코닝은 해외 근무 인력이 많은 점을 고려해 해외 사업장마다 '휴먼 캐피털 매니지먼트(HCM, 인적 자본관리)'라는 시스템을 도입했다. 1주일 단위로 인력 관리를 점검하며 보상 및 직무 교육을 하는 방식이다. 사업 부서가 경영 계획서를 작성하듯 그해의 인력 관리 계획서도 쓰고 있다.

HR 시스템이 마련되자 회사 비용 절감, 매출 증가는 덤으로 따라왔다. 매출 규모는 38억 5,000만 달러(2004년)에서 97억 1,000만 달러(지난해)로 껑충 뛰었다. 크리스틴 팜비앙키 수석 부사장은 "기존의 틀을 깬 창의적인 HR 관리가 지금의 성공을 이끈 것"이라고 말했다. 2004년 2만 4,000명이었던 코닝의 인력은 지난해 3만 5,000명으로 10년 새 45.8% 증가했다. 급격히 인력이 늘어났지만 혼란은 없었다. 체계적인 HR 시스템이 자리 잡힌 덕분이다.

틀을 바꿔 성공한 기업은 코닝 뿐만이 아니었다. 이번 강연에서는 틀을 바꾼 시도로 세계 경기의 침체 상황을 이겨낸 기업들 사례가 제시됐다. 전성철 세계경영연구원 회장은 "기업이 기존 패러다임을 전환해 한계를 돌파할 수 있는 방법은 크게 두 가지로 생각해볼 수 있다. 인재 관리와 아이디어에 대한 틀을 바꾸는 게 대표적이다"라고 말했다.

세계 3대 디자인상인 독일 레드닷의 페터 제흐 회장은 "성공한 기업들의 공통점은 기존 시각을 뒤집는 훌륭한 아이디어 제품이 시장과 통했다는 것이다. 아이디어가 좋은 제품에는 당연히 수익이 뒤따른다"라고 말했다. 그러면서 아이디어로 성공한 대표 제품으로 1979년 일본 소니가 만든 '워크맨'과 애플의 '아이폰'을 예로 들었다.

"오디오를 휴대할 수 있도록 하겠다는 아이디어는 굉장한 혁신을 일으켰다. 당시 워크맨은 5억 대 넘게 판매됐고 워크맨의 열풍 덕분에 카세트테이프도 2억 개 이상 팔렸다. 2007년 애플이 선보인 아이폰도 신선한 아이디어로 세상을 변화시켜 성공한 사례다. 이처럼 틀을 깬 아이디어가 중요하다."

움란 베바 펩시그룹 수석부사장은 지속 가능한 인재 관리가 중요하다고 강조하면서 "인재 없이 기업 경쟁력을 확보할 수 없다. 기업 경쟁력을 키우기 위해서는 성별, 세대, 지역, 능력 등 여러 면에서 다양한 인력을 관리해야 한다"라고 말했다. 이를 위해 경영진은 인력들이 직장 생활에서 보람을 찾을 수 있는 환경을 마련해주고 사고를 다양하게 할 수 있는 기회를 줘야 한다고 조언했다. 펩시가 2012년 유네스코와 협력해 미얀마에 인력 양성 교육 프로그램을 마련한 것도 이런 이유 때문이라고 알려줬다.

| 강연 ① |

디자인이라는 아이디어로 위기를 돌파하다

페터 제흐(레드닷 회장)

디자인과 인력 관리는 상당한 접점이 있다고 생각한다. 디자인은 사람을 위해 만들어지고, 디자인을 잘하기 위해서는 인재가 필요하기 때문이다. 인재 관리에서 아이디어를 존중하는 부분은 굉장히 중요하다. 아이디어는 성공을 좌우한다. 성공한 기업들의 공통점은 기존 시각을 뒤집는 훌륭한 아이디어 제품을 내놨다는 것이다. 아이디어가 좋은 제품에는 당연히 수익이 뒤따른다.

1979년 오디오를 휴대할 수 있도록 하겠다는 아이디어로 만들어진 소니의 '워크맨'은 굉장한 혁신을 일으켰다. 당시 워크맨은 5억

페터 제흐 "틀을 깬 아이디어가 중요하다."

대 넘게 판매가 됐고 워크맨 열풍 덕에 카세트테이프도 2억 개 이상 팔렸다. 일본 자동차 제조회사 마쯔다도 새로운 아이디어를 토대로 만든 스포츠카 'MX-5모델'로 인기를 끌었다. 세계에서 가장 많이 팔린 스포츠카로 《기네스북》 기록에 등재될 정도였다.

2007년 미국 애플이 선보인 아이폰도 신선한 아이디어로 세상을 변화시켜 성공한 사례다. 아이폰이 나오기 전까지만 해도 휴대전화에는 별도 자판이 항상 달려 있었다. 하지만 디스플레이로만 구성된 아이폰이 나오자 세상은 바뀌었다. 현재까지 아이폰은 7,000만 대 넘게 팔렸다. 아이디어를 신선하게 바꾸는 것이 중요하다는 대표적인 사례다. 아이폰 판매는 2014년 4분기와 2015년 1분기 사이에 90% 증가할 정도로 계속 늘고 있다. 항상 다른 사람과 달라야 하고 남보다 잘해야 한다.

유명 디자이너 마크 뉴슨은 기존 관념을 뒤집은 아이디어로 만든 의자로 주목을 받았으며 영국 가전업체 다이슨의 창업자인 제임스 다이슨 역시 아이디어를 바탕으로 진공청소기를 새롭게 고안해 성공했다. 이처럼 틀을 깬 아이디어가 중요하다.

레드닷 디자인 어워드는 56개국 2,000여 개의 회사에서 작품을 출품한다. 레드닷 디자인 어워드에서 수상한다는 것은 높은 품질의 제품을 만들었다는 것을 의미한다. 디자인, 곧 아이디어는 기업에게 훨씬 많은 이득을 가져온다.

 페터 제흐

미래를 선도할 혁신적인 디자인을 발굴해 상을 주는 레드닷 디자인 어워드는 독일 iF 디자인 어워드, 미국 IDEA 디자인 어워드와 더불어 세계 3대 디자인상으로 꼽힌다. 페터 제흐 레드닷 회장은 '디자인 경영의 거장'으로 불리며 디자인계의 혁신을 이끌고 있다. 2005년부터 2007년까지 국제산업디자인협회(ICSID) 회장을 지냈고 2006년부터 2007년까지는 국제디자인연맹(IDA) 의장으로 활동했다.

| 강연 ② |

위기일수록 인재에 집중하라
크리스틴 팜비앙키(코닝 HR 총괄 수석부사장)

현재 코닝에서 인력 관리를 맡고 있다. 코닝이 회사를 어떻게 변화시켰는지에 대해 말씀드리겠다. 고릴라 글라스라는 강화유리를 개발해

크리스틴 팜비앙키 "HR 시스템이 혁신을 일으킨다"

실적을 올리다 2001년 '닷컴 버블'이 꺼지면서 사업에 어려움을 겪었다. 2004년에는 21억 6,000만 달러의 영업손실을 내며 위기에 빠졌다. 하지만 10년 뒤인 지난해 24억 7,000만 달러의 영업이익을 올리며 부활에 성공했다.

코닝이 부활에 성공한 비결은 HR 시스템에 있었다. 회사에 위기가 찾아왔을 때, 조직이 안정적이고 탄탄해야 회사 성장을 이끌 수 있다고 판단해 지역별 HR 시스템을 효율적으로 정비했다. 그 변화가 혁신을 일으킨 것이다.

코닝은 디스플레이 사업장을 5개 국가에서 운영 중이다. 해외 근무 인력이 많은 점을 고려해서 해외 사업장마다 '휴먼 캐피털 매니지먼트(HCM, 인적 자본관리)'라는 시스템을 새롭게 도입했다. 1주일 단위로 인력 관리를 점검하며 보상 및 직무 교육을 하는 방식이다. 업무

성과를 평가하고 보상해주는 시스템을 더욱 확대했다. 사업 부서가 경영계획서를 작성하듯 그해의 인력 관리 계획서도 쓰고 있다. 코닝은 매주 회의를 통해 진행사항을 업데이트하고 인사 계획을 지원한다. 또한 각 지역별 HR 조직도 확충했다. 본사에서 많은 인력을 파견해 코닝의 문화와 네트워크 등을 전달했다. 코닝의 비전이 무엇이고 코닝이 직원들에게 기대하는 바가 무엇인지를 알렸다.

코닝의 독자적인 기술 프로세스를 설명하는 데에도 공을 들였다. 6시그마 기법으로 품질 개선 효과를 낸 것도 이런 과정이 있어서 가능했다. 이처럼 코닝은 각 지역별 인력 관리를 체계화했다. 이 밖에 회사 인지도를 높이기 위한 홍보도 늘렸다. 대학이나 군대에서 제대한 사람을 대상으로 채용 설명을 늘렸다.

HR 시스템이 마련되자 회사 비용 절감, 매출 증가는 덤으로 따라왔다. 매출 규모는 38억 5,000만 달러(2004년)에서 97억 1,000만 달러(지난해)로 껑충 뛰었다. 기존의 틀을 깬 창의적인 HR 관리가 지금의 성공을 이끈 것이다. 2004년 2만 4,000명이었던 코닝의 인력은 지난해 3만 5,000명으로 10년 새 45.8% 증가했다. 인력이 급격히 늘어났지만 혼란은 없었다. 체계적인 HR 시스템이 자리 잡힌 덕분이다.

요즘은 'HR 2020 프로젝트'를 실행하고 있다. HR을 좀 더 투명하게 만들고 시스템을 체계화하려는 작업을 계속하고 있다. 직원들의 업무 집중도나 이해도가 높아서 업무 효율도 좋아지고 있다. 이것이 코닝의 성공 비결이다.

크리스틴 팜비앙키

코넬대학교에서 산업과 노동 관계학 학사를 받았다. 펩시코에서 공장 및 지역 물류거점 HR 관리직과 조직 역량관리 등을 맡으며 10년간 근무했다. 2000년에 코닝 광섬유사업부 HR 부장으로 이직했다. 2008년 HR 부사장으로 임명된 뒤 현재까지 HR 조직을 이끌고 있다. 현재 코닝의 글로벌 HR 총괄 수석부사장이다.

 | 강연 ③ |

지속가능한 인재 관리의 중요성
움란 베바(펩시그룹 AMENA 총괄 수석부사장 겸 최고 인사 책임)

펩시그룹은 200개국에서 660억 달러의 매출을 올리고 있다. 보조식품, 음료, 스낵 등 총 22개 브랜드를 갖고 있고 25만 명의 직원들이 일하고 있다. 펩시그룹이 인사에서 어떤 철학을 갖고 있는지, 기업의 HR 철학이 직원뿐 아니라 소비자의 삶에 어떤 영향을 미치는지에 대해 설명하겠다.

펩시그룹은 2007년부터 '퍼포먼스 위드 퍼포즈(Performance with purpose)'라는 철학을 도입했다. '퍼포먼스'는 주주를 위한 가치를 의미한다. 이런 의지에 직원들을 동참시키는 것도 중요하다.

인재 없이는 기업 경쟁력을 확보할 수 없다. 따라서 HR은 장기적 발전 관점에선 필수적이다. 기업 경쟁력을 키우기 위해서는 성별, 세대, 지역, 능력 등 여러 면에서 다양한 인력을 관리해야 한다. 이를

움란 베바 "인재 없이는 기업 경쟁력을 확보할 수 없다."

위해 경영진은 인력들이 직장 생활에서 보람을 찾을 수 있는 환경을 마련해주고 다양한 사고를 할 수 있는 기회를 줘야 한다. 이때 HR은 포트폴리오를 체계적으로 관리하고 직원들에게 그 취지와 가치를 제대로 전달하는 것이 중요하다. 이를 위해 HR에 지속 가능성을 고려한 성과 관리 시스템을 연계했다. 단기와 장기로 나눠서 성과를 평가하고 있다. 미래 인력을 개발하려면 이런 성과 관리 시스템을 기반으로 기존 인력의 능력을 계발하는 것이 중요하다. 민간 기업도 인재 육성에 중요한 역할이 있다는 것을 인식하고 정부 기관과 협력할 필요가 있다.

또한 여성 직원들에 대한 권한을 강화하고 체계적인 교육을 실시하는 것도 빠져서는 안 된다. 경제 성장 과정에서 여성들의 활동은 더욱 커질 것이기 때문이다. 교육 기관과 협력하면 더욱 효과적이다.

특히 여성은 요즘 대부분의 국가 인력에서 중요한 부분을 차지하고 있다. 예를 들어 사우디아라비아의 경우 현지 인력이 부족해 여성들의 참여를 이끌어내는 게 필요하다. 갈수록 여성 인력의 참여가 늘고 있다. 그래서 사무실 안에 아동보육센터를 마련해놓는 등 여성 직원들을 위한 배려도 해주고 있다. 자녀를 작업장에 데리고 와서 마음 편히 일할 수 있도록 말이다.

기존 체계에 얽매여 있지 말고 인력을 더욱 효율적으로 관리할 방법을 고민해보라. 펩시그룹이 2012년 유네스코와 협력해 미얀마에 인력 양성 교육 프로그램을 마련한 것도 이런 이유 때문이다.

> **👤 움란 베바**
>
> 터키 보아지치대학교 산업공학과에서 학사, 석사과정을 마치고 동 대학원에서 MBA를 밟았다. 1994년부터 2010년까지 펩시그룹 터키 지사장을, 2010년부터 2013년까지 펩시그룹 아시아 태평양지역 사장을 지냈다. 2013년부터 현재까지 펩시그룹의 아시아·중동·아프리카지역(AMENA) 총괄 수석부사장 겸 최고 인사 책임을 맡고 있다. '다양성 관리의 대가'로 불리며 펩시그룹의 혁신을 주도하고 있다.

| 토론자 |
크리스틴 팜비앙키(코닝 HR 총괄 수석부사장),
움란 베바(펩시그룹 AMENA 총괄 수석부사장 겸 최고 인사 책임)

기조 세션에서 토론 중이다. 크리스틴 팜비앙키 수석부사장(오른쪽 두 번째)이 발언하고 있다.

▶ 청중: 중국 기업은 이직률이 높다. 중국에서는 고용 유지 및 인력 관리를 위해 어떤 일을 하고 있나?

▶ 움란 베바: 직원을 채용하면 그 직원과 오랫동안 함께하기를 원한다. 특히 생산직군에는 전문성이 필요하기 때문에 이직률이 높으면 곤란하다. 고용 유지를 위해 노력한 결과, 국가별 이직률은 미국이 3%, 한국이 3%, 중국·대만이 7% 수준으로 낮다. 직원들에게 왜 오래 일을 하느냐 물어보니 자신들이 이 회사에서 일하는

게 왜 중요한지에 대해 알고 있기 때문이라는 의견이 많았다. 사실 이런 부분이 보수보다 더 중요하다고 생각한다.

▶ 청중: HR이 최고경영자(CEO)에게 중요한 요소인가? 코닝이 발전한 이유가 HR에 있다고 자신 있게 말할 수 있나?

▶ 크리스틴 팜비앙키: 인재가 없으면 소비자에게 뭔가를 제공하는 것은 물론, 기술 개발도 불가능하다. 기업의 CEO에게 인력 관리는 굉장히 중요한 요소라고 생각한다. 코닝이 발전한 이유가 HR에 있다고 보느냐는 질문에는 내 대답은 '그렇다'이다. HR이 제대로 되고 있으면 직원들은 직무에 몰입할 수 있기 마련이다.

03 선도 국가와 이머징 마켓의 인재 관리

이번 강연에 나선 강연자들은 입을 모아 "기업은 현장에서 실제로 필요한 기술이 무엇인지 대학에 알리고, 대학은 실무적인 기술을 습득한 인재를 최대한 많이 배출하려고 노력해야 한다"라고 강조했다.

채드 에번스 미국 국가경쟁력위원회 부위원장은 '세계를 바꾸는 기술 리더십'이라는 주제로 강단에 올라 "미국은 국가경쟁력위원회 등을 통해 기업과 대학 간 '기술 매칭(matching)'을 성사시키는 데 매년 수십억 달러를 투자하고 있다. 4년이라는 긴 시간 동안 직업교육을 받았는데도 적당한 직장을 찾지 못하고 방치되는 사회적 비효율은 없어져야 한다. 한국에서는 고등교육을 받은 사람이 계속 늘어나고 있지만 실업률이 갈수록 높아지는 것은 참 '슬픈 현상'이다. 이미 없어진 산업군이나 기업 현장에서 쓸모없는 기술과 지식을 여전히 대학에서 가르치고 있는 것이 가장 큰 문제다"라고 지적했다.

'이머징 마켓에서의 우수 인재 관리'라는 주제를 발표한 폴 에번스 프랑스 인시아드 명예교수도 "인시아드 경영대학원에서 개발한 '글로벌 인재 경쟁력 지표'에서 한국 순위는 29위로 20위권 밖이다. 공교육 분야에 대한 점수는 높지만 기술교육 부문이 굉장히 약한 탓에 순위가 낮아졌다. 한국의 기술교육 부문 경쟁력이 높아지려면 기업과 대학, 기업과 정부 간의 긴밀한 협업이 필요하다"라고 했다.

한국의 직업교육 시스템이 좀 더 유연해져야 한다는 지적도 나왔다. 폴 에번스 명예교수는 "기술 혁명의 속도가 점차 가속화하고 있는 지금 20년간 공부한 것을 밑천으로 40~45년 동안 일한다는 것은 말이 안 된다. 한국도 '평생교육'이라는 개념을 중시해야 한다. 스위스는 12세 때부터 '앞으로 무엇이 되고 싶은가'를 구체적으로 고민하고 15세에 직업을 선택한다. 학생의 70%는 학문 대신 직업교육을 선택하지만 스무 살이든 마흔 살이든 언제든 다시 대학으로 돌아가 새로운 기술과 학문을 배울 기회가 열려 있다"라고 말했다. 채드 에번스 부위원장도 "경직된 사고를 버리고 '언제든 대학으로 돌아갈 수 있다'는 것을 당연하게 받아들이는 시스템이 정착했을 때 혁신적인 기술을 갖춘 인재가 늘어날 것"이라고 덧붙였다.

세계를 바꾸는 기술 리더십

채드 에번스(미국 국가경쟁력위원회 부위원장)

기술의 리더십을 가진 국가가 개별 산업에서 어떻게 성공을 거둘 수 있었는지 중심으로 발표하겠다. 특히 미국의 사례를 중심으로 어떤 산업이 성공했고, 그 패턴이 어떻게 변화했는지 말하고자 한다.

첫 번째, 미국 경제의 동력은 시간이 흐르면서 계속 바뀌었다. 20세기에는 농업·광업에서 대량 생산 체제 덕분에 미국의 산업 규모가 커졌다. 21세기 미국의 성장 동력은 '혁신'이다. 지적 자본, 인재가 미국의 가장 중요한 자원이다. 특허, 상표, 기술 개발(R&D) 등이 기업 가치를 결정한다. 그리고 무형 자산과 기술, 경영 시스템이 가치를 창출한다. 국가 경제의 동력이 바뀌면서 높은 기술 능력을 가진 근로자들이 유리해지고 있다. 특히 '지식 및 기술 집약(KTI, Knowledge and Technology Intensive) 산업'은 미국 국내 총생산(GDP)의 40%를 차지한다. 이 비중은 선진국 가운데 가장 높은 비율이다.

미국은 상상을 넘는 자본을 R&D에 투입하고 있고 이 과정을 통해 생산된 제품을 판매한다. 이런 산업 구조에서 근본적으로 중요한 것은 지식과 기술이다. 이에 따라 법률 서비스, 기술 등 KTI 산업별에 필요한 고학력 근로자들의 비중이 점점 커지고 있다.

두 번째, 글로벌화다. 디지털 혁명으로 이머징 마켓에서 온 수억 명의 근로자들이 글로벌 시장에 편입되고 있다. 브릭스(BRICs, 브라질·

채드 에번스 "산업의 구심점이 '물리적 힘'에서 '두뇌'로 옮겨가고 있다."

러시아·인도·중국)의 4개 국가는 현재 세계 총 근로자 공급량의 45%를 차지한다. 창의적인 의사소통이 필요 없는 단순 노동은 얼마든지 원격으로 진행이 가능해졌기 때문이다.

세 번째, 디지털 혁명이다. 미국을 비롯한 전 세계에 휴대전화 및 인터넷 사용자는 기하급수적으로 늘어나고 있다. 정보기술(IT) 기기의 보급이 확산되면서 근무 시간도 달라지고 있다. 많은 사람이 이동 중에도 근무한다. 디지털 혁명은 생산성을 향상시킨다. 웹을 기반으로 해서 크라우딩 펀딩을 하는 건 이제 자연스러운 일이다. 개인들은 자유롭게 제품을 생산할 수 있는 도구를 사용할 수 있게 됐다. 생산 기지, 창고, 중장비 등이 필요 없다. 3차원(3D) 프린터, 레이저 커터, 사용하기 쉬운 소프트웨어 덕분에 이제는 신용카드 하나만 있으면 택시 안에서도 물건을 만들어낼 수 있는 시대가 왔다.

네 번째, 빠른 기술 변화로 인한 노동 인구 구성의 변화다. 다른 한편으로는 공장의 자동화 비중이 늘어나면서 미국 고용률이 줄어들고 있다. 센서와 소프트웨어의 발달로 기계는 단순 작업은 충분히 잘할 수 있게 됐다. 지난 50년 동안 비숙련 일자리는 줄어들고 있는 중이다.

이러한 변화는 고숙련 기술 노동자에게는 유리하다. IT 기술을 이용하면 업무 능력을 훨씬 강화시킬 수 있기 때문이다. 비숙련 노동자와 숙련 노동자 사이에 점점 큰 괴리가 발생한다. 미국 고용 시장에서 고학력 인구는 점점 늘어나는 반면 저학력 인구는 줄어들고 있다. 임금 격차 수준도 해가 지날수록 커지고 있다. 또한 임금에서도 고학력자의 경우에는 빠른 속도로 늘어나고 있다. 기술 발전이 경제의 모든 부문에 영향을 주고 있는 것이다.

기술 때문에 새로운 일자리가 생기고, 어떤 일자리는 사라진다. 같은 조직 내에서도 갑자기 직무 안배가 달라진다. 미래에도 고등 교육자가 필요한 일자리는 더 빠르게 늘어날 것이다. 산업의 구심점이 '물리적 힘'에서 '두뇌'로 옮겨가는 것이다.

국가는 이러한 현상들을 반영한 교육제도를 만들어야 한다. 미국 국가경쟁력위원회에서는 기업인들을 대상으로 미국의 고등교육에 대한 의견을 물은 적이 있었다. 50% 이상이 "미국 교육제도는 현재 일자리 및 고용 시장을 충분히 반영하지 못하고 있다"라고 응답했다.

미국이 이런 위기에 당면한 건 처음이 아니다. 100년 전, 미국은 '산업화'라는 새로운 물결에 성공적으로 적응을 마친 적이 있다. 미국인들은 농장을 떠나 기업을 만들었고 도로와 철도를 건설해 대량 생산된 제품을 실어 날랐다. 근로자들은 새로운 기술을 습득하는 데 적극적이었으며 정부는 뒤에서 이런 변화를 지원했다. 미래 지향적인 정책 입안자들은 의무 교육제도를 만들었다. 미국의 모든 주에 교육 기관을 설립하고 미래를 위한 근로자를 양성하기 시작했다. 20세기 중반 미국의 대학 진학률이 50%에 육박할 수 있었던 바탕이 되었다. 지금 또 한 번의 거대한 변혁이 일어나고 있다. 이 변혁기를 잘 지나기 위해서는 교육제도가 바뀌어야 한다.

 채드 에번스

미국 국가경쟁력위원회는 1986년 대학, 기업, 노동계 대표 등이 모여 조직된 미국 내 유일한 국가경쟁력 관련 공동협의체다. 1980년대 미국이 경제 위기에 직면하면서 '1등 국가의 지위가 위협받고 있다'라는 위기의식에서 출발했다. 미국 사회 전반을 아우르는 통합 싱크탱크 역할을 하고 있는 이 단체는 '지속 가능한 경쟁력(Sustainable Competitiveness)'을 높이기 위해 부심하고 있다.

미국 조지타운대학교 대학원에서 국제 관계학을 공부한 채드 에번스는 마이클 포터 하버드대학교 교수와 함께 '국가 경쟁력 지수' 개발에 앞장선 인물이다. 이 경쟁력 지수는 국가 경쟁력 평가 부문에서 세계적 권위를 인정받고 있다.

| 강연 ② |

이머징 마켓의 우수 인재 관리

폴 에번스(프랑스 인시아드 경영대학원 명예교수)

급변하는 시대에서 인재의 중요성은 갈수록 높아지고 있다. 효과적인 분석을 위해 나는 '글로벌 인재 경쟁력 지표'를 개발했다. 다양한

폴 에번스 "인재가 돌아오게 만드는 환경이 중요하다."

재능이 어떤 요인으로 개발되고 어느 국가가 이를 잘 하고 있는지 살펴보기 위한 것이다. 다양한 측면을 수치화해서 하나의 모델로 아우르는 것이 목표다.

재능이란 것은 무엇일까? 창의성, 리더십, 문제 해결 능력 등을 꼽을 수 있다. 여기에 영향을 주는 원인으로는 정부 정책, 노동 환경 및 법률 등이 있다. 이러한 요인들로 인해 한 국가의 인재 경쟁력은 좋아지기도 하고 나빠지기도 한다.

예를 들어보자. 남녀평등은 인재 육성에 큰 요인으로 작용한다. 어떤 나라에서는 여성이라면 능력이 아무리 뛰어나도 앞서 나가기 힘들다. 차별 때문이다. 또한 유능하지만 가난하게 태어나는 바람에 재정적인 지원이 없어 인재가 못 되는 경우도 있다. 사회적인 이동성이 재능의 발현에 영향을 미치는 것이다.

작년 지표를 보면 스위스가 맨 위에 있다. 이는 큰 시사점을 준다. 직업교육이 얼마나 중요한지를 보여주기 때문이다. 스위스는 1920년대부터 탄탄한 직업교육 시스템을 갖췄다. 또 다른 상위권으로는 싱가포르와 일본 등이 있다. 한국은 29위다. 한국은 공교육만 떼어놓고 보면 5위 안에도 들어갈 것이다. 하지만 다른 약점이 많다. 특히 직업교육은 굉장히 취약하다.

한국은 기술적인 영역에서 직업교육이 약하다. 그래서 대학을 졸업해도 취업이 잘 되지 않는다. 요즘처럼 빨리 변하는 세상에서는 한국처럼 20여 년간 공부한 상태로 이후 40~50년을 쭉 일하는 모델은 유효하지 않다. 계속 배우고 공부하는 평생교육 모델이 필요하다. MBA 프로그램만 봐도 몇 년 일하다가 발전을 위해 30~40세 때 다시 공부하러 오지 않는가. 한국에서는 이런 재교육이 잘 되지 않고 있다.

스위스의 직업교육을 살펴보자. 스위스에서는 12살이 되면 어떤 직업을 가질지 생각하게 한다. 그리고 15살이 되면 선택해야 한다. 일반 고등학교에 가서 공부를 할지, 직업교육을 받고 돈을 벌지 말이다. 요리든, 사진이든 자기가 무엇을 할지 결정을 내리는 것이다. 전체의 70% 정도는 직업교육을 택한다. 물론 직업교육을 받는다고 대학에 갈 길이 막히는 것은 아니다. 대학은 30~40세 때도 충분히 갈 수 있다. 일하다가 진로 변경을 위해 대학에 가거나 대학 수준의 기술 교육을 더 받을 수 있다. 교육 시스템이 유연한 것이다.

이와 관련된 사례는 이머징 국가에서도 찾을 수 있다. 대만은 15년 전에 인재 유출 사태를 크게 겪었다. 자국 인재들이 실리콘밸리로 떠나서 돌아오지 않은 것이다. 대만 정부는 이 문제를 풀기 위해 직업교육에 투자를 많이 했다. 유학 갔던 사람들이 다시 돌아올 수 있도록 미끼를 준 것이다. 오늘날 대만의 전자산업 등 제조업이 뛰어난 경쟁력을 갖추게 된 배경에는 이러한 점이 큰 역할을 했다.

인재가 돌아올 수 있도록 '매력적인 환경'을 만들어야 한다. 연구에 따르면, 한 국가의 경영 환경에 따라 인재들이 들어오기도 하고, 나가기도 한다. 경영 환경을 평가하는 잣대는 여러 가지가 있지만 80% 정도가 '탤런트 매니지먼트(Talent Management, 우수한 인력을 확보하고 유지·관리하기 위한 활동)'에 대한 것이다. 뚜렷한 목표를 정하고 사람들이 편하게 일할 수 있게 하면서 적재적소에 배치했는지 등에 대한 인재 경영에 전문성을 갖고 있는지의 여부가 중요하다고 볼 수 있다. 인재 계발과 훈련에 투자를 많이 할수록 매력적인 곳이 된다. 이 부분을 잘 하는 국가가 스위스, 미국 등이다. 한국은 중간쯤에 위치해 있다.

탤런트 매니지먼트에 대해 조언하면서 강연을 마무리하고자 한다. 우선 차별화가 중요하다. 중국의 전자회사 하이얼을 보면, 독특한 인재 관리법이 있다. 중국이란 나라의 특성에 맞춘 것인데 성과가 가장 높은 직원을 초대해서 회사 창업자와 함께 저녁식사를 먹게 해준다. 이 자리에는 직원의 부모도 초대받는다. 그러면 각종 언론 보도를 통해 고향에서 그의 가족은 '스타'가 된다. 이에 대한 직원들의 반응은 뜨겁다. 이는 다른 중국 회사들과 상당히 차별화된 접근이라고 생각된다.

기업은 정부와 지방자치단체, 교육 기관들과 적극적으로 협업해야 한다. 인포시스, 타타 같은 인도 기업들은 이를 상당히 잘 한다. 싱가포르에서는 롤스로이스를 예로 들 수 있다. 롤스로이스는 자회사를 통해 항공기 엔진을 만든다. 아시아에 판매량이 늘면서 이를 담당할 서비스 기지가 필요했다. 롤스로이스는 싱가포르 정부, 군대와 협력해 기술 인재의 육성에 적극적으로 투자했다. 2년 후, 롤스로이스는 항공기 서비스 부문에 있어 세계적인 시설을 보유하게 됐다. 모두 협업과 투자의 성과다.

아시아의 인재들은 성장에 대한 갈증이 크다는 점을 기억해야 한다. 인시아드 경영대학원의 조사 결과에 따르면, 21~32세 아시아 젊은이들은 '발전에 도움이 되지 않는 직장에서 평생 지내면 어떻게 하지'라는 불안감이 크다. 경영자는 직원을 대상으로 높은 목표를 세워주고 그것을 달성할 수 있도록 인맥을 만들어주면서 교육도 시켜줘야 한다. 제너럴 일렉트릭(GE)은 우수한 프로그램을 통해 관리자를 육성하고 있다.

또한 다른 나라 사람들과 함께 일하고 싶어 한다. 미국인의 71% 정도는 국제적인 관계를 맺으면서 일하기를 원한다고 한다. 그래서 특정 주기로 근무하는 나라를 바꾸는 식의 '브레인 서큘레이션(Brain circulation, 우수한 인재들의 세계적 이동 현상)'이 필요하다. 리더는 국제적인 경험을 갖춰야 한다. 자국 밖에서 일해본 적 없는 사람은 글로벌 경험이 있는 사람보다 문제 해결 능력이 떨어진다. 다양한 나라에서 많은 경험을 해본 사람은 종합적인 사고를 통해 문제를 풀 수 있는 것이다.

T자형 인재의 중요성에 대해서도 강조하고 싶다. 깊은 지식도 필

요하지만 수평적으로 다양한 네트워킹을 할 수 있는 관심과 능력이 필요하다.

21세기는 순환의 시대다. 재능은 국가에 상관없이 이동하기 마련이고 이동을 통해 재능이 개발된다. 이 같은 선순환 구조가 만들어져야 훌륭한 인재를 육성할 수 있다.

폴 에번스

현재 프랑스 인시아드 경영대학원 명예교수로 있다. 그는 프랑스 인시아드 경영대학원이 2013년부터 세계 최초로 발표한 '세계 인적 자원 경쟁력 지수(GTCI, Global Talent Competitiveness Index)'를 주도해 개발했다. 이 지수는 국가의 인적 자원을 생산, 보유, 유치 능력을 수치로 나타낸 것이다. 사업 환경, 교육, 생활 등 6개 분야 48개 항목을 평가한다.

| 토론자 |
강태영(연세대 글로벌융합기술원 연구교수), 채드 에번스(미국 국가경쟁력위원회 부위원장),
폴 에번스(프랑스 인시아드 경영대학원 명예교수)

세계를 바꾸는 기술 리더십에 대해 발언 중인 채드 에번스 부위원장.

▶ 강태영: 인사 관리 임원 또는 경영진이 이러한 변화에 대응하려면 어떤 능력과 성격이 필요할까?

▶ 채드 에번스: 인사 관리 담당자들은 직원의 잠재력을 키우고 자기계발을 도와야 한다. 이를 위해서는 다양성에 대한 열린 생각이 필요하다. 혁신과 조직 경쟁력에 대한 연구를 살펴보면, 근본이 되는 것이 '다양한' 인력과 사고다. 미국 국가경쟁력위원회도 이 같은 부분을 중시한다. 또 HR 전략은 최고경영자(CEO)와 최고운

영책임자(COO)가 세우는 조직 전체의 경영 목표와 함께 가야 한다는 것도 유념해야 한다.

▶ 폴 에번스: 맞는 지적이다. HR 담당자들과 얘기해보면 인사 전략이 경영 목표와 동떨어지는 경우가 많다. 항상 함께 가야 한다.

▶ 강태영: 스위스에서는 12살 때 진로에 대해 생각해서 15살 때 선택한다고 했는데, 학생들은 모든 정보를 갖지 않은 상황에서 어떻게 직업 학교나 일반 학교로 갈지 선택하는가?

▶ 폴 에번스: 그 시점의 결정이 평생을 좌우하는 경직된 시스템에서는 선택하기 두려울 것이다. 하지만 언제든 직업교육 쪽으로 갔다가 대학으로 가는 등 방향을 바꿀 수 있다는 점이 중요하다. 스위스는 이런 면에서 매우 유연하다. 부모는 학생들에게 "네가 무엇을 하고 싶은지 모르겠다면 안전한 선택을 하라"고 말한다. 일을 하면서 경험을 쌓고 돈을 벌다가 22~23세 때 다른 생각이 든다면 길을 바꿔도 된다고 조언하는 것이다.

▶ 채드 에번스: 미국에서 중산층이 생긴 것은 튼튼한 제조업 기반이 있었기 때문이다. 오늘날 많은 부모는 자녀가 공장에서 일하는 것을 원치 않는 경우가 많다. 하지만 공장에서 용접공 등으로 일하는 것이 장기적으로 봤을 때 인문학을 전공한 것보다 돈을 많이 벌 것이라고 본다. 또한 폴 에반스 명예교수가 말씀하신 것처럼 언제든 필요하면 대학교에서 공부할 수 있는 유연한 시스템이 뒷받침되어야 한다고 본다.
한국은 이런 변화를 갑작스럽게 추진하면 어려워질 수 있다. 장기적인 관점에서 접근할 필요가 있다. 스위스는 이런 시스템을 1920년대에 도입해 100년가량 갈고 닦아왔다.

▶ 폴 에번스: 선택에 대한 리스크를 학생 본인이 떠안는 것은 피할 수 없다. 하지만 사회는 그 리스크와 장벽을 낮추는 노력을 해야 한다. 평생직장 개념이 아니라 여러 직업을 거칠 수 있도록 말이다.

▶ 강태영: 폴 에번스 명예교수는 고등교육을 통해 미래에 기회가 늘어날 수 있다고 했다. 하지만 한국을 보면 딱히 그렇지 않은 것 같다. 한국에서는 대학을 졸업하고도 취업이 잘 되지 않아서 추가로 직업교육을 받는 경우도 많다.

▶ 채드 에번스: 한국에서는 고등교육을 받은 사람이 계속 늘어나는데 실업률은 갈수록 높아지는 슬픈 현상이 벌어지고 있다. '매칭'의 문제다. 이미 사라진 산업군이나 기업 현장에서 쓸모없는 기술과 지식을 대학에서 여전히 가르치고 있다. 실컷 교육을 시켜 놓고 실직자를 만드는 것은 사회적인 비효율이 아닌가. 미국은 국가경쟁력위원회 등을 통해 기업과 대학 간 기술 매칭을 성사시키는 데 매년 수십억 달러를 투자하고 있다. 위원회, 대학, 기업 간의 의사소통이 원활해야 한다.

▶ 폴 에번스: 우리는 지금까지 교육에 대해 많은 이야기를 했다. 하지만 교육 못지않게 중요한 것이 있다. 바로 학생 스스로 도전하고 이를 통해 경험적으로 배우는 것이다. 큰 두려움 없이 도전하고 주변에서 이를 도와주는 사회적인 시스템을 만드는 것이 필요하다.

04 세상을 바꾸는 힘, 기업가 정신

미국의 최고 창업교육 전문가로 꼽히는 마이클 모리스 플로리다대학교 교수는 영국 극작가 조지 버나드 쇼를 인용하면서 "합리적인 사람은 자신을 세상에 맞추는 반면 비합리적인 사람은 세상을 자신에게 맞추려고 한다. 그래서 세상의 모든 진보는 비합리적인 사람들에 의해 이뤄진다. 기업가는 기존 전통에 도전하고 다른 방식으로 생각하는 사람이다. 오늘날의 교육 제도는 학생들이 합리적으로 사고하도록 가르치지만 때로는 비합리적일 필요도 있다는 사실을 알려줘야 한다"라고 말했다.

"40년 동안 창업가를 대상으로 심리학적·사회학적 연구를 해봤지만 기업가는 태어나는 게 아니라는 결론을 얻었다. 다양한 성격의 사람들 모두가 기업가가 될 수 있는 잠재력을 갖고 있다. 특히 기업가가 벤처기업을 만드는 것이 아니라 벤처가 기업가를 만드는 것이므로 벤처기업에서의 경험이 중요하다. 누구든 쉽게 벤처를 경험할 수 있는 환경을 조성하는 것만으로도 기업가 정신을 키우는 데 큰 도움이 된다. 또한 위대한 피아니스트는 매일 연습한 끝에 탄생한다. 지금의 교육제도 안에 기업가 정신을 연습할 수 있는 플랫폼을 갖춰야 한다."

벤처기업가 출신의 미켈레 오르찬 회장은 살면서 만났던 사람들을 예로 들며 기업가 정신을 설명했다.

"1995년 이탈리아로 출장을 갔는데 한 직원이 전화를 했다. '내가 상사를 해고했다'는 전화였다. 회사에서 무언가를 훔치는 것을 보고 상사를 쫓아낸 것이었다. 그 직원은 지금 회사를 세워 전 세계에 소프트웨어를 팔고 있다. 반대로 한 그래픽 디자이너는 금요일 밤 10시에 끝난 작업물을 출력업체에 전달하지 않았다. 금요일 밤에 문을 연 출력업체는 없다고 생각해서 포기한 것이다. 하지만 나는 직접 전화를 돌려 문 연 곳을 찾아냈다. 사람들의 97%는 너무 빨리 포기한다. 절대 포기하지 않는 나머지 3%가 이들을 고용하는 기업가가 된다."

| 강연 ① |

벤처 경험이 기업가를 만든다

마이클 모리스(미국 플로리다대학교 교수)

"합리적인 사람은 자신을 세상에 맞추지만 비합리적인 사람은 세상을 자신에게 맞추려고 한다. 그래서 세상의 모든 진보는 비합리적인 사람들에 의해 이뤄진다."

마이클 모리스 "누구나 기업가가 될 수 있다."

영국 극작가 조지 버나드 쇼의 말이다. 기업가 정신을 잘 함축한 말이라고 생각한다.

기업가는 전통에 도전하고 다른 방식으로 생각하는 사람이다. 하지만 오늘날의 교육제도는 학생들이 합리적으로 생각하도록 가르친다. 물론 논리적이고 합리적으로 생각하는 것은 중요하다. 하지만 새로운 생각을 이끌어 내기 위해서는 비합리적인 것이 간과되면 안 된다. 때로는 전통이나 통념에 도전하도록 해야 한다. 기업가 정신은 이런 비합리성에 기반을 두고 있다.

21세기는 기업가 정신의 시대다. 세상은 벤처기업에 의해 바뀌고 있다. 처음엔 조그만 스타트업이었던 구글과 페이스북이 세계 최대 정보기술 기업으로 성장했고, 우버와 에어비앤비 등 세상을 뒤흔들고 있는 기술과 서비스를 내놓고 있는 기업은 대부분 벤처기업들이다. 신규 일자리의 80%도 벤처기업에 의해 창출된다. 실리콘밸리에서 볼 수 있듯 기업가 정신이야말로 한 국가가 지속적인 우위를 누릴 수 있도록 해주는 경쟁력의 원천이 된다.

그렇다면 어떻게 해야 기업가 정신을 육성할 수 있을까? 기업을 세운다는 건 거창한 일이 아니다. 기존의 자원을 독특한 방식으로 조합하는 것이 바로 창업이다. 창업에 많은 자원이 필요한 것도 아니다. 그저 새로운 기회만 엿볼 수 있는 능력만 있으면 된다. 신선한 시각으로 세상을 보고, 새로운 방식으로 기존의 연결고리들을 이어가기만 하면 된다.

나는 누구나 기업가가 될 수 있다고 생각한다. 기업가는 바로 우리 자신이다. 40년 동안 성공한 창업가에 대한 심리학적, 사회학적 연구를 다 해봤다. 그래서 내린 결론은 '결국 기업가는 태어나는 것이 아니다'이다. 모든 사람이 기업가가 될 잠재력을 갖고 있다. 다양한 성격과 특성의 사람들 모두가 기업가가 될 수 있다. 획일화된 유형이 아니라 서로 다른 종류의 여러 기업가가 있는 것이다.

벤처의 경험이 기업가를 만든다고 강조하고 싶다. 기업가가 벤처기업을 만드는 것이 아니라 벤처기업에서 일한 경험이 기업가를 탄생시킨다. 처음에는 어렵지만 한번 경험해보면 창업이 그리 어렵지 않다고 깨닫고 반드시 직장에 다닐 필요가 없다는 것을 알게 된다.

따라서 교육제도 안에 벤처 경험을 할 수 있는 기회를 만들어주는 것이 좋다. 창업도 연습하고 실패해보면서 배워야 한다. 위대한 피아니스트는 매일 연습한 끝에 탄생한다. 기업가 정신도 연습이 중요하다. 연습할 수 있는 플랫폼이 있어야 한다.

많은 사람이 스타트업은 위험하며 95%는 실패한다고 생각한다. 하지만 사실이 아니다. 실패율도 95%가 아니라 55% 정도에 가깝다. 업종별로도 편차가 크다.

식당을 창업했다면 실패 확률이 높지만 반도체 분야로 창업했다면 낮다. 일종의 '문턱 원칙'도 적용된다. 창업 2년 정도가 지나면 성공 가능성은 높아지며 직원 10명을 고용할 정도가 되면 그 가능성은 더욱 높아진다. 창업에 대한 두려움을 떨쳐야 한다. 창업은 그리 위험하지 않다.

상상해보라. 지구상에 있는 모든 사람이 창업을 한다면? 그러면 사회 전체가 엄청나게 발전할 수 있다. 기업가 정신은 혁신을 통해 세상의 많은 문제를 해결하고 사람들을 자유롭게 할 것이다.

 마이클 모리스

창업교육과 기업가 정신 분야의 최고 석학 중 한 명으로 꼽힌다. 전 세계 창업교육 전문가들을 대상으로 지난 15년 동안 '경험적 창업교육 전문가 과정'을 개발하고 주도했으며 영미권에서는 칼 베스퍼, 도널드 쿠랏코, 존 뮬린스, 제롬 카츠 등과 같이 30여 년 이상 창업교육 및 연구 분야에 종사해왔다. 현재 미국 플로리다대학교 교수로 재직 중이다.

| 강연 ② |

기업가에게 필요한 것
미켈레 오르찬(중앙동유럽 상공회의소 회장)

우선 내 소개부터 하겠다. 나는 10살 때 가판대를 세워 레모네이드를 팔았다. 12살에는 라디오를, 이후에는 소프트웨어를 만들었다. 대학

미켈레 오르찬 "기업가 정신에는 태도와 접근 방식이 중요하다."

졸업 후에는 제록스 딜러로 일했다. 헝가리, 이탈리아, 크로아티아를 넘나들면서 사업을 했고 자판기업체를 창업했다가 코카콜라에 매각해 평생 먹고 살 돈이 생겼다. 지금은 사회적 기업을 운영하고 있다.

기업가 정신은 세상 어디에든 있다. 내 직원이었던 스티브의 이야기를 들려주겠다. 1995년 헝가리에 있던 내 회사는 직원이 10명 정도였다. 19살이던 스티브도 그 중 한 명이었다. 헝가리 동부의 빈곤지역 출신인 그는 대학에 들어가면서 돈이 필요해 내 회사에서 일하게 됐다.

어느 날, 내가 이탈리아로 출장 갔던 때였다. 스티브가 내게 전화를 걸었다. 상사를 해고했다는 전화였다. 난 어떻게 된 영문이냐고물었다. 상사가 회사에서 무언가를 훔쳐가는 걸 봐서 열쇠를 뺏고 내쫓았다고 했다. 정확한 진위야 바로 알 수 없었지만 난 감탄할 수밖에 없었다. 어떤 직원이 자신의 상사를 내쫓을 수 있겠는가. 그의 당당함과 주인의식에 놀랄 수밖에 없었다. 지금 스티브가 어떻게 되었냐고? 회사를 세워 전 세계를 대상으로 소프트웨어를 팔고 있다. 나도 그의 고객 중 하나다.

또 다른 이야기가 있다. 내가 한 달 전 쿠바에 갔을 때 일이다. 커피를 사려고 길거리에 있는 카페 앞에서 기다리고 있을 때였다. 스페인어를 쓰는 쿠바에서 한 아이가 내게 영어로 말을 걸었다. 여기는 커피뿐만 아니라 망고주스도 맛있다고 했다. 이 아이와 10분 넘게 이야기를 나눴다. 아이의 유창한 영어 솜씨에 감탄해 아이 엄마에게 스페인어로 아이에 대해 칭찬해줬다. 아이 엄마는 아이가 러시아어와 프랑스어도 한다고 했다. 더 대단한 것은 학교에서 가르쳐주지 않았다는 사실이다. 쿠바에 오는 여러 국적의 사람들에게 직접 말을 걸며 배운 것이었다. 나는 그 아이에게 명함을 줬다. 11살짜리에게 명함을 준 건 그때가 처음이었다. 이 아이가 커서 어떻게 될지 상상해보라. 자기 회사를 세워 사업을 하지 않을까? 기업가 정신과 리더십에는 나이가 없다. 돈 문제도, 학교 문제도 아니다.

기업가 정신에 대해 얘기할 때는 오해도 많다. 중요한 것은 태도와 접근 방식이다. 기업가가 되겠다는 사람의 접근 방식에 포기란 없다. 절대 포기하지 않으면 승자가 될 수밖에 없다. 하지만 사람들의 97%는 너무 일찍 포기한다. 절대 포기하지 않는 나머지 3%가 이들을 고용한다. 3%가 되는 법은 쉽다. 절대 포기하지 않으면 된다.

몇 년 전에 헝가리에서 겪은 일이다. 22살 조지는 인턴이자 그래픽 디자이너였다. 중요한 디자인 프로젝트가 있었는데 금요일 밤 10

시가 넘어 끝났다. 월요일에 바로 써야 해서 배너 등 이런저런 걸 프린트하라고 시켰다. 하지만 조지는 금요일 밤에는 아무도 일하지 않는다고만 했다. 나는 직접 구글로 검색해 전화를 돌렸다. 결국 한 업체를 찾았고 무사히 프린트를 할 수 있었다. 조지는 너무 일찍 포기했다. 기업가는 절대 포기하지 말아야 한다. 포기하지만 않으면 길은 있다.

 미켈레 오르찬

1994년 자판기업체 요피를 세워 헝가리, 크로아티아, 루마니아, 이탈리아 등에서 사업을 펼쳤다. 2007년 요피를 코카콜라에 매각해 큰돈을 번 이후로는 공익 활동에 매진하고 있다. 2010년부터 중앙동유럽상공회의소 의장을 맡고 있으며 2013년에는 친환경 기술 및 정책 자문을 해주는 비영리단체 그린 윌을 세웠다.

 | 토론 ① |
도전과 시도가 기업가 정신을 만든다
제이크 슈워츠(제너럴어셈블리 CEO 및 공동 창립자)

기업가 정신은 우리 사회에 필수 불가결한 요소가 됐다. 기존 대기업 중심의 성장 전략은 한계를 맞고 있기 때문이다. 전 세계적으로 경제 성장률은 둔화되고 있고 자본을 투입해 기계적으로 생산량을 늘렸던 제조업은 더 이상 지속하기 힘들다. 20세기의 경제 운영 방식이었다.

21세기는 전혀 다르다. 기술의 발전으로 사회 각 분야에서 창조적 파괴가 일어나고 있다. 처음엔 스마트폰을 이용한 모바일 인터넷 서비스가 각광을 받았지만 지금은 더 나아가 핀테크, 새로운 바이오 신약 등 분야를 가리지 않는다.

기업가 정신이 최고경영자(CEO) 한 사람에게 국한된 이야기가 아닌 것이 중요하다. 기업가 정신은 하나의 철학이자 모든 구성원이 공유할 수 있는 철학체계다. 만약 모든 직원이 기업가 정신을 갖고 일한다면 회사에서도 갖가지 혁신이 일어나고 업무에 적용될 수 있다. 이 부분은 회사 규모가 커지고 직원이 많아질수록 중요한 문제가 된다.

내가 창업한 제너럴어셈블리는 지금 600여 명의 직원이 전 세계에 포진해 있다. 많은 기업이 덩치가 커질 때 어려움을 겪는다. 처음의 창업 철학이 퇴색하고 관료화되기 때문이다. 직원들은 주인 의식을 갖고 일하기보다 수동적으로 시간을 보내다 집에 돌아간다. 이런 문제를 해결할 수 있는 가장 훌륭한 수단이 직원들의 기업가 정신을 고취시키는 것이다.

세계의 많은 정부가 기업가 정신을 확산시키려 노력하고 있다. 내 생각에는 정부가 할 수 있는 가장 좋은 방법이 규제 완화다. 각국 정부들은 기업가 정신을 고양시켜야 한다고 외치면서 다른 한편으로는 기존 사업의 보호 명목으로 새로운 시도를 막는 경우가 많다. 창의적인 시도를 막지만 않으면 기업가 정신은 자연스럽게 생겨나기 마련이다. 서울이 그렇다.

서울은 시장도 크고 소비자도 많은 첨단도시다. 또한 교육 수준도 높고 인터넷도 잘 연결되어 있다. 하지만 서울에는 있을 만한 벤처기업이 없다. 서울이 세계적인 스타트업 도시가 되려면 규제를 풀고 좀 더 많은 도전과 시도가 이뤄지도록 장려해야 한다.

창업이 그리 위험하지 않다는 것에 동의한다. 사람들 대부분은 대기업에 취직하는 것이 안정적인 커리어라고 생각한다. 하지만 기업에 취직했다고 해도 어느 날 해고당할 수 있고 끔찍한 상사를 만날 수 있다. 오히려 자기 스스로 통제할 요소가 많은 창업이 더 안전하다. 역사적으로 봐도 S&P 500 기업들이 실패할 확률은 벤처기업이 실패할 확률과 비슷하다.

미디어에서는 기업가들을 아주 카리스마적인 인물로 연출하지만 내가 만난 기업가들은 모두 평범했다. 차이점이 있다면 자기가 가진 비전을 차근차근 실현하는 것뿐이다.

| 토론 ② |
기업가들이 기업가 정신을 공유해야 한다
이창휘(한국청년기업가협회 대표)

호주에서 7년 동안 공부했고 창업 후 두 번의 실패 경험이 있다. 창업과 실패를 모두 겪으면서 기업가 정신은 이론과 실무가 너무 다르다는 결론을 내렸다.

이론은 정확히 따를 수 없고 사회와 환경은 계속 변한다. 이론적으로 많이 알고 있다고 생각했지만 창업하고서는 구체적이고 실용적인 부분을 많이 몰랐다는 사실을 깨닫게 되었다.

기업가 정신은 어떤 교수가 혼자서 가르칠 수 있는 것이 아니다. 실제 창업하고 성공과 실패를 경험해본 기업가들이 강의실에 와서 함께 가르쳐야 한다.

05 차세대 영재 기업인, 미래를 주도하라

이번 강연에 참여한 발표자들은 10~20대 예비 창업자들에게 '과감한 도전'을 주문했다. 임정민 구글 캠퍼스 서울 총괄대표는 "창업할 생각이 있다면 나이에 구애받지 말고 빨리 도전해야 한다. 그런데 자신만의 아이디어라고 여겼던 것이 실제 많은 사람이 하고 있는 생각일 수 있다. 새로운 것이 아니라도 기존에 있는 것보다 10배 잘하고 10배 많이 움직이고 10배 빨리 하는 것이 사업이 성공하는 길이다. 창의와 혁신에 대해 쉽게 생각하라"고 조언했다.

김기준 케이큐브벤처스 파트너는 "17세의 나이로 창업한 닉 댈로이시오, 중학교 때 인터넷 도메인사업에 뛰어든 표철민 위자드웍스 대표 등은 모든 일에 '왜'라는 질문을 달고 살았다. 주변에 있는 다양한 것에 대해 문제의식을 갖는 것이 창업의 출발점"이라고 조언했다. 또한 요즘은 창업을 돕는 각종 인프라가 잘 갖춰져 있다면서 "회사를 세울 때, 소프트웨어는 코드아카데미, 하드웨어는 N15, 투자금 확보와 마케팅은 킥 스타터, 직원 채용은 구글 캠퍼스 서울 등을 활용하면 된다"라고 설명했다. 허제 N15 대표는 '제2의 제조업 르네상스'를 이끌고 싶다는 포부를 밝히면서 "N15는 아이디어만 있으면 제품을 생산할 수 있도록 3D 프린터, 레이저 절단기, 재봉틀, 플라즈마 절단기 등의 장비를 제공한다. 성공한 창업자들이 많이 나오게 하는 자양분 역할을 하고 싶다"라고 말했다. 로렌츠 카이저 독일 프라운호퍼연구소 법무담당관은 "지식 재산권(IP) 관리에 신경 써야 한다. IP를 효과적으로 관리하는 곳은 창업기업 전체의 10% 미만이다. IP는 사업을 키우고 인수합병(M&A) 과정에서 높은 가치를 인정받는데 꼭 필요한 요소"라고 강조했다.

발표자들은 실패에 좌절할 필요가 없다고 입을 모았다. 임정민 센터장은 "실패는 '선'이고, 성공은 '점'이다. 성공의 기쁨은 일시적이지만 실패는 (실패에 대해) 계속 생각하면서 뭔가를 얻을 수 있다"라고 말했다. 박상욱 대표는 "포기하는 자는 승리할 수 없고, 승자는 포기하지 않는다. 성공적인 실패를 많이 겪어보라"고 주문했다.

조벽(동국대학교 석좌교수 · 좌장)

모두 기억할지 모르겠지만 한국의 주요 성장 전략은 천재를 발굴하고, 그들을 채용하는 것이었다. 한 명의 천재가 1만 명을 먹여 살릴 것이라는 희망을 가졌다. 하지만 그런 전략은 더 이상 유효하지 않다. 이제 '집단 지성'이라는 새로운 전략이 필요하다. 집단 지성은 오래 전부터 사회 창의적 집단, 조직적 창의성 등으로 이야기되어 왔다. 결국 혁신은 팀워크에서 나온다는 것이다.

그동안 한국은 천재 전략으로 빠른 시간에 성장했지만 이제 이런 시대는 끝났다. 미래에 이런 식의 획일적인 그룹을 통해 성장할 수 있을 것이라고 보면 안 된다. 획일성을 추구하고 달성하기 위해 많은 조직들은 회식에서 2차를 간다는 식의 생각을 한다. 하지만 이런 술잔치는 집단으로 실성한 상태라고 본다.

안정된 시대에서는 뭔가 분명한 목적을 추구한다면 앞에 가는 사람을 따르면 된다. 획일적인 조직이 좋을 수도 있다. 하지만 세상이 빠르게 바뀌는 위기시대에는 창의성이 필요하다. 그리고 이를 위해서는 다양성이 꼭 필요하다. 오늘은 이를 위한 혁신과 창의성, 기업가 정신, 지적 재산권 등에 대해 논의하는 자리가 될 것이다. 또한 한국발명진흥회의 많은 역할에 대해 감사함을 표하고 싶다. 이곳은 2010년부터 젊고 재능있는 기업가를 위한 프로그램을 후원해왔다. 매년 160명의 중·고등학생을 선발해 카이스트와 포스텍이 운영하는 2년짜리 기업가 육성 프로그램에 참여시킨다. 참가 학생들은 총 1,539개의 특허를 냈고 그 중에서 69개를 등록했다. 또한 8개의 기업이 탄생했다.

| 강연 ① |

지식 재산권, 관리와 활용이 중요하다
로렌츠 카이저(독일 프라운호퍼연구소 법무담당관)

내가 있는 연구소는 대학 등에서 연구 개발된 각종 지식을 회사에 제공하는 곳이다. 대학과 기업 사이에서 다리를 놓아주는 역할을 한다. 그동안 독일기업들의 발전에 많은 역할을 했다고 본다.

이번에 나는 지식 재산의 중요성에 대한 인식을 강조하고 싶다. 연구소의 분석 결과, 지식 재산을 잘 관리하는 기업은 전체의 10%가

로렌츠 카이저 "지식 재산의 중요성을 놓치지 마라."

안 되는 상황이다. 지식 재산을 비즈니스의 도구로 잘 활용하는 지혜가 필요하다.

지식 재산의 중요성은 갈수록 높아지고 있다. 회사 경쟁력 확보를 위해서도 중요하고 시장에서는 하나의 힘으로 작용한다. 인수합병(M&A) 과정에서도 막강한 힘을 발휘한다. 라이센스를 받을 수 있다는 점도 중요하다. 이러한 부분은 직원에게 큰 동기부여가 된다. 예를 들어, 한 직원이 회사에서 일하다가 특허를 받았다고 해보자. 이를 통해 제품이 개발되고 판매되면 엄청난 자극으로 작용한다.

지식 재산을 갖고 분사하는 것은 경제적으로 성공을 거둘 수 있는 효과적인 방법이다. MP3를 예로 들어보자. 현재 모든 스마트폰에는 MP3의 라이센스가 들어 있다. MP3가 처음 나온 시기가 1980년대다. 아무도 그 존재와 중요성을 몰랐을 때다. 대학생들이 연구한 기술로 차린 기업에서 모든 것이 출발했다.

요즘 미국 캘리포니아에서 이런 일이 많이 발생하고 있다. 스핀 오프(spin off, 회사 분할) 사례를 살펴보면 연구소에서부터 출발한 것이 많다. 스핀 오프는 기본적으로 기술과 경영, 두 요소가 필요하다. 또한 자본을 대줄 수 있는 전략적 투자자도 있어야 한다. 생산해줄 사람도 필수적이다. 우리 연구소는 공공기관인데도 기업에 투자를 한다. 사업계획서를 받으면 경영에 대해 배우게 한 다음, 창업하게 한다. 창업 후에도 계속 지원한다. 이 회사가 특허도 등록되고 사업도 정상적인 궤도에 올라가면 우리 연구소는 지분을 판다. 이를 통해 얻은 수익금을 다시 새 회사에 투자한다. 이런 식으로 생태계를 키워간다. 최근 10년간 우리 연구소를 통해 100번 정도의 스핀 오프가 일어났다. 스핀 오프에서 발생하는 수입은 기업들이 스스로 할 수 없는 것을 연구소가 함께 하기 때문에 가능했다.

독일에서는 신발 스캐너 회사가 연구소로부터 스핀 오프된 적이 있다. 온라인에서 신발을 팔 경우 택배비 등 각종 비용이 들어간다. 그런데 신발 사이즈가 맞지 않아 소비자가 반품한다면 반품비는 회사에 큰 부담이 된다. '반품을 낮추려면 어떻게 해야 할까?' 라는 고민을 해결하기 위해 방법을 찾다가 '소비자가 스캐너로 발을 찍어서 보내게 하고 그것에 맞는 신발을 보내주면 된다' 라는 방법을 찾았다. 그래서 이 방법에 대한 기술이 개발되어 창업으로 이어진 사례가 있다. 지금까지 약 3년이 됐는데 현재 좋은 성과를 내고 있다. 5년 후에는 전 세계가 사용할 것이라고 예상된다.

로렌츠 카이저

독일 바이로이트 법학대학원에서 박사학위를 받았다. 벤처기업의 연구 개발(R&D) 관련 계약과 공동 연구, 자금 조달, 자회사 설립과 관련된 법률 분야에서 30년 이상 경험을 쌓았다. 현재 독일 뮌헨에 있는 프라운호퍼연구소에서 법무담당관으로 있으면서 지식 재산권 관리에 대한 업무를 총괄하고 있다. 또한 유럽 각지의 회사, 대학교, 연구 기관 등에서 초청 강연을 하고 있다.

| 강연 ② |
아이디어를 비즈니스로 만드는 열쇠
임정민(구글 캠퍼스 서울 총괄대표)

구글 캠퍼스는 다양한 창업가들이 모여 생각을 공유하고 토론하는 곳이다. 구글 캠퍼스에는 매일 수백~수천 명의 창업가들이 사람을 만나고 함께 해외 진출을 모색하기도 한다.

구글 캠퍼스 서울의 이벤트홀에서는 지난 달에만 60여 개의 행사가 열렸다. 총 3,500명 정도가 방문했다. 또한 8개의 스타트업이 입주해있다. 모두 미래를 위한 혁신을 연구한다.

내가 가장 많이 받는 질문은 "구글이 왜 이런 스타트업을 위한 캠퍼스를 만드느냐"는 것이다. 구글도 17년 전에 차고에서 작은 스타트업으로 출발했다. 우리는 작은 아이디어가 조금만 도움을 받으면 큰 비즈니스가 될 수 있다고 본다. 얼마든지 세상을 바꾸는 기업을 만들 수 있다는 의미다. 지금의 구글처럼 말이다.

임정민 "작은 아이디어가 큰 비즈니스가 될 수 있다."

    지금도 10억 명이 넘는 사람들이 유튜브에 영상을 올리고 있다. 여러분의 스마트폰에는 안드로이드 OS가 들어가 있다. 이외에도 많은 혁신을 진행하고 있다. 무인 자동차, 당뇨병 환자들의 혈당을 측정해주는 콘택트렌즈 등이 대표적이다.

    우리는 구글 외부에서도 많은 혁신이 일어난다고 믿는다. 이것은 인류가 짊어져야 하는 중요한 문제들을 해결할 수 있는 열쇠가 된다. 그래서 이를 위해 구글 캠퍼스를 운영하고 있다. 전 세계에 구글 캠퍼스는 6곳이 있다. 영국 런던, 이스라엘 텔아비브, 아시아 최초인 서울, 스페인 마드리드, 폴란드 바르샤바, 마지막으로 곧 브라질 상파울로에 문을 연다. 구글 캠퍼스를 통해 지난 4년간 총 1,800개가 넘는 일자리를 만들었다. 구글 캠퍼스에서는 다양한 산업의 전문가들과 스타트업의 구성원들이 만나 멘토링 시간을 갖는다. 또한 드론, 3D 프린터 등 새로운 트렌드에 대한 배움의 기회도 있다. 무엇보다 가장 중요한 것은 '교류'다. 예를 들어, 오늘 저녁에 스타트업들이 서로 리쿠르팅을 하는 데 도움을 주는 파티가 열린다. 다른 취업 설명회와는 다르다. 굉장히 자유롭고 캐쥬얼한 분위기에서 진행된다. 구글은 이런 행사 등을 통해 100만 명 이상의 창업가와* 만나 어울렸다.

우리는 다양성을 굉장히 중요하게 생각한다. 다양한 생각과 배경을 가진 사람들이 모이는 것이 혁신에서 가장 중요하다고 본다. 구글 캠퍼스에서 여성 창업가에 신경을 많이 쓰는 것도 이러한 이유에서다. 나스닥 상장사를 살펴보면 여성의 비율이 높은 회사가 그렇지 않은 회사보다 상장할 때 기업 가치가 30% 이상 높았다. 하지만 아직도 부족한 상황이다. 여성 벤처는 늘고 있지만 아직 창업투자회사 투자금액의 5% 정도만이 진행됐을 뿐이다. 하지만 앞으로 기대가 된다. 지난달 '캠퍼스 포 맘스(campus for moms)'라는 창업 프로그램을 운영했다. 놀랍게도 100명 이상의 여성이 참여했다. 서울 외에 런던 등에서도 이 프로그램이 운영된다. 구글 캠퍼스 서울에 1만 명 정도가 가입했고 이 중 30%는 여성이다. 이곳에서 400시간 이상의 멘토링 세션이 진행됐다. 또한 800여 명의 창업가들이 지혜를 얻어갔다. 10년쯤 후 인류의 문제를 푸는 혁신 창업가들이 구글 캠퍼스를 통해 많이 나왔으면 좋겠다.

👤 임정민

카이스트 산업공학과를 졸업하고 미국 버클리대학교 산업공학 석사과정, 스탠퍼드대학교 경영공학 석사과정을 밟았다. 소셜게임회사 로켓오즈를 창업했었다. 이후 소프트뱅크벤처스코리아의 사모펀드 및 벤처 투자 부문에서 경험을 쌓았으며 실리콘밸리에서 최고 경영진으로 일하기도 했다. 현재 아시아 최초의 구글 캠퍼스인 구글 캠퍼스 서울을 이끌고 있다.

| 토론자 |
조벽(동국대학교 석좌교수), 박상욱(DRE@M 대표), 허제(N15 대표),
김기준(케이큐브벤처스 상무 겸 파트너), 임정민(구글 캠퍼스 서울 총괄대표)

임정민 대표는 과감한 도전의 중요성을 역설했다.

▶ **박상욱:** 여러분은 인생에서 몇 번 실패했는가? 많은 사람들이 실패보다는 성공을 좋아한다. 실패자라고 낙인 찍히는 것을 싫어한다. 과연 실패가 다 나쁜 것이었을까?

나는 어렸을 때부터 지금까지 300번 이상 실패한 것 같다. 반창고를 자르다가 손가락까지 자른 적이 있었다. 이를 통해 '불법 의료 행위를 하면 안 되겠구나' 하는 교훈을 얻었다. 가장 큰 실패는 처음 창업한 스타트업이 망했을 때였다. 열심히 일했고 모든 것을 다 쏟아냈는데도 말이다. 그래서 경영을 배워야겠다고 생각했다.

이렇게 실패를 통해 뭔가를 배우는 것이 내가 괜찮은 사람이 된 토대가 됐다고 본다. 성공적인 실패가 중요하다. 한 번의 실패 없는 성공은 없다. 한국발명진흥회의 영재 개발 프로그램을 통해 많은 것을 배웠다. 조벽 교수는 "도전해라. 더 많이 실패할수록 성공에 가까워진다"라고 강조했다. 그 말을 듣고 실패에 대한 두려움을 없앨 수 있었다. 이후 다시 도전해서 10건 이상의 특허를 보유하고 IP 영재 기업인으로도 뽑혔다. 아시아 청년 기업가 정신대회에서도 1등을 했으며, DRE@M이라는 스타트업을 만들게 됐다. 화장품을 정기적으로 배송하는 서브 스크립션 서비스를 한다. 언젠가 해외를 무대로 뛰는 글로벌 기업가가 되고 싶다. 그리고 또 다른 사람들이 두려움 없이 '꿈'을 갖는 데 도움을 주고 싶다.

실패는 장애물이 아니다. 성장할 수 있는 기폭제다. 포기하는 자는 절대 승리할 수 없으며 승자는 절대 포기하지 않는다. 계속 달려가야 한다. 그래야 꿈을 이룰 수 있다.

▶ 허제: N15는 하드웨어 스타트업이다. 용산 전자상가 안에 있다. 용산이 예전에 비해 많이 쇠퇴했다. 하지만 용산이 가진 인프라는 아직도 충분히 활용할 가치가 있다. 인프라와 노후화된 시설을 활용해 젊은 창업가들의 창업을 돕는 플랫폼 사업을 하고 있다.

미국 테크숍과 손잡고 테크숍코리아를 용산에 열었다. 테크숍은 실리콘밸리에서 시작된 회원제 기반의 제조 혁신 공간이다. 아이디어만 있으면 제품을 소량 생산할 수 있도록 3D 프린터, 레이저 절단기, 재봉틀, 플라즈마 절단기 등 주요 장비와 인프라를 제공한다. 오바마 대통령이 주목할 정도로 미국의 제조업 르네상스를 이끄는 기업이다. 이 기업의 샌프란시스코 지점을 가봤는데 시설은 낡았지만 이곳을 거친 창업기업의 가치를 따져보면 60조 원에 이른다고 한다. 시설의 노후화에 상관없이 교육과 시스템을 통해 창업 신화를 만들어 가고 있었던 것이다.

많은 사람들이 한국에서 창업하거나 기업을 경영하기 어렵다고 한다. 하지만 나는 다르게 생각한다. 이 작은 나라에서 삼성전자, 현대차가 나왔다. 네이버, 카카오 등 세계적인 경쟁력을 가진 벤처기업도 나왔다. 창업 열풍을 좋은 교육 프로그램과 시스템으로 뒷받침할 수 있으면 더 많은 성공사례를 만들 수 있다고 본다. N15도 여기에 일조하겠다.

▶ 김기준: 닉 댈로이시오는 17세의 나이로 뉴스를 자동으로 요약해주는 모바일 애플리케이션 섬리를 야후에 3,000만 달러(약 323억 원)에 매각했다. 10대 창업의 성공적인 사례가 해외에만 있지 않다. 군대에 있는 표철민 위자드웍스 대표는 중학생 때 인터넷 도메인 사업을 통해 '최연소 CEO' 타이틀을 달았다. 10년 이상 사업을 했는데도 아직 30대 초반이다. 카카오를 이끌고 있는 임지훈 대표도 30대다.

젊은 나이에 과감히 도전하고 좋은 성과를 내는 사람이 많다. 이런 사람들에게 어떤 공통점이 있을까? 첫째는 '왜'라는 질문을 계속 던지는 것이다. 다른 사람들은 당연하다고 생각하는 것에 대해 말이다. 창업을 꿈꾸는 사람들에게 창업의 이유를 물으면 열에 아홉은 세상을 바꿔 보기 위해서라고 한다. 세상을 바꾸는 것이 중요하지만 천리 길도 한 걸음부터다. 크지 않더라도 주변에 있는 것들에 대해 문제의식을 갖는 것부터 시작해야 한다. 이에 공감하는 사람을 만나면 동반자 또는 고객이 된다. 이러한 시작이 점점 커지면 세상을 바꾸는 회사가 될 것이다.

둘째는, 실행력이 뛰어나다는 것이다. 일단 지르고 본다. 지금은 뭔가를 하는 데 필요한 인프라가 잘 갖춰져 있다. 소프트웨어 쪽에는 코드아카데미가 있고 하드웨어 쪽에도 N15 같은 곳이 생기고 있다. 자금 확보와 마케팅이 필요하다면 킥스타터 같은 펀딩 사이트를 활용하면 된다. 동료를 구하고 싶다면 구글 캠퍼스 서울 등에서 하는 다양한 프로그램에 참여하면 된다. 문제의식을 갖고 미친 듯이 실행하는 것은 모든 청소년이 가져야 할 생각이라고 본다. 미래에는 현존하는 직업의 절반이 없어지고 바뀔 가능성이 높다고 한다. 인공 지능의 발달로 펀드 매니저, 변호사, 기자 등의 영역은 줄어들고 있다. 그래서 전통적인 직업군 중에서 미래를 고민하면 큰일 날 수 있다. 주변에 있는 것 중 어떤 부분이 문제이고 어떻게 풀어 가치를 창출할지 고민하지 않으면 생존하지 못한다는 의미다. 평균 수명도 늘어났다. 최소 60년에서 80년은 일해야 할 텐데 운 좋게 살아남은 직업을 골랐다고 평생 그 회사에서 일할 수 없지 않은가.

▶ 조벽: 구글 캠퍼스는 10대 창업 희망자에 대한 지원도 하는가?

▶ 임정민: 10대의 차세대 기업인을 만나기 위해 내가 온 것이다. 우리는 중학생, 고등학생, 대학생, 엄마들을 위한 많은 창업 지원 프로그램을 갖췄다. 엔지니어가 아닌 비이공계 대학생을 위해 '멋쟁이 사자처럼'이란 코딩 교육 프로그램도 운영했다. 차세대 성장 동력을 키운다는 측면에서 중, 고등학생을 대상으로 한 과정을 중요하게 보고 있다.

▶ 조벽: 실패에 대한 두려움을 깨기 쉽지 않다는 의견도 있다. 또 실패를 맛 봤을 때 이를 어떻게 극복할 수 있을까?

▶ 임정민: 젊은이들에게 지금 당장의 실패는 별 의미가 없는 것 같다. 시험에서 100점 받은 사람보다는 1~2개 틀리는 사람이 뭐라도 배워 가는 것이다. 60살에 노벨상을 타나, 61살에 타나 결국 똑같다. 실패는 '선'이고 성공은 '점'이라고 본다. 성공의 기쁨은 일시적이지만 실패는 이에 대해 계속 생각하면서 뭔가를 얻을 수 있다. 쉽지 않겠지만 실패에 좌절할 필요가 없다.

▶ 조벽: 중국 선전에 있는 전자상가 화창베이는 잘 발달하고 있는데 용산은 쇠락했다. N15는 용산에 자리 잡았는데 기대만큼의 성과를 거둔다고 생각하는가?

▶ 허제: 정확한 지적이다. 선전 화창베이는 무섭게 크고 있다. 선전의 경우, 중국 도시 중에서 유일하게 두 자리 성장률을 보이고 평균 연령도 32살일 정도로 성장하는 곳이다. 전 세계 스마트폰의 70% 정도가 이곳에서 만들어진다고 한다. 용산과 비교가 어려운 성과다. 하지만 아직까지 용산은 제조업 부흥을 뒷받침할 인프라

를 갖고 있다고 본다. 국내 컴퓨터 조립업체의 1~10위가 용산 전자상가에 남아 있다.

미국은 시장을 창조하고 중국은 시장을 키운다는 말이 있다. 미국에서 멋진 스마트 밴드가 나올 때, 중국은 그만큼 잘 나가는 브랜드는 없어도 스마트 밴드 종류만 2,000개가 넘을 정도로 생산해 낸다. 보조 배터리 종류도 많다. 우리는 미국처럼 창조하는 쪽으로 가야 한다. 용산을 기반으로 성장하되 향후 '연결고리'처럼 화창베이의 인프라도 적절히 활용할 수 있을 것이다.

▶ 조벽: 자신이 갖고 있는 아이디어를 누군가 훔쳐갈까 봐 걱정된다는 예비 창업자들이 있다. 혹시 몰라 누군가와 생각을 나누기도 부담될 때 어떻게 지식 재산을 보호할 수 있을까?

▶ 임정민: 빨리 실행하면 된다. 세상에는 의외로 같은 아이디어를 가진 사람이 많은 것 같다. 투자 심사를 하는데 한 팀이 검색 관련 기술을 소개했다. 그런데 연이어 만난 다른 국가팀이 이와 비슷한 기술에 대해 소개하더라. 이런 상황에서는 남보다 먼저 실행하고 100배 더 잘하는 것이 아이디어를 보호하는 방법이다. 또한 보호에만 신경 쓰지 말고 차라리 오픈 소스 식으로 공개하는 것도 좋다. 위키피디아처럼 집단 지성을 활용하면 더 큰 수익 창출의 기회를 얻을 수 있다.

▶ 김기준: 좋은 지적이다. 투자 심사업무를 하다 보면 한 주에 30~40개씩 사업 계획서를 받는다. 받다 보면 비슷한 사업 아이템이 많다. 사회 트렌드에 맞춰 사업 기회를 찾다 보니 그런 경향이 있다. 내 아이디어가 도용될까 벌벌 떠는 시간에 나가서 동료를 구하고 재빨리 실행하는 것이 좋은 것 같다.

▶ 조벽: 여기 있는 연사 모두 창의적인 것에 타고난 것 같다. 혁신적이고 창의적인 마인드, 도전정신은 습득할 수 있는 것인가? 가능하다면 어떻게 기를 수 있을까?

▶ 김기준: 창의란 어려운 것이 아니다. 세상에 존재하지 않는 뭔가를 만든다고 생각하면 안 된다. 많은 관찰을 통해 기존에 있는 것을 조금씩 바꾸는 식으로 접근해야 한다. 주위의 어떤 것을 주의 깊게 보고 고민하다 보면 창의와 혁신은 자연스럽게 생기지 않을까 생각한다.

▶ 임정민: 피카소는 'Good artists copy, great artists steal' 이란 말을 남겼다. 나는 'Great innovation is from great copy' 라고 본다. 새로운 것이 아니더라도 10배 더 잘하고 10배 많이 하고 10배 빨리 하는 것이 혁신 아니겠는가. 사회적인 프레임에 갇히지 말고 거꾸로 생각해보는 습관을 들이는 것도 권장하고 싶다.

06 매력적인 일터 만들기

창의적으로 일할 수 있는 일터를 디자인하는 프로젝트를 진행하는 다이애나 로튼 IDEO 부사장은 "직원들이 몰입할 수 있는 일터를 만드는 게 중요하다. 그래야 성과가 나온다"라고 말하면서 미국 국립과학재단(NSF), 뉴스코프 등 미국의 다양한 기관, 기업들과 진행한 디지털 학습 및 인재 계발 전략을 논의한 경험을 살려 회사 몰입도를 높이는 방법을 소개했다.

다이애나 로튼 부사장은 "직원들이 회사에 애착을 갖고 성과를 낼 수 있게 하려면 몰입할 수 있는 문화를 만드는 것이 중요하다. 어떻게 해야 직원들의 몰입도를 높일 수 있느냐를 고민하는 것은 회사 경영진에게 필수사항"이라고 말했다. 갤럽 조사에 따르면, 미국의 회사원 중 30%만이 자기 업무에 몰입하고 있으며 전 세계적으로 확대했을 때에는 업무에 몰입하는 회사원이 15%에 불과하다고 설명했다.

회사 몰입도를 높이려면 전략, 과정, 구조, 도구, 재능, 인센티브 등 6가지 부문을 살펴야 한다고 강조했다. 회사의 전략을 공유하고 커뮤니케이션 과정을 투명하게 공개하며 팀원들의 의사 결정이 수평적 구조로 이뤄지도록 해야 한다는 것이다.

　직원들이 협업을 통해 창의성을 발휘할 수 있는 도구, 즉 환경을 제공해주고 직원들이 각자 능력을 개발할 수 있도록 북돋는 것이 중요하며 아울러 개인이나 조직이 함께 성과를 낼 수 있도록 유인책을 제시하는 것도 필요하다고 설명했다. 또한 회사 몰입도를 높여 일터를 매력적인 곳으로 디자인한다면 성과는 저절로 따라오므로 그 과정이 쉽지는 않지만 꾸준히 노력해야 할 부분이라고 강조했다.

　구글, 트위터, 페이스북 등을 10년 넘게 컨설팅한 마크 레서 SIY 리더십연구소 대표는 '너의 내면을 검색하라' 는 주제를 발표하면서 "사람들이 잠재력을 발휘하고 행복하게 일할 수 있는 직장을 만드는 것이 중요하다"라고 강조했다. 구글과 함께 만든 '감성 지능 강화 프로그램' 을 소개하면서 "감성 지능은 일반 지적 능력보다 중요하다. 그러므로 행복하고 신명나게 일할 수 있는 부분에 초점을 맞춰야 한다"라고 제안했다. 감성 지능을 높이는 대표적인 방법으로 '마인풀니스(mind fulness)' 도 소개하면서 "매 순간 내가 살아있는 것을 깨달으며 마음을 채워나가는 훈련을 해야 한다. 일 자체를 사랑하는 사람이 된다면 행복할 수 있을 것"이라고도 말했다.

매력적인 일터로 디자인하라

다이애나 로튼(IDEO 부사장)

'어떻게 하면 직원들이 회사에 애착을 가질 수 있도록 할 것인가' 에 대해 발표하겠다. 무엇보다 문화를 만드는 것이 중요하다. 세상에서 가장 몰입하는 일터를 만드는 것이다.

우리는 그동안 몰입도가 매우 높은 직장 환경을 만들었다. 많은 고객이 우리에게 몰입도가 높은 회사를 만들어 달라고 요청한다. 그렇다면 회사의 문화, 몰입도를 어떻게 설계해야 할까? 갤럽 조사에 따르면, 미국 회사원 중 30%만이 자기 업무에 몰입한다고 한다. 세계적으로는 15%만이 자기 업무에 몰입하는 것으로 나타났다. 어떻게 해야 몰입할 수 있는 일터를 만들 수 있겠는가?

일단 목적, 체계, 행동은 물론 '우리 회사는 왜 존재하는가', '다른 회사를 위해 우리는 무엇을 할 것인가' 등 회사의 목표부터 살펴야 한다. 행동과 목표가 맞아야 좋은 회사다. 또한 사람들이 창의력을 발휘할 수 있도록 해야 한다.

문화처럼 무형적인 것을 디자인하기는 어렵다. 하지만 그것을 가능하게 하는 조건을 만들 수는 있다. 조직의 구성 요소는 전략, 과정, 구조, 도구, 재능, 인센티브 등 6가지다. 구체적으로 우리 회사의 사례를 들어 말하겠다.

IDEO는 제품 디자인 회사로 시작했다. 첫 고객은 애플이었고 마

다이애나 로튼(가운데) "몰입할 수 있는 일터를 만들어라."

우스를 설계했다. 지난 25년간 제품 디자인을 해오다 서비스 디자인 으로 방향을 옮겨 병원, 매장 등과 일하고 있다. 여러분이 매장에서 겪는 경험은 모두 누군가가 디자인한 것이다. 제품 설계를 하고 있지 만 맨 윗부분의 교육 시스템도 관리한다. 직원 600여 명은 모두 디자 이너다. 커뮤니케이션을 디자인하는 사람이 있는가 하면 산업 디자 이너, 조직 디자이너도 있다. 컨설턴트이기 때문에 프로젝트를 기반 으로 활동한다.

우리 회사의 목표는 디자인 작업을 통해 영향력을 만드는 것이다. 어떤 프로젝트를 하든 그 영향력을 항상 고려한다. 영향력이 없다면 하지 않을 수도 있다. 이런 가치를 그냥 제시하는 것은 중요하지 않 다. 조직 내에 스며들게 해야 한다. 앞에서 말한 6가지 요소를 좀 더 자세히 소개하겠다.

우선 '전략'이다. 우리는 인간 중심의 디자인을 하고 있다. 그래서 인간 중심의 생각을 실천한다. 어떤 대안이 있는지, 그 중 어떤 것이 가장 좋은지 결정한다. 그렇기 때문에 우리는 영향력 있는 조직이 될 수 있다. 두 번째 요소는 '과정'이다. 몰입도가 높은 조직을 만들려면 커뮤니케이션이 투명하고 공개되어야 한다. 어떤 직원이든 볼 수 있도록 해야 한다. 세 번째는 '구조'다. 팀원들이 의사결정을 할 때 상사가 관여하지 않는 수평적 조직이 되어야 한다. 네 번째는 '도구'다. 도구는 기술일 수도 있고 인프라일 수도 있다. 우리는 직원들이 협업을 통해 창의성을 발휘할 수 있는 환경을 제공했다. 다섯 번째는 '재능'이다. 직원들이 각자 기술을 갈고 닦을 수 있도록 해야 한다. 마지막 여섯 번째는 '인센티브'다.

개인이나 조직이 함께 학습해야 한다. 우리 직원들은 "이 회사에서 하루라도 무언가를 배우지 않은 날이 없다"라고 말한다. 그래서 성과가 나는 것이다.

이 밖에 직원들 스스로 개인 차원에서 조직에 몰입도를 높이기 위해 노력할 사항이 있다. 회사 밖에서도 호기심을 가져야 한다. 새로운 것을 관찰할 수 있도록 실험해야 한다. 협업도 필요하다. 직원들이 스스로 의미 있는 일을 결정할 수 있어야 한다. 아이디어를 실제로 실행하면서 주인의식을 갖는 것도 중요하다.

몰입도가 높은 직장을 만드는 것은 쉽지 않다. 새로운 형태가 되어야 한다. 먼저 사람들의 사고방식부터 바꾸어야 한다.

| 강연 ② |
당신의 내면을 검색하라
마크 레서(SIY 리더십연구소 대표)

어떻게 하면 사람들이 잠재력을 발휘하고 행복하게 일할 수 있는 직장을 만들 수 있는가에 대해 논의하려고 한다. 'SIYLI(Search Inside Yourself Leadership Institute) 프로그램'을 또 하나의 리더십 프로그램이라고 생각한다. 이 프로그램은 자아와 감성을 훈련시킨다. 신경 뇌과학에 기반한 프로그램이다. 이 프로그램을 만든 사람은 구글의 107호 엔지니어다.

구글이 상장한 다음 날, 본인은 더 이상 일할 필요가 없다며 용감한 아이디어를 냈다. 정말로 자기가 하고 싶었던 세계 평화를 구축하겠다는 것이었다. 평생의 과업으로 삼았다. 모든 리더는 현명하고 공감 능력이 있다는 것에서 출발했다. 세계 평화를 만든다는 문구를 SIYLI 리더십센터의 문구로 삼았다.

마크 레서 "일 자체를 사랑하라."

　SIYLI 프로그램은 기본적으로 감성 지능을 기반으로 한다. 프로그램의 특이한 점은 감성 지능을 습득할 수 있는 능력으로 보는 것이다. 독서의 대상이 아니다. 대니엘 코멘이 쓴 책을 보자. 5가지 능력이 말하고 있다. 자기에 대해 잘 아는 '자각(self-awareness)', 자기 감정을 다스리는 '자기 통제(self-regulation)', 나는 무엇을 위해 살고 있는지에 대한 '동기(motivation)', 감정 상태를 이해하는 '공감(empathy)' 능력이 있다. 마지막으로 다른 사람을 배려하고 도와주는 것을 의미하고 리더십 스킬로도 여겨지는 '사회적 능력(social skill)'이 있다. 명확한 소통에 중요성을 부여한다.

　이 중에서 감성 지능은 일반적인 지적 지능보다 더 중요하다. 구글에서는 행복 도출을 위한 프로그램을 만들어 가르친다. 리더라면 행복을 중요하게 생각하고 직원들이 행복하고 신명 나게 일할 수 있는 부분에 초점을 맞춰야 한다. 그러기 위해서는 마음을 가득 채우는 훈련을 해야 하는데 그 방법으로 '마인풀니스'가 있다.

마인풀니스는 매 순간 내가 살아있는 것을 깨달으며 마음을 채우는 훈련이다. SIYLI 프로그램에서는 마인풀니스 훈련과 자의식을 연결시킨다. 런던 택시 기사의 뇌를 연구한 '런던 택시 연구'가 있다. 런던의 택시기사는 2만 5,000개의 경로를 외워야 하는 시험을 통과해야 한다. 연구를 통해 지도를 인식하는 대뇌의 부위가 운전을 오래할수록 더 커지는 현상을 발견했다.

일을 사랑해야 한다. 만일 여러분이 자유를 찾고 자신을 극복하면서 행복을 찾는 과정을 '일'이라고 생각하면 어떨까? 명상이나 좀 더 많은 의식을 키우고 좀 더 많은 자유를 일상생활에서 누리도록 실천해야 한다.

젊은 사업가들을 만난 적이 있었는데 모두가 좀 더 큰 조직의 CEO가 되고 싶다면서 "CEO가 되면 행복하냐"라고 물었다. 물론 회사에 가면 어떤 골칫거리들이 쌓여 있는지 알고 있다. 하지만 훌륭한 사람들과 일할 수 있는 것이 행운이라고 생각한다. 나는 직장을 일이라고 생각하지 않는다. 일자리가 아니라 일 자체를 사랑하는 사람이 된다면 행복할 수 있다.

마크 레서

뉴저지주립대학교에서 심리학을 전공했다. 명상의 대가이자 명망 있는 선사들을 키워 낸 인물로 유명하다. 스즈키 로쉬의 뒤를 잇는 수도승으로 알려져 있다. 참선을 30년 이상 수행했으며 현상을 보는 뛰어난 통찰력, 일과 삶의 조화에 대한 냉철하고 현명한 조언으로 미국에서 인정받고 있다. 정념과 인식 수련을 경영과 전략 및 리더십 훈련에 접목해 기업, 기관, 개인이 영향력을 키우고 더 좋은 성과를 내는 방법을 연구한다.

대표 저서로는 《적음의 아름다움》이 있다. 구글, 트위터, 페이스북 등을 대상으로 10년 넘게 컨설팅하기도 했다. 구글과 함께 '감성 지능 강화 프로그램'도 개발했다.

| 토론자 |
마크 레서(SIY 리더십연구소 대표), 다이애나 로튼(IDEO 부사장)

▶ 청중: 기업들을 효과적으로 조직하기 위해 어떤 프로젝트를 하나? 온라인 프로그램도 있는가?

▶ 마크 레서: 우리 프로그램은 이틀짜리다. 클라이언트 회사에 들어가서 이틀 동안 진행하고 4주간 연습과정을 거친다. 온라인 프로그램과 관련해서는 머지않아 애플리케이션을 만들 것이다. 우리의 명상 프로그램을 스마트폰으로 이용할 수 있도록 할 계획이다.

▶ 청중: 사람마다 목적이나 이해관계가 다르다. 공유되는 목표를 어떤 방법으로 규정할 수 있나?

▶ 다이애나 로튼: 공통을 목적으로 갖고 있는데 아이디어에는 이 공통된 목적이 디자인을 통해 변화를 일으키는 것이다. 물론 해석과 해석과정은 다를 수 있지만 최종 목적은 같아야 한다. 우리는 아이디어에서 가장 강력한 조직 문화를 갖고 있다. 서로 다른 의견을 갖지 않고 있다. 가는 길은 모두 다르더라도 궁극적인 목표는 같다. 공통된 목적이 없다면 방향성을 상실할 수밖에 없다.

▶ 마크 레서: 사람들을 가르치고 싶으면 망치질 법, 목재 다루는 법을 가르치지 말라. 대신 넓은 바다를 나가고 싶은 마음을 심어라. 비전을 심으라는 것이다. 자신

이 하는 일이 큰 비전에 어떤 영향을 미치는지를 깨닫게 하는 것이 중요하다.

▶ 청중: 리더들이 문화를 바꾸는 것은 어렵다. 직원들이 문화를 바꾸겠다는 동기가 없다면 매우 어렵다. 어떻게 해야 하나?

▶ 다이애나 로튼: 좋은 리더가 된다는 것, 조직 문화를 바꾸는 것은 매우 어렵다. 감성 지능도 필요하지만 감정도 움직여야 한다. 직원들이 리더의 어려움을 이해할 수 있어야 한다.

▶ 마크 레서: 리더의 일은 생각하고 말하고 공간을 만드는 것이다. 직원들과 만나 회의 등을 할 때 항상 30초 정도 조용히 있다가 시작한다. 그리고 인사부터 한다. 밑도 끝도 없이 바로 회의를 시작하지 않는다. 5분 정도 인사하고 시작하면 편안한 분위기가 되어 더 많은 성과를 올릴 수 있다.

제3부

_____

다양한 교육과
창의적 인재

01 학생 이동과 대학 국제화

존 섹스턴 뉴욕대학교 총장은 "대학에는 창의적인 아이디어 자본을 가진 인재들이 모이는데 이들은 서로 다른 재능을 갖고 서로 다른 수준으로 태어났다. 대학은 지휘자가 되어 각자 다른 재능과 개성을 가진 인재라는 악기들을 모아 조화를 이루도록 해야 한다. 그래서 대학 교육을 오케스트라와 같다고 한다. 무엇보다 서로 다른 악기를 가진 개인이 오케스트라 안에서 각자 맞는 역할을 찾도록 지휘자인 대학이 출신국가나 인종으로 나눠서는 안 된다"라고 말했다. 세계의 거리가 줄어들고 국가 간의 경계도 허물어지고 있지만 그만큼 민족주의나 극단적 지역주의가 발생하고 있는 상황에서 각자 문을 닫고 모두가 똑같아지는 모습으로는 국제화시대에 창의적인 인재가 나올 수 없으니 대학교가 다양한 인재들을 아우를 수 있는 지휘자의 역할을 해야 한다는 것이다.

이번에 발표자들로 나선 영미 대학교 총장들은 각자 학교들이 펼치고 있는 국제화 전략과 철학에 대해 치열한 토론을 벌였다.

마이클 아서 유니버시티 칼리지 런던(이하 'UCL') 총장은 존 섹스턴 총장과 다른 견해로 UCL이 추구하는 국제화와 국제 교류의 차이점에 대해 설명했다. 뉴욕대학교처럼 대학이 국제화를 위해 다른 나라로 뻗어 나가는 것보다 현재 대학을 내실화하여 학생들이 스스로 대학을 찾아오도록 하는 것이 UCL만의 국제화 방식이라고 했다.

"대학의 국제화는 결국 대학교에서 하는 모든 활동에 편입되어야 하는데 국제 학생 비중이 30%가 넘는 UCL을 예로 들겠다. UCL은 전통적인 홍보나 마케팅을 하지 않는데도 학생들이 학문적 평판이나 매력에 끌려 자발적으로 오고 있다. 그래서 학생들이 학문을 위해 찾아와도 막는 장벽이 없는 것이 중요하다. 실제로 1826년에 설립된 UCL은 창립자인 제러미 벤덤의 '공리주의' 철학에 기초해 인종, 종교, 국가, 성별에 대한 제약을 없애는 입학 시스템을 구축했다."

또한 마이클 아서 총장은 대학들의 국제화 전략을 단순한 국제화가 아닌 포괄적인 개념의 '글로벌 교류' 개념으로 전환해야 한다고 주장했다.

"영향력에 초점을 두고 대학들의 국제화를 위한 활동 폭과 규모에 집착하지 말아야 한다. 국제적 경험을 영위할 수 있는 파트너와 함께 문제를 해결할 필요가 있다. 무엇보다 장기적으로 지속할 수 있는 효율적 프로그램을 만들어야 한다. 모든 1~2학년이 참여하는 개방된 국제화 참여 프로그램인 UCL의 '세계 시민 프로그램'을 통해 다양한 인재 간의 접점을 찾기도 한다."

스티븐 러바인 미국 캘리포니아예술대학(이하 '칼아츠') 총장은 예술

대학으로써의 독특하고 차별화된 국제화 전략을 소개했다.

"칼아츠는 전교생이 1,500명밖에 되지 않는 '미니' 대학이지만 미국을 비롯해 한국, 중국, 유럽 등에서 활동하는 최고의 예술 인재들을 배출하고 있다. 이런 힘의 원천으로 '자발적 국제 교류'를 꼽았다. 자발적인 국제 교류 프로그램을 통해 칼아츠 학생들은 콜라보레이션(협력)을 경험하면서 세계가 필요로 하는 초국가적 감수성이라는 자산을 얻게 된다. 칼아츠는 대학들이 필수적으로 운영하는 해외 교환 학생 프로그램을 넘어 학기 중에도 수시로 만나 협업할 수 있는 교류 프로그램을 한국 대학은 물론 세계 많은 대학들과 진행하고 있다."

| 강연 ① |

다양한 인재를 아우르는 대학의 역할

존 섹스턴(뉴욕대학교 총장)

우선 일반론적인 이야기부터 하겠다. 다른 총장님들께서 상세하게 말할 것이다. '오늘날 학생의 이동성 그리고 고등교육 국제화'라는 주제에 대해 말하면서 좀 더 광범위한 내용을 말하도록 하겠다. 이것은 우리가 반드시 주지해야 할 현상이고 또 적절한 방식으로 대응해야 한다.

'국제화'나 '글로벌화'보다는 '소형화'라고 말하고 싶다. 세계의

존 섹스턴(오른쪽) "교육은 오케스트라다."

거리가 점점 줄어들고 있다. 그렇게 소형화가 되면서 우리는 의식하
든 의식하지 못하든, 또는 직간접적으로 불가피하게 서로 다른 사람
의 세계와 연관될 수밖에 없다. 마찬가지로 서로 교류하면서 문제들
이 발생한다. 어느 정도 이해는 되지만 사회 전반에 발생하는 현상으
로써는 아직까지도 미스터리(mystery)다. 그래도 사람들은 그것을 긍
정적 또는 부정적으로 느끼고 영향도 받는다. 경제에 국한되지 않고
사회 모든 분야에서 발생하고 있다.

국경도 허물어지고 있다. 경계가 허물어지는 것이다. 대학은 언제
나 경계가 없는 곳에서 활동해 왔다. 아이디어라는 것 자체도 경계가
없다. 대학 역사가 1,000년이 넘는다고 한다. 그 오랜 역사 동안 학자
들은 항상 이동했다. 여러 시스템에 걸쳐서 이동하는 학자도 있다.

이러한 소형화, 축소화, 또는 국제화나 '경계 없음'에 대한 반응은

굉장히 상반되고 극단적으로 발생했다. 광범위하게 나타나는 반응 중에 '로컬리즘(localism)'이 있다. '나와 유사한 사람들하고만 있겠다', '우리는 벽을 치겠다'라고 표현하는 민족주의라고도 할 수 있다. 실제로 미국 대선 과정에서 심심치 않게 나타나고 있다. 또한 스코틀랜드 독립 운동이나 우크라이나, 베니스의 이탈리아 독립 투표도 일종의 민족주의적 반응이라고 할 수 있다. 고등교육도 속한다고 본다.

요즘 일부 고등교육은 그 어떤 한쪽에 치우쳐져 있는 것 같다. 그런 고등교육을 통해 새로운 힘이 등장해서 또 다른 무언가를 만들 수도 있다. 특정 분야나 다른 분야를 지배하는 것이 아니라 개인의 개성을 지키면서도 어떻게 유지할 것인가에 대한 고민이 있어야 한다. 결국 서로 간의 가교와 터널이 필요하다. 가까운 예로 시계를 들 수 있겠다. 각각의 부분이 모인 합이 전체보다 크다.

대학으로 대변되는 고등교육은 세계의 진화과정에서 하나의 핵심적 요소이다. 그런데 하나의 형태로 고등교육을 추구한다는 것은 문제가 된다. 인간은 각기 다른 재능을 갖고 다른 위치에서 태어난다. 대학의 임무는 개인과 교육을 매칭시킬 때 개인의 재능을 가장 높게 발휘할 수 있도록 교육을 제공해야 한다. 그 안에서 최대한 자기실현을 하도록 하는 것이다. 고촉통 전 싱가포르 총리가 말했듯이 고등교육을 일종의 오케스트라고도 한다. 누군가는 바이올린을 연주하고 누군가는 목관악기를 연주할 것이다. 각자 개인이 오케스트라에서 맞는 자리를 찾을 수 있도록 해야 하는 것이 중요하다. 그런데 이 매칭을 출신국가나 인종 등 개인의 특성에 따라 강요하면 안 된다.

고등교육의 중요한 책무는 평생교육이 중요해지는 지금, 어느 연령이든 단계이든 간에 각자 개인의 상황에 맞는 교육을 제공할 수 있도록 해야 한다. 강의실에 있는 사람들에게 목표를 명확히 제시할 수 있어야 한다. 바로 오케스트라에서 해야 하는 것이다. 교육을 받는 사람에게 해야 할 일이 이것이라고 정확하게 설명할 수 있어야 한다.

지나치게 단순화하는 것은 경계해야 한다. 뉴욕대학교에 몸담은 지 14년째인데 요즘 우려스러운 징후를 본다. 측정하기 쉬운 것을 측정하는 작업은 쉽다. 그런데 이것으로 사람들이 생활에서 얼마나 행복하고 즐거움을 느낄 수 있는지를 간과할 수도 있다. 대학에서는 I자형으로 가르치면 안 된다. 'I'가 어떤 모양인가? 깊지만 좁다. 그래서 학생들에게 변화하는 세계에 맞춰갈 수 있도록 하기 위해서는 T자형 사람으로 양성해야 한다. 깊이도 있지만 넓이도 있는 사람을 양성해야 하는 것이다. 지금 이 자리에 있는 3개 대학도 그런 방식을 추진해왔다고 생각한다. 우리 대학교의 경우에는 학생들에게 가르치는 것 중 하나가, 특히 우리 오케스트라에서 가르치려는 것은 학생들이 세계 최고 인재, 상위 1~2%에 들 수 있다고 하는 것이다. 교수, 강사진도 상위 1~2%에 속한다. 리더가 되도록 교육을 시켜야 한다.

글로벌 시대에 리더가 되려면 국경 경계를 넘나들면서 일할 수 있어야 한다. 그래서 우리는 글로벌 네트워크를 만들려고 한다. 우리 대학은 한 장소에 고정되어 있지 않다. 글로벌 네트워크는 어떤 캠퍼스 제도가 아닌 것이다. 뉴욕은 본부일 뿐 나머지가 우리 캠퍼스다. 이제 학생들은 예를 들면 서울, 부에노스아이레스, 샌프란시스코 등에서 뉴욕대로 들어갈 수 있는 문을 보게 될 것이다. 그 문들에는 다

똑같은 뉴욕대가 있다. 현재 분교가 상하이, 아부다비에 있다.

뉴욕대에는 전 세계 학생들이 온다. 이렇게 전 세계 학생들이 서로 룸메이트가 되고 동기가 된다. 아부다비 분교의 가장 큰 그룹이 미국 학생들이지만 15%밖에 되지 않는다. 학생 전체가 1,000명인데 국적만 100개가 넘는다. 이렇게 국제적인 분위기가 형성되는 것이다.

어디로 들어오건 간에 8학기 중 5학기를 해당 캠퍼스에서 지내게 된다. 나머지 3학기는 다른 캠퍼스에서 배운다. 이런 식은 서울 캠퍼스와 지방 캠퍼스로 나눈 제도가 아니라 유기적인 순환 시스템이라고 할 수 있다. 학생뿐만 아니라 교수나 강사도 순환한다. 모든 학생이 서로 다른 지역에 관심을 가질 수 있으며 또한 똑같은 수준으로 제공받는다. 이건 하나의 버전일 뿐이다. 오케스트라의 한 분야에서 리더 한 명을 만드는 것이다.

우리에게 오지 못하는 인재도 있을 수 있으므로 우리가 먼저 적극적으로 찾아 나서야 한다. 예를 들어, 온라인 교육과정을 제공하는 비영리 단체 '유니버시티 오브 더 피플(University of the People)'이 있다. 영어를 잘하고 컴퓨터를 능숙하게 다루지만 가난한 고등학교 졸업생이라면 이곳에 다닐 수 있다. 우리는 이곳을 계속 모니터링을 하면서 인재들을 찾고 경우에 따라 장학금을 주면서 뉴욕대로 데리고 온다. 인터넷이나 무크(Massive Open Online Course, 교육체계를 갖춘 온라인 공개 대학 강좌)와 같은 도구가 학생들에게 계속 상향 이동할 수 있는 기회를 준다. 상하이 분교에서 찾은 아프가니스탄 여학생이 있었다. 우리가 직접 찾아 나서지 않았다면 찾을 수 없었던 인재였다. 글로벌 시대에는 이러한 일도 해야 한다. 고등교육의 책무는 여기에 있다.

| 강연 ② |
국제화 전략의 개념을 전환하라
마이클 아서(유니버시티 칼리지 런던 총장)

앞의 발표와는 보완적이면서 조금은 다른 견해가 될 것 같다. 저희 대학에 대해 말씀드리면서 전략도 같이 말씀드리겠다. 말씀드릴 전략을 이해하지 못한다면 어떤 목표를 달성하는지 이해할 수 없기 때문이다.

UCL은 굉장히 규모가 큰 연구 중심 대학이다. 대부분의 세계 대학 평가 순위에서 높은 순위를 차지하고 있다. 보통 상위 20위 안에 들어간다. 영국 기준에서도 학생 3만 7,000여 명, 교수진 1,068명 등 총 스태프가 12만 명이다. 외국 학생의 비중이 높다. 58% 정도만

마이클 아서 "학생은 독립적이고 비판적인 사고를 할 수 있어야 한다."

이 영국 국내 학생이며 30% 정도는 외국 학생(비유럽권)이다. 12%는 유럽지역에서 왔다. 외국 학생의 비중이 해마다 늘고 있다. 외국 학생의 비중 중 가장 많은 국가는 중국이다. 한국에서는 200명 정도가 왔다.

우리 대학은 전통적으로 활동적인 마케팅을 하지 않는다. 에이전시도 활용하지 않는다. 국내외 학생들은 학문적인 평판, 자랑스러운 학교의 역사 등 우리 대학만이 갖고 있는 매력에 이끌려 왔다. 우리 대학처럼 마케팅에 관심이 없는 상황인데도 이렇게 많은 학생을 유치한 것은 이례적이다. 유명한 철학자 제러미 벤담을 UCL의 창립자라고 알고 있지만 그건 아니다. 그러나 학교에 굉장한 영향을 미쳤다.

매일 제가 이 분을 맞이한다. 중앙에 제러미 벤담의 형상을 조각해서 모셔두고 있다. 현재 그의 시신은 동결되어 있다. 대학에 기증된 상태이기 때문이다. 항상 주요 회의에 계시는 분으로 간주한다.

UCL은 1826년에 설립됐다. 옥스퍼드대학교, 케임브리지대학교 다음으로 영국에서 세 번째로 설립된 것이다. 당시에는 영국 국교회의 일원이 되어야 대학교에 들어갈 수 있었는데 UCL은 인종, 종교, 사회적 배경의 제약이 전혀 없었다. 이것은 제러미 벤담의 공리주의적 전통에 기반해서 입학 시스템을 구축했기 때문이다. 이러한 전통이 오늘날에도 영향을 미치고 있다. 제가 처음 총장으로 취임했을 때부터 이런 현상을 온몸으로 느꼈다.

굉장히 자율적인 문화와 전통을 갖고 있는 대학이다. 영국에서 최초로 여성에게 동등한 입학자격을 부여했다. 1970년대였다. 학문적 탁월성과 능력, 그리고 형평성과 공평성을 중시하는 가치를 갖고 있었다. 깊이 내재화가 되어 있는 가치체계를 갖고 있었다. 이런 배경을 바탕으로 UCL이 한 기관으로써 어떤 미래를 열어가야 하는지에 대해 2년 전부터 고민하기 시작했다.

일단은 장기적으로 생각해보자고 결정을 내렸다. 보통 대학들은 3년, 5년, 10년 계획까지 세우지만 나는 UCL의 역사를 감안했을 때, 그리고 학문적 탁월성을 감안했을 때 좀 더 장기적인 안목을 가질 필요를 느꼈다. 그래서 '2034'라는 전략을 수립했다. 최근에 굉장한 결정을 내린 것이다.

이러한 결정이 가능했던 이유는 학교의 배경 때문이었다. 우리 대학이 아주 중요한 교육기관과 합병을 했으며 런던 동부지역에 두 번째 캠퍼스를 열기로 했다. 제가 퇴임할 때쯤 생긴다.

다양한 지성인들이 모여 커뮤니티를 형성하고 있으며 더 넓은 세상과 교류하면서 더 나은 세상을 구현하기 위해 헌신하는 런던의 글로벌한 대학이다. 급진적이고 비판적인 사고, 제러미 벤담의 철학적 전통에 입각해 폭넓은 영향력을 인정받고 교육, 연구, 혁신, 기업가 정신을 통합할 수 있는 탁월한 능력을 통해 인류의 장기적 발전에 기여하는 것을 미션으로 삼고 있다.

런던의 글로벌 대학이 되는 것이 목표다. 런던에서 우리 대학이 차지하는 위치에 대해 생각을 많이 하고 있다. 전 세계적으로 어떤 활동을 하고 있는지, 어떤 활동을 해야 글로벌 임팩트를 구현할 수 있는지에 대해 고민을 많이 하고 있다. 다양한 혁신적인 국제 활동과 협업 그리고 파트너십을 진행하고 있다.

대학을 운영하기 위해서는 시스템, 시설, 재원, IT 기술 등이 반드시 필요하다. 다 중요하지만 정말 중요한 것은 바로 '다양성 중시'다. 다른 국가와 마찬가지로 이 부분과 관련해서는 가야 할 길이 멀다. 그렇지만 형평성, 다양성과 관련해서 여러 가지 목표를 설정하고 있으며 그것을 달성하기 위해 각고의 노력을 기울이고 있다. 경쟁력의 원천이 되기 때문에 이러한 원칙들을 중시하고 있다. 이런 원칙들이 준수될 때 전 세계에서 가장 우수한 인재가 사회 배경 등의 차별 없이 우리 대학으로 올 수 있다고 확신한다.

학생들을 어떻게 국제화 시대에 대비해 육성하고 있는지 말하겠다. 간단한 공식이 있는 것은 아니다. 세상이 얼마나 급속하게 변하고 있는지 많은 분이 이야기하고 있다. 많은 불확실성이 존재하고 있으며 다양한 이슈에 학생들이 직면할 것이라는 말도 있다. 그렇기 때문에 대학이 배출하는 학생들은 독립적이고 비판적인 사고를 할 수 있어야 한다. 복잡한 세계를 이해하고 대응할 수 있는 능력을 갖춰야 하는 것이다.

이렇게 되기 위해서는 일단 연구에 참여시킨다. 보통 연구(리서치) 과정은 일반적인 학문과정과 분리되는데 바람직하지 않다. 우리 대학에서는 모든 학생을 연구과제에 다 참여시키고 있다. 입학 첫날부터 연구과정에 참여시키면서 지식의 첨단을 달리게 한다. 이것이 얼마나 즐거운 과정인지, 지식을 창출하고 공유하는 과정이 얼마나 기쁜 일인지 직접 누릴 수 있게 한다. 이러한 과정을 통해 직접적으로 배우게 하고 있다. 또한 불확실성에 대해 좀 더 편안히 느끼고 대응할 수 있는 인재로 양성하려는 목적도 있다. 독립적인 사고, 비판적인 사고를 할 수 있도록 해야 한다. 리서치를 같이 하다 보면 팀워크의 중요성을 느끼고 커뮤니케이션도 할 수 있게 된다. 결국 고용 가능성이 아주 높은 미래의 리더가 되어 글로벌 임팩트를 줄 수 있는 인재로 양성된다.

이제는 국제적인 현안들을 좀 더 심층적으로 다루려고 한다. 리즈 대학교를 졸업하고 영국연방 고위 외교관, 남부 아프리카 고등판무관 등을 지낸 분에게 부총장직을 제안드렸다. 의도적으로 이 분을 지목했다. 지금까지와는 다른 국제화 전략을 추진해야 한다는 생각이 강했기 때문이다. 그래서 일반 학자보다 국제적 현안을 온몸으로 경험한 국제 전문가를 초빙해야 한다고 생각했다. 다행히 부총장직을 수락해주셨다. 뭔가 다르게, 특히 국제적으로 전환하려고 한다면 커뮤니티를 완전히 바꿔야 한다.

진행도 하향식이 아니라 상향식으로 한다. 전체 커뮤니티에 다 참여시키는 것이다. 전 대학 기관에 걸쳐 전체 직원을, 또는 전체 학생을 대상으로 협의과정을 진행한다. 이런 상향식의 협의과정이 오늘날 우리 대학교가 수립한 국제 교류 전략이 가능했던 주요 원인이다. 국제화의 모든 요소들을 고려해야 한다. 대학교에는 100여 개 국가에서 온 스태프가 전체의 40% 정도가 된다.

국제적 이동과 관련해서는 우리 대학교 학생들이 다른 국가의 대학교 협력기관에서 일하고 있다. 교과과정에서 국제적 콘텐츠를 중요하게 생각한다. 919개의 다양한 프로그램을 진행하고 있는데 굉장히 국제화가 되어 있다. 그리고 세계 시민 프로그램을 진행 중에 있다. 국제적인 교육 서비스를 제공하기 위한 플랫폼이나 해외 캠퍼스를 고민해봤지만 반드시 필요하지는 않다고 결론을 내렸다.

어떤 연구 혁신과 국제적 인지도 그리고 글로벌 임팩트가 국제화의 핵심적 요소라고 본다. 우리 대학은 국제적인 파트너를 영국으로 불러들여서 함께 연구를 추진하는 역량을 갖출 필요가 있다고 생각한다.

그렇다면 우리 대학이 수립한 전략을 구체적으로 보자. 단순한 국제화에서 좀 더 포괄적인 개념으로 전환했다. 글로벌 '교류'의 개념으로 전환한 것이다.

국제적 활동의 임팩트에 초점을 두고 활동의 폭과 규모에는 집착하지 않기로 했다. 그리고 파트너십이 중요하다고 판단했다. 파트너들과의 협업으로 범세계적 현안들에 대해 공정하고 현명한 해결책들을 도출해야 한다. 글로벌하게 사고하고 파트너와 함께 문제를 해결

한다는 것을 의미한다. 학생들에게는 글로벌한 커리어와 삶을 영위할 수 있는 최상의 준비를 시키면서 이렇게 해야 한다고 지시하는 것이 아니라 진정한 파트너십을 통해 글로벌 문제에 공동의 현명한 대응을 마련해야 한다. 또한 독립적인 연구 역량을 강화할 필요가 있다. 이러한 혁신과 연구에 대한 전문성을 동원해 장기적인 효율성을 도출해야 한다.

세계 시민 프로그램에 대해 설명하겠다. 지금은 1~2학년 학생들 모두에게 개방된 프로그램을 진행하고 있다. 연중 내내 진행하는 프로그램이다. 지원자 위주로 진행되며 학점은 없다. 여름기간이나 기말고사 이후에 진행된다. 그런데 지원자는 많았다. 전 세계 다양한 사람과 같이 일할 수 있는 다학제적 연구가 가능하고 여러 가지 문제를 해결할 수 있는 기회였기 때문이다. 이런 과정을 통해 세계 시민, 그리고 효과적인 시민이 되는 길이 무엇인가에 대해 조금이라도 맛을 보게 된다.

🧑 마이클 아서

사우샘프턴대학교에서 의학박사학위를 받은 의학자이자 과학자다. 동 대학에서 의대 학장을 지냈다. 2004년부터 2013년까지 영국 리즈대학교 부총장을 지냈으며 2013년 이후부터 UCL 총장으로 있다. 최근까지 영국 명문대 모임인 러셀그룹의 의장을 맡기도 했다.
세계를 이롭게 하는 것이 대학의 역할이라고 강조하면서 취임 직후 파급력이 큰 산학협력을 우선적으로 진행했다. 특히 의학과 건축학 등 실용 학문을 중시했다. 교수의 40%를 외국인으로 채용할 만큼 다양성을 추구하는 총장으로도 유명하다.

| 강연 ③ |

칼아츠만의 차별화된 국제화 전략

스티븐 러바인(미국 칼아츠 총장)

오늘 이렇게 여러분들과 그리고 유명한 대형 대학교 총장들과 함께 해서 큰 영광이다. 우리 대학이 좀 작아서 초대받았다는 생각이 들었다. 뉴욕대학교는 5만 5,000명이고, UCL은 3만 7,000명이다. 우리는 1,500명밖에 되지 않는다.

예술대학이 어떻게 국제화를 추진하는지를 말하고자 한다. 교육제도는 문제가 분명히 보여도 바꾸기가 굉장히 어렵다. 관료적 조직과 마찬가지로 교육제도도 제도적 관성이나 교수, 강사진, 경영진이 관성 때문에 변화를 거부하기도 하며 근본적 속성 자체가 지나치게 문화적으로 결정된다. 국가 대부분에서 교육제도는 공통의 지역적, 국가적 가치관을 강화하는 방식으로 설계되었다. 또한 미래의 근로자들이 몸담게 될 조건에 적응할 수 있도록 준비시키는 것을 목적으로 하고 있다.

한국의 교과서 국정화와 관련해서도 사실 대학이 국가적으로 이데올로기적인 기관이라는 오래된 역사와 맞물렸기 때문이라는 생각이 든다. 이러한 목표가 명시되어 있지 않았다고 해도 교육제도는 어쩔 수 없이 한 문화의 가치관이 반영될 수밖에 없다. 그 문화권에서 봤을 때 이러한 반응은 너무나 올바르고 자명해보이기 때문이다.

오늘날에는 이런 교육제도들이 미래의 도전과제에 당면해서 변화를 꾀하고 있다. 고촉통 전 싱가포르 총리가 말했지만 싱가포르도 향

스티븐 러바인 "교육에 국제화 요소를 넣어야 한다."

후 당면과제에 대응하기 위해 큰 변화를 거쳤는데 한국도 마찬가지가 될 것이다.

교육제도는 문화적으로 내제된 이런 관행에서 탈피하는 데 큰 어려움을 겪고 있다. 오늘날 당면한 과제로 두 가지가 중요하다. 경제의 국제화와 개인이나 소규모 창업을 통해 새로운 경제 분야를 만들어 내야 한다는 것이다. 실질적으로 기존 방식으로부터 탈피하려고 노력을 많이 기울이고 있다. 이러한 과정에서 국제 교류와 협력으로부터 얻을 수 있는 것이 굉장히 많다. 특히 예술교육에서 집중하는 창의적 문제 해결이 굉장히 중요하다. 학생들이 1년 이상 외국에서 교육을 받으면 굉장히 많은 도움이 될 것이다. 그렇게 되면 자국의 교육제도를 바꿀 필요가 없고 유학제도 역시 바꿀 필요가 없다. 이러한 국제 교류나 교환 학생 프로그램이 오늘날 세계가 필요로 하는 초국가적인 감수성을 학생들에게 심어주는 데 굉장히 중요한 역할을 할 것이다.

요즘 들어서 경영대학에서도 금융제도나 법제도가 다르다는 인식을 갖고 교과과정의 일부로 해외로 나가 교환학생이 되는 것을 점점 필수로 하고 있다. 앞으로 경영대학에서 국제화 요소가 없는 경우는 거의 없을 것이다. 중국, 싱가포르, 아랍에미리트처럼 굉장히 중앙 집중화가 된 국가도 적극적으로 외국 대학교가 자국에 캠퍼스를 열도록 지원하고 있다. 그렇게 하면서 특정 학문분야의 전문성을 높이기 위해 프레임을 만든다. 외국의 관행이나 사고방식이 그대로 유입되는 것을 방지하기 위해 안전장치를 갖고 있기도 하다. 뉴욕대학교는 다른 나라에도 캠퍼스를 만들면서 주변에 열린 시스템을 갖춘 것이 놀라웠다.

총장으로 굉장히 오랫동안 머물고 있는 칼아츠는 배우, 애니메이터, 무용수, 그래픽 디자이너, 뮤지션, 시각 예술가, 작가들을 위한 진보적 교육을 제공하는 세계적인 리더로 인정받고 있다. 지난 20년간 학생들이 국제화된 환경에서 일하도록 준비시켰다. 예술 분야도 전반적으로 국제화가 추세이기 때문이다. 집중적으로 가르치는 것은 예술이나 미술적 기교, 기법이 아니라 창의적인 문제 해결의 문화다. 미국식이다, 또는 캘리포니아식이다, 또는 칼아츠적이다고 볼 수 있다.

이런 문화적 관행은 국제 교육 기관들이 지향하는 것으로 우리 대학에서 제공하는 가르침의 핵심이다. 다른 사람들로부터 이것을 배우고자 노력하고 있다.

현재 학생이 1,450명 정도다. 남녀 비율은 50대 50이다. 학생들의 출신국가 수가 50개 정도 된다. 미국 대학으로 보면, 가장 다양성이 높은 학교 중 하나다. 뉴욕대 총장이 적극적으로 인재를 찾아야 한다고 했지만 우선 다양한 인재들이 올 수 있도록 진입 장벽을 낮추는 것도 중요하다. 매년 우리 학교의 국제 학생들 수가 점차 증가하고 있다.

창의적 문제 해결의 문화에 많은 학생이 끌리고 있는데 이것을 계속 강력하게 유지하면서 동시에 다른 문화권 출신을 지속적으로 받아들여야 하는 과제가 있다. 이 두 가지 사이에서 균형을 계속 맞춰야 한다. 사실 다른 문화권에서 볼 때 우리 대학의 문화가 독특하고 익숙하지 않을 수 있다.

다른 한편으로는 캠퍼스 자체를 국제화하면서 학생들에게 다른 문화권에 대한 경험을 제공하고자 노력을 많이 기울이고 있다. 그 중 하나가 단기간 교육을 받는 학생을 받아들이고 있다는 것이다. 실천을 통해 학습한다는 강력한 믿음이 있다. 국제화와 관련해서든 다른 문화권과 관련해서든 똑같다. 서로 노출되는 것이 중요하지만 함께 뭔가 만드는 것이야말로 가장 좋은 방법이다.

학생들끼리 콜라보레이션(협력)을 위해 다른 문화권과의 경험을 갖도록 장려하고 있다. 하나의 예로, 멕시코의 과달라하라대학교와 협력한 것 중에 멕시코 극작가가 쓴 연극을 발전시킨 적이 있었다. 그 후로 멕시코 연출자들과 지속적으로 협력할 수 있었다. 그리고 칼아츠에 2개 국어의 연극단이 만들어졌다.

미국이나 캘리포니아처럼 스페인어 인구가 50% 정도가 되는 상황에서는 당연하다고 할 수 있다. 작년에 상하이희극학교의 연출 전공자들과 3주간 집중과정을 가졌다. 이를 통해 상하이희극학교 연출 전공자들에게 서양 방식의 제작관리 기법을 소개했는데 상하이 디즈니랜드 취업에 도움이 됐다. 또한 칼아츠를 졸업한 제작 전공자들이 중국에 취업하는 데 도움을 받았다. 일하는 방식의 환경에 대한 의견을 나눴는데 서로가 적응할 수 있는 기회를 준 것이다.

우리 대학에서는 화상회의를 통해 서울과 LA 학생들이 함께 교과과정을 수강하도록 했다. 이것이 쉬운 일은 아니지만 오늘날처럼 네트워크로 연결된 세계에서는 이런 기회가 무궁무진할 것이다. 단기협업과 관련해 하나만 말하면 2010년 중앙대학교 연극학과에서 〈리어 왕〉의 축약판을 무대에 올렸다. 이것을 칼아츠로 갖고 와서 칼아츠 학생들과 한국 학생들이 협업을 통해 완전히 새로운 프로그램으로 탈바꿈시켰다. 〈리어 레이어〉라는 제목으로 해서 한국어, 영어, 스페인어로 공연을 했다. 학생들은 예술 창작과정, 젊음의 에너지라는 공통의 언어가 있었기 때문에 별다른 통·번역 없이도 서로 협업을 잘 진행했다. 이 과정을 통해 서로 다른 프로세스를 경험할 수 있었고 창의적인 문제 해결방식을 고민하는 기회가 되었다. 강의실에서는 얻을 수 없는 새로운 교훈을 얻게 된 것이다. 실제로 이 프로젝트는 몇 주 동안 하나의 엄격한 교과과정으로 진행되었다.

이후에도 특별한 집중 프로그램이 있었다. 홍익대학교, 국민대학교 학생들도 와서 겪었다. 1주일, 한 달, 3개월 등의 집중과정이 있다. 사실 1주일 과정은 관광 이상의 목적을 갖기 어려워서 1개월이나 3개월 과정 정도 되어야 칼아츠적인 창의적 문제 해결방식에 심도 있게 뛰어들 수 있다.

이런 직능적 워크숍은 어느 예술분야라도 적용이 가능하다. 공통으로 적용되는 요소는 학생들이 스스로의 방향을 결정한다는 것이다. 자신이 찾는 솔루션을 향해 스스로 방향을 정해서 나아갈 수 있으며 실패도 할 수 있다. 하지만 실패에 대한 불이익이나 체벌은 없다. 이런 실패를 통해 다음 단계로 성장하는 보상이 주어진다.

이러한 프로그램에 대해 보이는 반응은 미국 학생이나 외국 학생이나 거의 똑같다. 충격을 받고 어떻게 해야 하는지 혼란을 겪으면서도 자신의 아이디어를 내본다. 물론 이 과정에서 교수의 지도가 따른다. 자신의 아이디어를 적용해 프로젝트를 완수하게 된다. 그때까지는 교사들이 주는 지시사항을 따르는 것 외에는 특별히 뭔가를 해본 적이 없는 학생들이었다. 하지만 완수하면서 만들어진 결과는 놀랍다. 학생들은 자신이 갖고 있었지만 미처 몰랐던 힘을 발휘해서 짧은 시간 내에도 자신만의 작업과 작품을 만들 수 있었다.

이런 집중적인 워크숍에는 도와줄 의지는 있지만 정답을 강요하지 않는 특별한 교사가 필요하다. 동료로서 인내심을 갖고 함께 협력할 의지가 있는 사람이 필요하다는 말이다. 학생들은 창작의 리스크를 감수하면서 실패의 리스크도 이해하게 된다. 실패를 곧 부정적으로만 판단하는 것이 아니라 창작과정의 일부로 받아들인다. 사실 1개월 과정보다 3개월 과정에서 더 효과가 있는데 칼아츠의 다학제적 문화로부터 좀 더 많이 배울 수 있기 때문이다.

우리 대학은 T자형을 추구한다. 서로 간에 독립적으로 운영되는 것이 아니라 학생들에게 서로 다른 전공학생들과도 자유롭게 어울리고 협업하도록 장려하고 있다.

우리 대학을 거친 외국 학생들, 특히 한국 학생들의 이후 나아가는 길을 보면서 우리 대학의 교육제도가 창의적 리더를 양성한다고 분석했다. 바로 이 학생들이 창의적인 리더로 발돋움할 수 있었다. 칼아츠의 한국 졸업생은 지금 한국에서 굉장히 많은 대학에 교수나 강사로 들어갔거나 TV, 디자인 분야에 진출하여 있다.

누군가는 이런 창의적인 리더라면 어떤 파괴적인 양상을 보이지 않느냐고 걱정한다. 하지만 그동안 옆에서 본 결과, 그렇지 않다는 것을 알 수 있다. 엄격한 위계질서 속에서도 문화적인 요소나 특성이 개인의 창의력이나 창의적인 문제 해결방식과 접목이 되기 때문이다. 특히 한국 학생에게서 이러한 모습을 많이 봤다.

마지막으로 칼아츠의 창의적 문제 해결방식은 단지 예술을 전공하는 학생 외에도 다른 전공 학생들에게 도움이 많이 된다. 이와 관련한 테스트를 우리 대학과 파트너를 맺은 대학에게 제안하려고 한다. 경영학이나 사회과학, 또는 다른 전공 학생들을 우리 학교의 집중 워크숍에 참여하게 해서 자체적으로 방향과 문제 해결방식을 찾을 수 있게 시도해 보고자 한다. 서로 다른 교육체계 간의 협업을 통해 우리 대학의 교육체제를 설명하는 자리가 되지만 세계적으로도 이런 협업이 가능할 것으로 본다. 이런 협업을 함으로써 더 나은 미래를 위한 새로운 문을 열 수 있다.

스티븐 러바인

스탠퍼드대학교 인문학부를 졸업하고 하버드대학교에서 영문학 석·박사학위를 받았다. 1984년부터 2년 동안 뉴욕대학교 경영대학원에서 겸임교수를 지냈다. 1988년부터 현재까지 27년 동안 미국 칼아츠 총장을 지내고 있다.

그는 칼아츠가 다양한 인재를 배출할 수 있었던 이유로 '모험가 정신'을 꼽는다. 그리고 학생들을 창의적인 모험가로 키우기 위한 효과적인 방안으로 '인종과 문화의 다양성'을 말한다. 대학 교육을 세계화하는 것이 점점 더 중요해진다고 보고 외국인 학생 비율을 전체의 35~40%까지 늘릴 계획을 밝혔다.

| 토론자 |
부구욱(한국대학교육협의회 회장), 존 섹스턴(뉴욕대학교 총장),
마이클 아서(유니버시티 칼리지 런던 총장), 스티븐 러바인(칼아츠 총장)

(왼쪽부터) 스티브 러바인 총장, 부구욱 회장, 마이클 아서 총장, 존 섹스턴 총장.

▶ 부구욱: 너무 통찰력 있는 강연이었다. 역량 있는 근로자들이 배출되어야 세계화
가 된 경제 속에서 다른 문화권과 격차를 매울 수 있다. 또한 협업 활동이 활발히
전개되어야 새로운 경제 활동 분야들을 개척할 수 있다고 말했다.

특히 실질적인 액션을 통해 배우는 것에 인상이 깊었다. 독서나 청강으로 배운다
는 말과는 굉장히 다르다. 더 중요한 배움을 위한 마음의 자세라고 생각한다. 21
세기에 꼭 필요한 태도다. 지적으로 뭘 안다고 했을 때 이것을 직접 할 줄 아는
것과는 다르다. 인상 깊게 들었다.

먼저 모든 발표자에게 질문을 드리고 싶다. 많은 분이 동의할 텐데 새로운 시대

의 도래로 인해 고등교육에 대한 교육학적인 구성원이 바뀌었다고 생각한다. 지식의 전파, 소비의 방식 자체가 바뀌었다. 이러한 시대에 학생들이 왜 다른 지역의 학교에 가서 직접 대면수업을 들어야 하는지, 무크의 교육 콘텐트가 집에서 또는 자신의 나라에서 받는 것과 어떻게 다른지 묻고 싶다. 이런 무크의 구조가 학생 이동성과 국제화를 바라보는 관점에 어떤 영향을 미친다고 생각하는가?

▶ 마이클 아서: 종종 받는 질문이다. 의외로 간단하다. 리서치를 기반으로 한 교육 방법을 추구할 때는 온라인으로 진행하기가 복잡하다. 온라인 러닝을 활용해 면대면 학습과 결합할 수 있지만 정말 리서치가 중요하다고 생각한다면 수업 대부분은 캠퍼스에서 면대면으로 받아야 한다. 온라인 러닝만을 해서는 안 된다. 직강이나 리서치와 같이 이뤄져야 한다고 생각한다. 무크는 아직 초기 단계다.

학위 과정까지 무크로 수업하지는 않는다. 여러 단계에서 학생들이 맛보기는 하지만 교육 전체 단계에서 이뤄지는 경우는 없다. 학사나 석사과정이 무크로 이뤄지는 경우는 없다. 학사나 석사과정에서는 비용이 대부분 평가과정에서 드는 것이기 때문에 무크로 한다고 비용이 줄지 않는다. 그래서 수수료 구조나 비용 구조로 볼 때 무크가 큰 장점은 없다.

▶ 스티븐 러바인: 무크와 유사한 다른 것으로 실험을 상당히 많이 해봤다. 학점은 주지 않지만 좀 더 예술 중심으로 진행했었다. 많은 사람이 불가능하다고 했지만. 그동안 여러 차례 시험해보면서 발견한 사실이 하나 있다. 예술가들에게 컴퓨터를 가르쳐봤다. 수천 명의 학생들이 참여하는 과목으로 해봤는데 외국 학생이 가장 성취도가 높았다. 예를 들어, 러시아 학생의 경우 공통의 교육 경험을 통해 동료감을 느끼는 것을 봤다. 어떻게 보면 무크의 일반적인 혜택은 이것이라고 할 수 있다.

최종적으로는 혼합이 될 것으로 생각한다. 온라인과 오프라인의 혼합으로 말이다. 현재 라틴아메리카에 애니메이션 학교가 별로 없지만 라틴아메리카의 애니메이션에 대한 수요는 매우 높다. 그래서 라틴아메리카의 현지 기관과 협력하고 있다. 이 협력과정을 일부는 무크, 일부는 실시간 수업 방식으로 한다. 이러한 혼합형태로 갈 것 같다.

마지막으로 예술 분야는 전 세계적으로 서로를 느끼고 탐색하면서 누구를 믿을 수 있는지, 누구랑 일을 함께 할 수 있을 것인지를 느껴야 한다. 온라인에서는 저 사람이 평생 함께 할 사람인지, 앞으로 같이 일해도 될 사람인지 느끼기 어렵다. 교육에서 국제적 네트워크를 만드는 것이 중요한데 부족할 수도 있다.

▶ 존 섹스턴: 강연에 공통점이 있다는 사실에 상당히 놀랐고 대신 대답은 공통적이지 않다는 점에 다시 한 번 놀랐다. 사실 이러한 기술의 힘 덕분에 민주주의 확산, 교육 민주화 등이 이뤄졌고 고등교육까지 보편화된다는 것은 분명하다. 예를 들어, 별다른 대안이 없는 아프가니스탄이나 사하라 남쪽의 아프리카 학생들에게 이러한 기술을 통해 교육을 제공할 수 있다면 굉장히 큰 도움이 된다. 앞서 말했듯이 스펙트럼이 있으며 기술을 서치엔진으로 사용할 수 있다. 스티븐 러바인 총장은 온라인과 오프라인의 혼합이 가능하다고 했는데 하나의 가능성이라고 생각한다.

스티븐 러바인 총장이 말했던 다른 사람에 대해서 느껴보고 탐색하는 시간은 우리 모두가 공통으로 이야기한 부분이다. 결국 창작과정에서는 휴먼 컨택(contact)이 필요하다. 예술 연구도 마찬가지다. 뉴욕 시는 시민 40%가 외국인이다. 뉴욕 시는 말 그대로 전 세계 모든 국가와 관련된 일종의 작은 마을이 있다. 외국인들이 그런 곳에서 산다. 한국 사람이 뉴욕에 가면 한국 음식의 냄새를 맡을 수 있고 한국어나 한국 노래를 들을 수 있다. 그렇지만 한국에서 직접 오는 것하고는 다르다. 학생들이 많은 문화를 접하도록 해야 하지만 동시에 현장에 가보라고 장려해야 한다. 서로의 냄새를 맡는 것과 땀을 함께 흘리는 것은 다르다.

또한 오케스트라의 어느 분야에 있느냐에 따라 다르다. 최대한 많은 경험, 풍부한 경험을 해보길 장려한다. 모두에게 다 할 수는 없겠지만 최대한 혜택을 얻는 사람이 이런 경험을 가질 수 있게 해야 한다. 그것이 위로 올라가는 사다리를 제공하는 것과 같다. 이러한 휴먼 컨택이야말로 오늘날 세계에서 굉장히 중요한 핵심이다.

▶ 부구욱: 어쨌든 무크 인프라에는 관심을 기울여야 한다. 새 기술에 대해 주목할 필요가 있다. 학계도 이를 실현할 신기술들의 역량이 있기 때문이다.

스티븐 러바인 총장에게 드리는 질문이다. 한국은 지금 대학 졸업생들의 실업률이 높아서 한국 정부는 대학들에게 일자리 창출에 기여해달라고 요청하고 있다. 일자리 창출을 위한 대학 교육에 대해서는 어떻게 생각하는가?

▶ 스티븐 러바인: 먼저 말씀드리자면 한국에서는 이미 진화가 발생하고 있다고 볼 수 있다. 한국 출신의 그래픽 디자이너 학생도 많이 있었는데 보통 졸업한 후에 취업자리는 대기업뿐이었다. 예를 들어, 삼성 디자인센터에 취업하면 거의 파라다이스였다. 그런데 지난 몇 년간 아주 작지만 혁신적인 일을 하는 디자인 회사들이 많이 생겼다. 좀 더 발명할 여지가 더 많아진 것이다. 이런 식으로 개인적인 창업가 정신이 더 많이 발생해서 이들이 아이디어를 더 많이 만들고 대기업은 이런 아이디어를 사서 더 많이 전파시킬 수 있기를 바란다.

미국을 예로 들면, 블록버스터 장편영화는 유니버설픽처스, 20세기 폭스 등에서 처음부터 만든 것으로 보이지만 대부분 1~2명이 있는 독립 제작사나 독립 감독들의 아이디어에서 시작되었다. 그 아이디어를 대형 영화사가 투자해서 영화로 만들어지는 것이다. 스튜디오가 투자해서 영화로 만들어진 것이다. 결국 에너지는 소그룹에서 시작됐다. 이러한 개별적인 활동이 필요하다는 말이다. 과학은 어떤지 모르지만 예술은 분명 그렇다.

그동안 한국의 대중문화는 아시아를 장악했다. 예술 분야에서는 전 세계적인 성취라고 생각한다. 불과 20년 전만 해도 일본의 대중문화가 더 인기 있었다. 이러한 변화는 한국의 교육 전략의 성과라고 할 수 있다. 앞으로 좀 더 창의적인 방식이 교육에 적용된다면 어떠한 성과가 나올지 기대된다.

▶ 부구욱: 다음으로 마이클 아서 총장에게 질문하겠다. 세계적으로 유명한 대학들이

국제화 전략에 대해서 어떤 생각을 갖고 있는지, 한국과 같은 나라의 대학들은 대학 교육을 어떻게 해야 국제화가 되는지 궁금하다.

▶ 마이클 아서: 사실 한국의 고등교육체계, 한국 대학교육의 환경을 잘 모른다. 그런데 어제 연세대학교를 방문했는데 많은 국제화 노력이 진행되고 있었다. 국제학부를 보니, 100명의 외국인 학생과 400명의 국내 학생으로 구성되어 있었다. 미국의 인문대 과정과 비슷했다. 다양한 문화에 대해 학생들이 배울 수 있다.
한국의 고등교육도 마찬가지로 국내 학생들이 국제적인 현안에 대해 눈뜨게 유도하고 외국인 학생들과 교류하게 해야 한다. 또한 여러 가지 국제 활동에 참여할 수 있도록 하는 파트너십을 맺어야 한다. 다양한 지역의 대학기관들과 파트너십을 체결하고 진행하면 될 것이다. 수준에 맞고 서로 잘 협력할 수 있는 파트너를 찾으면 좋다.

▶ 부구욱: 이번에는 존 섹스턴 총장에게 질문하겠다. 여러 대학교가 해외로 진출했다가 결국 실패로 끝나 캠퍼스를 철수한 경우가 있다. 진출했다가 정착하는 데 실패한 이유가 무엇이라고 생각하는가? 그리고 국제적 캠퍼스를 운영할 때 성공의 관건은 무엇인가?

▶ 존 섹스턴: 그동안 보셨듯이 굉장히 다양한 활동이 있었다. 앞으로 20년 후에는 더 광범위한 활동이 있을 것이다. 가장 적극적인 모델이라고 할 수 있는 뉴욕대 모델은 네트워크, 유기적 순환체계를 갖고 있다. 이것을 하나의 대학으로 봐주기를 바란다. 2개의 항공사가 1개의 항공기를 운항하는 코드 쉐어 방식처럼 말이다. 해외 캠퍼스를 일종의 수익 센터로 생각하면서 수익을 위해 운영한다는 것은 한계가 있을 수밖에 없다. 고등교육은 수익 센터가 될 수 없다. 이 자리에서 언급된 대학들은 등록금이 아무리 높아도 수익을 위해서 운영하지 않는다. 그보다 더 높은 가치를 제공하기 위해서 존재한다. 만약 수익을 얻으려 한다면 결국 우리의 수준이 저해될 것이다.

파트너를 잘못 만나도 위험해진다. 파트너십이 굉장히 중요한 것이다. 학사과정에 대한 통제권, 학문적 자유, 교수나 강사의 기준, 학생 입학 기준 등 우리에게 중요한 모든 요소는 절대로 타협하지 않는 것이 원칙이다. 이에 대한 합의가 없다면 해외 캠퍼스는 열지 않는다.

유기적 순환체이므로 아부다비 분교에서 기초 생물학을 가르치는 교수가 3년 후에는 내 강의실 옆에 있을 수 있어야 한다. 계속 멀리 떨어져 있는 사람들은 교수나 강사로 활용하지 않는다.

그동안 다양한 활동을 통해 뉴욕대 자체의 수준을 높일 수 있었다. 파트너를 잘 만나야 하고 아울러 우리의 원칙을 스스로 잘 이행해야 한다.

▶ 부구욱: 이번에는 마이클 아서 총장에게 질문하겠다. 많은 대학이 비전을 제시하면서 성공하고자 한다. 그 성공을 이루기 위해서는 여러 가지 위험을 감수하고 장애물을 극복해야 한다. 정부 정책이나 규제, 예산의 부족, 충돌하는 의견들, 내부적인 갈등 등의 장애요소가 있다. 가장 중요한 비전을 성공시키기 위해 중요한 요인은 무엇인가?

▶ 마이클 아서: '쉽다면 누구나 할 수 있다'라는 말을 좋아한다. 어렵고 많은 장애를 극복해야 된다는 것 때문에 도전과제가 더 재미있는 것 같다. 한 가지 갖춰야 할 특성은 인내심이다. 명확한 비전과 인내심의 조합이 있다면 어떤 장애라도 극복할 수 있다.

▶ 청중: 학생 이동성과 관련해서 학생들을 바라보는 향후 가능성이나 고용 가능성이 어떤지 궁금하다. 사실 국가별로 기준이나 방식이 다르다. 외국 학생들에게 어떤 기준이나 표준을 적용하는가?

▶ 스티븐 러바인: 독립적인 문제 해결 역량은 모든 전문 분야에 반드시 필요한 능력이라고 생각한다. 그래서 나라별로, 교육 제도별로, 서로 다른 문화권별로 어떤

기준이 있든지 상관없이 최소한 가까운 미래에 이런 독립적인 창의적 문제 해결 방식은 특히 경제 분야에서 반드시 필요하다고 생각된다. 교육에서 이 부분이 굉장히 의미 있고 중요하게 될 것이다. 물론 교육과정에서 다른 기본적인 기술도 있을 것이다. 그러한 부분에는 국가별 기준이 별도로 적용된다고 본다.

▶ 부구욱: 지금까지 학생의 이동성과 국제화 전략이라는 주제를 다뤘다. 지금 지식의 창출이나 소비의 방식이 바뀌고 있다. 그렇기 때문에 고등교육의 리포지셔닝 (repositioning)이 요구되고 있다. 교육 환경을 바꿔서 급변하는 세계에 대응하기 위한 인재를 배출해야 하겠다.

02 디지털 기술 발달과 스마트 학습

이번 강연에서는 세계 명문 대학들의 강의를 언제든 접할 수 있는 무크(MOOC, 개방형 온라인 강좌)와 컴퓨터 게임에 기반한 학습 등 교육계의 새로운 트렌드를 이용해 학습 효율을 높이고 교육의 불평등을 해소하는 방안이 논의됐다. 강연자의 출신 배경도 교육학자, 어린이 교양 프로그램 제작자 등 다양했다.

래리 쿠퍼먼 미국 UC어바인 부학장은 코세라(Coursera)와 에덱스(edX) 등에서 제공하는 개별 대학의 온라인 강의가 '동료 교육'을 활성화시키는 방향으로 진화하고 있다면서 "기존의 온라인 강의는 이메일 등을 통해 학생과 교수가 의견을 교환하는 수준에 머물렀지만 최근에 어디서나 인터넷에 접근할 수 있는 환경이 되면서 동료들끼리 실시간으로 주제에 대한 의견을 주고받는 새로운 형식의 강의가 속속 나타나고 있다"라고 말했다.

컴퓨터 게임 형식의 교육 프로그램을 개발하는 인스티튜트 오브 플레이의 로버트 게호섬 전 이사장은 게임에 대한 몰입력을 교육에 적용하면 빠르고 쉽게 학습의 효율성을 올릴 수 있다고 강조하면서 "이미 미국에선 많은 기업이 게임에 기반한 교육 프로그램을 개발하고 있다. 게임과 헬스케어(건강 관리)를 접목한 프로그램 등이 널리 사용되고 있다"라고 설명했다.

미국의 장수 어린이 프로그램 〈세서미 스트리트(Sesame Street)〉 제작에 참여했었던 밀턴 첸 조지루카스교육재단 이사장은 특정한 프로젝트를 완결하는 과정에서 훨씬 큰 교육 효과를 누릴 수 있다고 강조했다. 미국의 저소득층 고등학생들이 하이브리드 자동차 개발 대회에 출전해 대학생 수준의 공학 기술을 습득한 사례를 들면서 "청소년들은 어른이 생각하는 것보다 학습 역량이 매우 뛰어나다. 직접 프로젝트를 기획하고 제품을 만드는 과정에서 대학 교육 수준 이상의 지식을 습득하는 경우가 많다"라고 말했다.

| 강연 ① |

온라인 강의, 동료 교육에 집중하다
래리 쿠퍼먼(미국 UC어바인 오픈에듀케이션 부학장)

최근 교육계의 화두가 되고 있는 유비쿼터스(Ubiquitous) 교육의 핵심은 '미래에는 언제 어디서든 교육을 받을 수 있다'이다. 1970년대 연구된 이론에 따르면, 모든 국가에서는 시간이 지날수록 교육의 혜택

래리 쿠퍼먼 "이제는 언제 어디서나 교육을 받을 수 있다."

을 받는 계층이 점차 넓어진다. 처음에는 상위 엘리트에게만 교육이 제공되고 이들이 사회의 상위 계층을 형성했다. 2차 대전이 끝난 후, 산업과 경제의 발전에 따라 더 많은 산업 인력이 필요해지면서 대중을 대상으로 한 교육의 필요성이 높아졌다. 그래서 새로운 관리자와 기술자가 대규모로 배출되어 산업 현장으로 보내졌다. 고등학교 수준에 머물던 대중 교육은 시간이 지날수록 대학에서도 보편화되기 시작했다. 과거에는 소수 정예만을 대학에서 가르쳤다면 이제는 누구나 대학을 가는 시대이며 앞으로는 한발 더 나아가 캠퍼스 외에도 언제 어디서나 교육을 받을 수 있을 것이다.

2000년 무렵, MIT에서는 '인터넷 시대에 대학은 무엇을 할 수 있을까?', '졸업장이나 수료증을 주는 것 외에 대학이 할 수 있는 것이 무엇인가?'를 교수들에게 물었다. 그런 논의를 거친 끝에 인터넷 공개강의를 시작했다. 인터넷으로 공개강좌를 진행하면 비용은 거의

들이지 않고도 강의를 전 세계에 배포할 수 있다. 책을 출판할 때처럼 많은 비용이 들지도 않는다.

2015년에는 이러한 인터넷 기반 공개강좌가 널리 퍼져 북미와 유럽뿐 아니라 아프리카, 남미 등 전 세계 어디서나 미국 명문 대학들의 강의를 들을 수 있게 됐다. 내가 몸담고 있는 UC어바인에서도 대중들에게 무료로 화학 강의를 제공하고 있다. 석사 수준의 강의도 인터넷으로 다 들을 수 있다. 인터넷의 공개강의들은 기본적인 지식을 얻는 데 유리하다.

콘텐츠는 무료로 제공되기 때문에 청중 여러분이 몸담고 있는 회사와 대학에서도 전략을 세울 수 있다. 예를 들어, 회사에서 직원들을 재교육시킬 때도 이런 무료 콘텐츠를 사용하면 교육 비용을 절감할 수 있다. 브라질에서는 이러한 인터넷 공개강의의 영향력이 매우 커서 공개강의를 듣고 수료증을 받으면 승진과 임금 임상 등에서 유리한 혜택을 받는다.

이런 장점에도 불구하고 여러 무크 플랫폼은 한계를 갖고 있다. 전 세계 수백 개의 대학이 강의를 무크 사이트를 만들어 올리는데 투자를 많이 한다. 그런데 요즘 들어서는 대학들이 플랫폼 자체에 너무 많은 신경을 쓰는 바람에 플랫폼에만 투자를 집중하고 플랫폼에만 갇혀 있다. 거대한 플랫폼은 모든 것이 빠르게 변하는 세상을 바로 따라잡기가 힘들다. 결국 대학들은 커다란 무크 플랫폼에서 탈옥할지 아니면 죄수처럼 그냥 남아있을지 선택해야 한다. 여기서 탈옥이란 가벼운 플랫폼을 새롭게 만드는 것이다.

현재 무크 플랫폼은 교수와 학생들 간의 소통은 있지만 같이 수업을 듣는 학생들 간의 소통은 전무하다. 학생들끼리 의견을 교환하는 건 그저 대규모 채팅에 불과하지 진정한 동료학습이 아니다. UC어바인에서 초점을 맞추고 있는 것은 동료들끼리 서로 학습을 도울 수 있는 새로운 교육 방식을 온라인 강의에 접목하는 작업이다.

교수들은 처음 학문을 배우기 시작했을 때의 초심자 마음을 잃어버리기 쉽다. 내가 처음 배울 때 어떤 부분을 이해하지 못했고 어떤 분야가 특히 더 어려웠는지를 떠올린 다음, 이를 활용해 학생들을 가르치기가 쉽지 않다. 반면 같이 교육받는 학생들은 옆의 학생이 어떤 부분을 어려워하는지 잘 알기 때문에 해당 문제에 대한 답을 교수보다 제대로 줄 수 있다. 이런 적극적인 동료 교육의 효과는 과학적으로 증명됐다.

우리 학교에서는 이미 과학과 화학 분야에 이런 동료 교육을 접목시켰다. 인터넷에서 교육이 이뤄지고 있기 때문에 친구와 같이 도서관에 가는 것보다 더 쉽게 같이 공부할 수 있다. 똑같은 일반 화학을 배우고 있는 학생들이라면 국가와 대학이 달라도 함께 공부할 수 있다. 이렇듯 무크에다 적극적 동료 교육의 가능성을 접목시키는 것이 요즘 미국 대학들의 최고 관심사다.

👤 래리 쿠퍼먼

미국 UC어바인대학교 오픈에듀케이션 학부 부학장으로 재직 중이다. 부학장에 임명되기 전 5년간 같은 대학에서 인터넷 공개강의 프로그램의 개발 실무를 총괄했다. 온라인 상거래와 온라인 교육의 교수법 전문가로 평가받고 있으며 관련 분야의 서적을 다수 집필했다. 미시건대학교에서 정치학과 영문학을 전공했으며 UC버클리에서 교육학 석사학위를 받았다.

게임 기반 교육 프로그램의 강점

로버트 게호섬(전 인스티튜트 오브 플레이 이사장)

처음 게임을 활용한 교육에 관심을 가진 것은 개인적인 경험 때문이었다. 1983년 구입한 컴퓨터에 비행 시뮬레이터 프로그램을 깔았다. 뉴욕의 JFK 공항 일대가 그래픽으로 구현되어 있었고 그 주변을 가상으로 비행할 수 있는 프로그램이었다. 화면에는 비행기 계기판이 묘사되어 있었다. 실제로 비행기 조종사였던 선배가 이런 프로그램으로 비행을 연습한다고 했다. 비행기 조종에 대해 아는 것은 전혀 없었지만 이 프로그램으로 조종에 대해 배울 수 있다. 그때 처음으로 게임을 통한 교육의 가능성에 눈을 떴다.

게임을 통한 교육의 효과를 높이기 위해서는 동기를 부여하는 방식으로 게임이 설계되어야 사람들을 몰입시킬 수 있다. 현실 같은 시뮬레이션 형태로 제작해 사람이 게임하면서 실제 세계를 간접 체험하도록 해야 한다. 컴퓨터 게임 이전에도 부모나 친구와의 놀이를 통해 학습하는 건 인류의 오랜 교육 방법 중 하나다. 인터넷이 발명되면서 이런 놀이에 기반한 원초적 학습의 가능성이 다시 높아졌다.

'월드 오브 워크래프트'라는 전략 시뮬레이션 게임이 있다. 1,500만 명이 동시에 접속할 정도로 인기가 있다. 게임 안에서 사람들은 길드나 클랜이라 불리는 그룹을 만들고 이를 통해 전략을 짜면서 각종 자원을 조직하고 관리하는 방식을 배우게 된다. 게이머(Gamer)의

로버트 게호섬 "게임을 통해 학습하자."

대장이 15세 소년일 수도 있고 30세 청년일 수도 있다. 전략을 짜서 적진으로 쳐들어가기도 하고 서로 경험을 전수한다. 육군 장교에게 '월드 오브 워크래프트'에서의 전쟁과 길드들의 전략을 보여줬더니 수많은 돈을 들여 교육시킨 웨스트포인트 출신 장교보다 15세 게이머가 더 능력이 있다면서 어떻게 이런 학습이 가능한지 물었다.

제대로 된 게임은 학습자에게 의미 있는 경험을 할 수 있게 한다. 그리고 게임을 통해 정체성이 형성된다. 게이머들이 많은 온라인 게임에서 자신의 사회적 역할을 갖고 다른 사람을 이해하고 배려하는 모습이 관찰된다.

게임에서 문제 해결 능력이 가장 중요하다. 문제 해결이 어려워야 게이머가 흥미를 갖는다. 게임을 하면서 배우기 때문이다. 조사 결과, 미국 18세 이하 90%가 게임을 하며 여성도 상당히 많은 것으로 나왔다. 최근에는 헬스케어 관련 교육용으로 한 게임 개발도 활발하다. 실제로 이 게임을 개발하기 위한 많은 조직이 생기고 있다.

내가 몸담았던 인스티튜트 오브 플레이는 게임을 통해 새로운 학습 경험을 만드는 조직이었다. 꼭 컴퓨터나 태블릿 PC에 한정될 필요는 없다. 교실 안에서라도 게임 원칙을 갖고 학습에 집중할 수 있다. 게임에 능숙해질수록 게임의 난이도는 높아진다. 학습도 마찬가지다. 높은 수준으로 들어갈수록 더 어려워지고 또한 새로운 도전이 계속되어야 한다. 게임이 어렵다면서 중간에 포기하고, 게임에 졌다고 낙담할까? 오히려 새롭게 다시 도전하는 사람이 훨씬 많다.

11~12세 학생들도 게임을 통해 물리의 원칙과 그 원칙이 적용된 여러 기기를 직접 만들 수 있다. 똑같은 시간이 주워졌다고 했을 때, 전통적인 교육법보다 게임을 통한 교육에서 성과를 더 얻을 수 있다. 특히 사람 간의 소통 능력이 인재의 핵심요건인 21세기에는 게임을 통해 서로 협력하면서 커뮤니케이션 기술과 전략적 사고에 대해 더 많은 것을 배울 수 있게 된다.

로버트 게호섬

미국 뉴욕에 기반을 둔 비영리재단 인스티튜트 오브 플레이 전 이사장이다. 인스티튜트 오브 플레이는 게임에 기반한 교육 프로그램 개발을 통해 청소년과 성인의 학습을 돕고 있다.
30여 년간 게임을 기반으로 한 교육 프로그램 개발에 매진한 전문가로 포토레시스템즈를 창업했고 이미지매트릭스의 최고 경영자를 역임했다. 미국 그리넬대학교에서 영문학과 종교학을 전공했다.

하고 싶은 공부를 스스로, 프로젝트 교육을 돕는 기술의 진화

밀턴 첸(조지루카스교육재단 이사장 겸 선임연구원)

1980년대 최초의 무크라고도 할 수 있는 미국의 장수 어린이 프로그램 〈세서미 스트리트〉 제작에 참여하면서 게임을 통한 교육의 가능성에 눈을 떴다. 우리 재단을 만들었던 영화감독 조지 루카스도 학교에서는 모범생이 아니었다. 고등학교 시절 교실 뒷자리에 앉아서 수업을 제대로 듣지도 않았고 학점도 C, D만 받았다. 그렇게 무기력한 학생으로만 비춰졌던 조지 루카스였지만 자동차만큼은 관심이 매우 높았다. 자동차의 역사, 설계, 디자인, 공학 기술 등 자동차와 관련된 모든 것에 관심이 높았고 스스로 공부했다. 조지 루카스는 이미 그때부터 스스로 프로젝트에 기반한 교육을 하고 있었던 것 같다.

우리 재단에서는 프로젝트에 기반한 교육에 관심을 많이 쏟고 있다. 이런 성과를 묶어 책을 냈는데 한국에서는 《살아나는 학교 신나는 아이들》이라는 제목으로 번역되어서 나왔다.

프로젝트를 기반으로 한 교육은 변방에 머물다가 점차 교육계의 주류로 들어오고 있다. 인터넷이 넓게 보급되고 스마트폰이 발달하면서 많은 아이를 한꺼번에 가르칠 수 있는 무기가 생긴 것이다. 전세계 학생들이 강력한 디지털 기기를 갖게 되면서 교육의 가능성이 높아졌다. 미국에서는 서민층 학생들이 좋은 학교를 못 가는 게 현실이다. 좋은 교육을 받는 것이야말로 기본 인권이기 때문에 학생들에

밀턴 첸 "앞으로 학습은 호기심을 강화하는 방식으로 가야 한다."

게 디지털 기기를 보급해 교육의 질을 높여야 한다.

오늘날의 세상의 지식은 그 자체로는 희소가치가 없다. 지식은 어디에나 있다. 기술을 이용해 '왜 이런 지식이 사실인지를 증명하는 능력'이 중요해졌다. 삼각형 빗변의 길이를 구할 때 계산기에 수치만 입력하면 빗변의 길이는 바로 나온다. '왜 그런 답이 나왔는지를 아는 것'이 중요하다.

프로젝트를 기반으로 한 교육은 우리 재단이 가장 중요하게 생각하는 주제다. 지금으로부터 18년 전에 처음 시도한 것이 있다. 미국의 어느 학생이든 곤충에 관심 있는 학생이라면 인터넷을 통해 전자현미경으로 관찰한 곤충의 모습을 볼 수 있는 프로그램을 만든 다음, 대학에서 곤충을 전문적으로 공부하는 대학생이나 석사 연구원들과 온라인으로 1시간씩 이야기할 수 있도록 했다. 15살짜리 소년이 25살의 곤충학과 학생과 이야기할 수 있는 기회를 제공한 것이다.

우리 재단에서 필라델피아에 있는 저소득층 지역의 학생들에게 하이브리드 자동차 제작과 경주대회 참가를 통해 자동차에 들어가는 공학을 배울 수 있도록 했다. 그랬더니 고등학교 친구들이 제작한 자동차가 대학생들이 만든 자동차들을 제치고 대회에서 1등을 했다.

재단의 교육에 참여한 중국계 소년 쿤은 직접 프로그램 코딩을 배운다. 3D 프린터를 이용해 스마트폰 케이스를 찍어서 만드는 모습도 보여줬다. 12살 밖에 안 된 소년이지만 얼마 지나지 않아 구체적인 프로젝트 목표를 설정하고 주변 사람들과의 상호 교류를 통해 빠른 시간 안에 전문적인 지식을 습득했다.

"왜 여름에는 덥고 겨울에는 추울까?"

8살짜리 어린이가 매일 부모에게 묻는 질문이다. 하버드대학교를 졸업한 사람도 왜 그런지 모르는 경우가 대부분이다. 20년 가까운 세월 동안 공부하고 좋은 성적을 거둔 하버드대학교 출신들도 이처럼 간단한 문제에 대답을 잘 못한다.

1980년대만 해도 이런 질문을 받으면 바로 답을 찾고 왜 그런지 그 원리를 직접 따져보기가 힘들었다. 하지만 이제는 쉽게 원리를 찾아 스스로 공부할 수 있다.

앞으로 '학습'은 어린이들의 호기심을 강화하는 방식으로 가야 된다. 과거와는 달리 특정 기간에만 학교를 다니는 게 아니고 언제나 공부하는 시대다. 미래 학습에 대한 지도를 만들려는 노력이 곳곳에서 일어나고 있다. 학습자 스스로 공부하는 자율학습과 이를 돕기 위한 디지털 기술, 온라인 플랫폼 등이 빠르게 개발되는 추세다.

 밀턴 첸

하버드대학교를 졸업하고 스탠퍼드대학교에서 커뮤니케이션 석사 및 박사학위를 취득했다. 조지루카스교육재단에서 일하면서 에듀토피아 홈페이지를 대표적인 교육 혁신 관련 사이트로 만들었다. KQED 교육센터 이사, 세서미 워크숍의 연구 책임자, 하버드대학교 교육대학원의 부교수를 거치면서 미디어, 기술, 교육 분야에서 두루 경력을 쌓았다.

03 소프트웨어 교육의 미래 방향

제임스 거츠먼 플레이팹 대표는 "학생들이 전구의 불을 밝히는 전기의 원리를 배우는 것처럼 소프트웨어로 컴퓨터를 작동시키는 방법을 알아야 한다. 이제 소프트웨어는 전기처럼 모든 산업에서 필수적인 요소가 되었다. 2030년쯤에 사회에 진출하는 졸업생들은 햄버거나 과자를 굽는 것까지 프로그래밍을 통해 컴퓨터가 대신하는 시대를 맞이하게 될 것이다. 광합성 원리나 물의 분자구조를 이해하는 것과 마찬가지로 알고리즘을 이해하고 인터넷의 작동 원리를 아는 것이 중요하다. 컴퓨터 공학을 배우는 것은 생물학, 수학을 배우는 것처럼 세상을 이해하고 살아가는 데 필요한 기초과목이 됐다"라고 강조했다.

제임스 거츠먼 대표는 15년간 게임업계에서 일한 컴퓨터 공학 전문가다. 게임 제작사 이스케이프팩토리, 스프라우트게임즈에 이어 지난해 게임 퍼블리싱(유통·운영)회사 플레이팹을 창업했다. 소프트웨어 교육을 장려하기 위해 2013년 미국에 설립된 비영리 단체 '코드

닷오알지(code.org)'에서 고등학생 이하 10대를 대상으로 소프트웨어 입문교육을 하고 있다. 현재까지 1억 2,000만 명 이상의 학생이 코드 닷오알지를 통해 기초적인 코딩(프로그래밍)을 배웠다.

야스민 카파이 미국 펜실베이니아대학교 교수는 "컴퓨터의 기본 개념을 통해 문제 해결 방법을 이해하는 '컴퓨팅 사고'를 익히도록 하는 것도 중요하지만 더 나아가 학생들이 코딩을 활용해 커뮤니티에 참여하도록 유도해야 한다. 단순히 코딩 방법만 가르치는 것이 아니라 앱(응용 프로그램) 개발을 통해 실제로 코딩이 어떻게 실생활의 문제를 해결할 수 있는지를 경험하는 기회를 제공해주면 코딩이 일상과 동떨어진 것이 아님을 이해할 것이다"라고 조언했다. 아울러 "학생들 개인이 고립돼서 프로그래밍을 하는 것이 아니라 커뮤니티 참여를 통해 프로그래밍 과정에서 협업하는 법을 배우고 프로그래밍 결과를 활발히 공유할 때 코딩을 활용하는 동기를 부여할 수 있다. 비교적 프로그래밍에 관심이 적은 여학생들도 소외되지 않고 모든 학생이 코딩 교육을 접할 수 있도록 학교, 교사의 역할이 중요하다"라고 말했다.

| 강연 ① |
컴퓨터 공학을 가르쳐야 하는 이유
제임스 거츠먼(플레이팹 CEO 겸 공동 창립자)

21세기에 코딩(프로그래밍)을 배우지 않으면 글을 읽고 쓸 줄 모르는

제임스 거츠먼 "코딩을 배우지 않으면 문맹과 마찬가지다."

문맹이나 마찬가지다. 컴퓨터 공학이 활용되는 분야는 계속 넓어지고 있는데 컴퓨터 공학교육이 이를 따라오지 못한다는 것이 큰 문제다. 2008년 글로벌 금융 위기를 겪으면서 10년 가까이 컴퓨터 공학교육이 정체됐다가 최근 들어 조금 회복됐을 뿐이다.

컴퓨터 공학을 배우는 것은 단순히 컴퓨터 기술을 익히는 정도를 의미하지 않는다. 컴퓨터가 어떻게 문제를 해결하는지를 이해하여 응용력, 창의력을 높이는 것까지 볼 수 있다. 또한 컴퓨터가 쓰이는 분야도 경계가 사라졌다. IT뿐만 아니라 의학, 스포츠, 무용, 영화 등 모든 분야에 컴퓨터가 활용된다.

IT 산업 종사자를 위한 직무 교육으로 컴퓨터 공학을 배우면 되는 시대가 아니라 현대를 살아가기 위해서, 이 시대에 성공하기 위해서는 필수적으로 컴퓨터 공학을 가르치고 배워야 한다는 것이다. 예를 들어, 2030년에 대학을 졸업할 예정인 학생에게 '컴퓨터 공학을 몰라도 식당에서 버거나 과자 굽는 일을 하면 되지'라는 선택지 자체가 주어지지 않는다. 머지않아 이러한 조리과정도 프로그래밍을 통해 컴퓨터가 대신하는 시대가 올 것이기 때문이다. 따라서 생물, 수학이 세계를 이해하고 살아가는 데 도움이 되는 기초과목인 것처럼 알고리즘이 뭔지, 컴퓨터가 어떤 기본원리로 작동하는지 이해하는 것이 필요하다.

문제는 '코딩을 어떻게 가르칠 것인가'인데, 학교야말로 컴퓨터 공학을 가르치는 중요한 장소다. 컴퓨터 공학을 배운 학생들은 양적으로 늘어나고 있지만 산업 현장에서의 인력 수요는 그보다 많다. 컴퓨터 공학교육의 정체로 인해 평균 임금이 높고 고용 기회도 많은 컴퓨터 관련 직종에 인력 공급이 부족한 상황이다.

이공계 학생 가운데 컴퓨터 공학 전공자는 전체의 2%밖에 안 된다고 집계됐다. 하지만 일반 직장에서는 전체 인력의 60% 가까이를 컴퓨터 관련 전문가가 차지하고 있다. 결국 산업 현장에서 무엇을 요구하는지 알아야 한다. 과거에는 단순 프로그래밍 능력을 요구했다면 최근에는 비정형 데이터를 분석하는 방법을 이해해야 하는 수준까지 올라왔다. 그래서 컴퓨터 공학을 중·고등학교 과정에서부터 기초과목으로 가르쳐야 한다.

소프트웨어 교육을 장려하기 위해 2013년 미국에 설립된 비영리단체 '코드닷오알지(code.org)'에서는 고등학생 이하 10대를 대상으로 소프트웨어 입문교육을 하고 있다. 현재까지 1억 2,000만 명 이상의 학생이 코드닷오알지를 통해 기초적인 코딩을 배웠다.

‘1주일에 한 시간씩 코딩하자’는 ‘아워 오브 코드(Hour of Code)’ 캠페인이 대표적이다. 한 시간만 투자해도 컴퓨터 공학이 공부벌레들이나 할 수 있는 끔찍한 것이 아니라 게임처럼 재미있다는 것을 느낄 수 있다. ‘앵그리 버드’, ‘식물 vs. 좀비’ 등의 게임도 컴퓨터 공학을 배우지 않으면 만들 수 없는 것 아닌가. 버락 오바마 미국 대통령, 빌 게이츠 마이크로소프트 창업자도 ‘아워 오브 코드’ 활동을 적극 장려하고 있다.

‘아워 오브 코드’는 10만 시간 프로젝트를 위한 출발점이다. 전국적으로 코딩 교육이 의무화될 수 있도록 ‘아워 오브 코드’를 알리고 있다. 어떻게 가르칠지가 관건이다. 특별한 기술 없이도 ‘아워 오브 코드’ 홈페이지(www.hourofcode.com)를 방문하면 코딩이 뭔지, 컴퓨터 공학이 어떤 것인지 충분히 알 수 있다.

제임스 거츠먼

게임 제작사인 이스케이프팩토리와 스프라우트게임즈 등을 창업했고, 2005년부터 8년간 ‘식물 vs. 좀비’라는 모바일 게임을 개발한 팝캡에서 아시아 담당 임원으로 일했다. 2014년 서버 관리 기술이나 SNS와의 연동 방법 등을 표준화해 게임 개발자에게 제공하는 게임 퍼블리싱(유통·운영)회사 ‘플레이팹’을 설립했다.

컴퓨팅 공학으로 일상을 바라보다

야스민 카파이(미국 펜실베이니아대학교 교육대학원 교수)

지난해 영국에서 전국적으로 고등학교 이하 10대 학생들에게 컴퓨터 공학교육을 의무화했다. 미국은 컴퓨터 공학교육과정이 제대로 마련됐지만 교사가 부족한 문제가 있다. 미국의 대학 학점 선이수제(AP, Advanced Placement)에서는 컴퓨터 공학을 선택하는 학생이 적은 것으로 나타났다. 일부 대학에서는 한 명도 없었다.

어린 학생들에게도 프로그래밍 교육을 해야 한다는 주장은 지난 20~30년 동안 꾸준히 제기됐다. 1980년 시모어 페퍼트 MIT 교수는 저서 《마인드 스톰스》에서 컴퓨터는 업무도구일 뿐 아니라 학습과 놀이도구가 될 수 있다고 강조했다.

컴퓨터 공학은 문제 해결력과 사회성 향상에 도움이 된다. '컴퓨팅 사고(computational thinking)' 뿐만 아니라 '컴퓨팅 참여(computational participation)'도 중요하다. 프로그래밍을 활용하는 활동을 확대하고 심화할 필요가 있는 것이다.

'컴퓨팅 사고'는 자넷 윙 MS 리서치 부사장이 처음 정의한 개념이다. 컴퓨터가 작동하는 방식대로 사고하는 것을 의미한다. 스마트폰이 널리 보급되면서 컴퓨터와 소프트웨어가 모든 일상생활에서 활용되고 있다. 단지 사고방식을 바꾸는 것에서 벗어나 좀 더 폭넓은 시각에서 컴퓨팅을 활용할 수 있는 방법을 찾자는 의미다.

야스민 카파이(가운데) "컴퓨터가 없으면 사회 활동도 없다."

　네트워크 연결이 강화되면서 컴퓨터를 활용하지 않고는 사회 활동 자체가 어려워졌다. 따라서 컴퓨터를 커뮤니티 활동 등을 통한 사회적 참여에 활용할 수 있도록 교육과정에 적용하는 것이 필요하다.

　첫째, 코딩 교육을 앱(응용 프로그램) 개발로 확대하고 심화할 수 있다. 컴퓨터가 문제를 해결하는 '맥락'을 배우는 것이 중요한데 앱을 개발해 일상의 문제를 해결하는 방법을 배우면 코딩이 실생활에 어떻게 적용되는지 맥락을 보여줄 수 있기 때문이다. 복잡한 문제를 해결하기 위해서 컴퓨터를 활용하는 방법만 가르치면 일상과 동떨어진 내용만 배우게 된다.

　둘째, 프로그래밍 언어 등 툴을 스크래치 등 커뮤니티를 통해 배우는 것이 중요하다. 자신이 개발한 프로그램을 공유하고 다른 사람들이 그 프로그램을 사용하는 과정을 경험하면 지속적인 활동이 가능해진다. 학교에서 프로그래밍을 교육받는 과정을 생각하면 이미 학교에 커뮤니티가 형성되어 있다.

셋째, '리믹스'가 중요하다. 프로그래밍은 백지 상태에서 시작되지 않는다. 학교에서 교육을 받으면서 기존 프로그램을 모방하는 것을 통해 배우도록 하는 것이 중요하다. 프로그램을 제시하고 프로그래밍하는 환경을 제공해야 한다는 것이다. 제시한 기본 프로그램은 수십 개의 새로운 버전으로 만들 수 있다.

컴퓨터 공학 분야에서는 여성들이 여전히 마이너리티(소수 집단)를 차지한다. 스크래치를 활용하는 이용자의 남녀 비중을 봐도 여성의 참여가 부족하다. '컴퓨팅 참여' 관련해서는 모든 학생들에게 프로그래밍의 기회를 늘리고 접근성을 높이는 것이 중요하다. 컴퓨터 공학교육에서 여학생들이 소외되지 않도록 하기 위해서는 교사들의 역할이 중요하다.

👤 야스민 카파이

교육용 프로그래밍 언어인 스크래치를 공동으로 개발하는 등 교육용 온라인 도구에 많은 관심을 기울이고 있는 세계적인 데이터 사이언스 교육자다. 하버드대학교에서 교육학 박사학위를 받았으며 현재 펜실베이니아대학교 교육대학원 교수로 있다.

| 토론자 |
서정연(서강대학교 컴퓨터공학과 교수), 김현철(고려대학교 컴퓨터교육학과 교수),
제임스 거츠먼(플레이팹 CEO 및 공동 창립자), 야스민 카파이(펜실베니아대학교 교육대학원 교수)

▶ **서정연**: 소프트웨어 교육은 디지털 시대를 살아가는 학생들에게 필수다. 한국에서도 공교육을 통해 학생들에게 소프트웨어를 교육하려고 교사들에게 필요한 콘텐츠, 교수법이 강조되고 있다.

▶ **김현철**: 산업 경제에 적합한 교육과정을 디지털 경제에서 필요한 새로운 역량으로 키울 수 있도록 개편해야 한다. 교사 양성 시스템도 바뀌어야 한다.

▶ **야스민 카파이**: 25년 전 사례를 말씀드리겠다. 25년 전인 1990년 고등학생들에게 교육용 수화게임을 개발하라는 과제를 내줬다. 수학이나 과학 등 기존 과목으로는 접목시키기가 굉장히 어려우므로 컴퓨팅 사고의 핵심을 익히게 하기 위해서는 게임 등 소프트웨어를 직접 개발하는 것이 가장 도움이 된다.

▶ **김현철**: 컴퓨터 공학과 다른 과목을 어떻게 조화시킬 것인가도 문제다. 단기적 해결 방법에는 어떤 것이 있는가?

▶ **제임스 거츠먼**: 다른 교육과정과 연계해서 작업할 수 있을 것이다.

▶ **야스민 카파이**: 우선 소프트웨어를 가르치는 것은 과목 자체도 새로운데 그 상황에서 전혀 새로운 교수법을 도입하는 것은 어렵다. 실제로 실습을 통해 가르치면서

통합 교육이 이뤄질 수 있도록 해야 할 것이다. 컴퓨터 공학의 핵심 내용인 알고리즘, 컴퓨터 구조 등을 어떻게 가르쳐야 하는지 교사들에게도 기본 개념부터 소개하는 것이 중요하다.

▶ 김현철: 사범대 교육과정을 바꾸고, 교사 육성 시스템을 만드는 것은 장기 과제가 될 것이다. 코드닷오알지도 소프트웨어를 가르치는 방법의 좋은 사례다. 사회의 변화 속도를 교육이 따라가지 못하는 문제는 어떻게 해결할 수 있는가?

▶ 제임스 거츠먼: 전통적인 교실에서는 학교에 와서 무엇을 배우든 교사가 문제를 내주고 학생이 푸는 형식으로 진행된다. 소프트웨어 교육은 실습과정까지 선생님이 살펴보는 것이 중요하다. 2인 1조가 이상적이다. 2인 1조로 실습할 경우, 서로 가르치면서 서로 배울 수 있고 소프트웨어 교육을 통해 협업하는 방법도 배울 수 있다.

▶ 야스민 카파이: 선생님들이 먼저 프로그램을 만들어보는 것이 중요하다. 학생들에게 과제를 내주기 전에 프로그래밍을 직접 해보면서 프로그래밍을 이해하고 어떤 부분이 어려운지 알아야 한다. 교사들에게 프로그래밍을 할 기회를 주는 것이 중요하다.

04 대학 수업의 혁신

전 세계에서 모집한 학생들을 대상으로 온라인 교육을 진행하고 있는 '미네르바 프로젝트'와 한국과학기술원(카이스트)에서 진행하고 있는 대안적 강의 방식에 대한 강연과 발표로 진행되었다. 소품종·대량 생산 중심의 산업화 사회가 다품종·소량 생산 위주의 정보화 사회로 바뀌면서 소비자 개인별 특성이 강조되는 시대가 되었다. 이에 따라 대학 교육도 기존의 관리자형 인재에서 창조자형 인재로 바뀌어야 한다고 입을 모았다.

켄 로스 미네르바 프로젝트 전무는 "인터넷 기술과 디지털 기기가 발달하면서 과거의 교육 환경에서는 할 수 없었던 많은 것을 이제는 자유롭게 할 수 있다. 온라인으로만 대학 교육이 이뤄지는 미네르바 프로젝트에서는 좀 더 친밀하고 집중적인 교수 환경을 만들어 학생 개인의 개별적인 학업 성취도를 실시간으로 파악할 수 있다"라고 강조하면서 수년 안에 서울에도 미네르바 프로젝트의 지역 거점이 될 오프라인 캠퍼스를 만들 예정이라고 했다.

이태억 카이스트 교수는 2012년부터 카이스트에서 펼쳐지고 있는 '에듀케이션 3.0'에 대해 설명했다. 강의의 절반을 온라인 수업으로 돌리면서 온라인에서는 교수가 강의의 핵심 내용을 학생들에게 전달하고, 강의실에서는 조별로 토론하는 방식으로 진행했더니 학습 효과가 더 높아졌다고 한다.

"앞으로 교수들에게는 콘텐츠 생산자로서의 역할이 더 중요해질 것이다. 강의실 안에서 반복적으로 이뤄지던 강의를 제거하면 교수들이 생산하는 교육 콘텐츠의 질이 높아지면서 훨씬 더 많은 콘텐츠를 만들 수 있다."

송해덕 중앙대 교수는 "그동안 온라인 교육에서는 교수가 일방적으로 강의하고 학생들은 컴퓨터 모니터로 보면서 받아 적는 모습이 일반적이었다. 이제 온라인 교육이 더 발전하기 위해서는 학습자들의 중도 포기를 막고 공부를 끝까지 마칠 수 있도록 학생 개개인에 대한 멘토링 서비스를 제공하는 게 가장 중요하다"라고 지적했다.

 | 강연 ① |
온라인 대학 교육, 미네르바 프로젝트의 목표
켄 로스(미네르바 프로젝트 아시아 담당 전무)

이번 강연에서는 미네르바 프로젝트가 꿈꾸는 목표, 그리고 앞으로 미국의 교육 모델이 어떻게 변할지에 대해 이야기할 것이다.

오늘날 젊은이들은 너무나도 급속하게 변하는 환경 속에서 살고 있다. 이들이 미래에 갖게 될 직업 중 대다수가 10년 전만 해도 존재하지 않았던 직업이다.

대학의 4년 학사과정에 대해 이야기해 보겠다. 앞으로 대학은 불확실한 미래 환경에서 성공할 수 있는 자질을 가르쳐야 한다. 그렇다면 이러한 교육기관은 어떤 모습을 갖춰야 할까? 지금 하나의 모형을 공유해 보겠다. 미국의 명문 대학 총장들이 한 자리에 모여서 이같은 주제에 대해 토론한 결과, 앞으로의 교육은 '상상력이 넘치는 교과목', '지금보다 훨씬 더 글로벌화가 된 교과과정'이 필요하다는 결론을 내렸다. 국제사회의 다양한 인재들을 위한 학교와 이를 위한 새로운 교수법 등의 부분에서 미네르바 프로젝트가 꿈꾸고 있는 것에 대해서도 말해보겠다.

현실적으로 대학을 졸업하자마자 리더의 자리에 오르는 것은 힘들다. 사실 20대 대학 졸업생이 한 기업을 이끈다는 것은 비현실적이다. 다만 앞으로의 교육은 그런 대학 졸업생이 10여 년 뒤에는 리더가 될 수 있는 자질을 기르는 데 초점을 맞춰야 한다. 리더십과 혁신이란 개념에 대한 이해와 포괄적인 사고 능력, 특정 분야에 대한 전문성이 필요하다. 이를 위해서는 비판적인 사고 능력을 기르고 조별학습을 통해 다른 사람들과 소통하면서 협상 능력을 키우는 것이 중요하다. 또한 다른 사람들의 주장에 대해 생각을 해보고 창의적인 아이디어를 내는 능력이 필요하다.

비판적인 사고 능력을 키우는 것은 단 하나로 정의될 수 있는 획일적인 과정이 아니다. 복합적인 요소들이 작용하며 비판적인 사고라고 따로 떼서 직접적으로 가르칠 수도 없다. 가르친다고 해서 배울 수 있는 것도 아니다.

미네르바 프로젝트에서 사용하는 모형은 우리 마음의 인지적인 습관이 저절로 그리고 반복적으로 작용할 수 있도록 패턴을 만드는 것이다. 다른 사람들의 주장에 대해 사실 관계와 개연성을 확인하는 능력을 키우는 것이 핵심이다. 이를 위한 기초 지식을 늘리는 것도 우리의 역할이다. 인터넷 기술과 디지털 기기가 발달하면서 과거의 교육 환경에서는 할 수 없었던 많은 것을 이제는 자유롭게 할 수 있다. 우리가 개발한 미네르바 프로젝트는 좀 더 친밀하고 집중적인 교수 환경을 만들면서 학생 개인의 개별적인 학업 성취도를 실시간으로 파악할 수 있는 시스템이다.

또한 미네르바 프로젝트는 글로벌 시민을 키워내는 것이 목표다. 다른 세계를 이해하기 위해서는 그곳에서 살아봐야 한다. 현재 우리는 미국 샌프란시스코, 독일 베를린, 아르헨티나 부에노스아이레스, 터키 이스탄불, 영국 런던 등에 거주하는 학생들에게 실시간으로 교육을 제공하고 있다. 수년 후에는 서울에도 오프라인 캠퍼스를 마련할 계획이다. 비용 절감을 위해 우리의 오프라인 캠퍼스는 기존에 있는 인프라를 최대한 활용할 것이다. 캠퍼스를 새로 짓는 대신 기존에 지어진 건물 등을 활용하는 방식이다. 이런 방식을 통해 등록금을 낮추고 자원을 훨씬 더 효율적으로 활용할 수 있다.

전 세계에서 학생들을 선발할 때 학생들의 능력에만 초점을 맞춰서 선발할 것이다. 미국의 여러 명문대도 이미 그렇게 하고 있다고 말할 수 있겠지만 꼭 그런 것만은 아니다. 우리는 학생의 성적, 탁월한 학업 성취도, 개인의 특성에만 초점을 맞춘 훨씬 더 공정하고 형평성이 높은 선발 방식을 갖고 있다. 2015년에 신입생을 모집할 때, 1만 1,000여 명의 지원자들이 전 세계에서 지원했다. 현재 미국 대학의 등록금은 연간 4만~5만 달러에 이르며 생활비까지 포함하면 훨씬 더 많은 비용을 대학 교육을 위해 부담해야 한다. 반면 미네르바 프로젝트의 등록금은 1만 달러 수준으로 훨씬 저렴하다.

켄 로스

하버드대학교 비즈니스 스쿨에서 MBA를 취득했다. 2012년 온라인 교육업체 인라이트에듀케이션을 창업했으며 교육, 친환경, 기술 분야의 스타트업을 대상으로 한 경영 컨설팅 업무에도 종사했다. 현재 미네르바 프로젝트의 아시아 담당 전무를 맡고 있다.

| 강연 ② |

카이스트 온라인 교육이 바꾼 학습 효과

이태억(카이스트 산업 및 시스템 공학과 교수)

오늘 이 자리에서 카이스트의 교육과 학습에서 이뤄지고 있는 변화에 대해 발표하겠다. 전통적인 강의는 굉장히 효율적인 정보 전달 방식이라고 볼 수 있지만 수동적이라는 문제점이 있다. 글로벌 컨설팅

이태억(오른쪽) "효과적인 강의에서 효과적인 학습으로 바뀌고 있다."

업체 맥킨지의 보고서부터 인터넷, SNS에서 유통되는 학생들의 반응에 이르기까지 강의식 수업은 비효율적이라는 메시지를 공통적으로 전달하고 있다. 카이스트 1학년 학생들을 대상으로 설문 조사를 한 결과, 가장 효율적인 학습 방식은 스스로 연습문제를 풀어보는 것이었다. 두 번째는 자습, 세 번째는 친구들과 논의하는 것으로 조사되었다. 교수들의 강의는 네 번째에 불과했다. 학습 효과 면에서 10%의 지지밖에 받지 못했다.

강의식 수업에 대한 대안은 무엇일까? 사실 정말 좋은 교육과 학습 방법은 액티브 러닝, 멘토링 등 이미 많이 나와 있다. 이것들의 공통점은 교수와 학생 간의 상호작용과 학생들의 참여에 초점이 맞춰져 있다. 상호작용과 참여가 교육 효과를 향상시키고 창의력을 발현할 수 있다는 연구 결과가 있다. 학생들의 인성교육 면에서도 이런 참여적 교육이 더 효과적이라는 연구 결과도 있다.

하지만 이런 대안적인 교육 방법들은 현실에서 널리 받아들여지지 못하고 있다. 왜 그런 것일까? 바로 강의에 익숙하기 때문이다. 이런 문제점을 해결하기 위한 방법은 간단한다. 가장 단순한 전략을 택하면 된다. 강의식 수업을 없애면 수업 시간을 충분히 확보할 수 있고 상호작용에 더 많은 시간을 투입할 수 있다. 이미 온라인 교육을 위한 인프라가 구축된 지 오래 되었으므로 강의는 온라인으로 보내버리자. 상호작용과 온라인 교육을 결합하면 에듀케이션 3.0의 수업이 가능하다.

기본적인 개념은 온라인 강의를 통해 교육시키고 오픈라인 수업에서는 실제 학습이 이뤄지게 하자. 단순히 교수의 이야기를 듣기만 하지 말고 학생들이 서로 토론하면서 문제를 풀도록 해도 된다. 실제로 강의를 하지 않고 서로 토론하게 했더니 시험 점수가 평균적으로 다른 과목과 비교해 10점가량 높았다. 프로그래밍 수업에서도 마찬가지였다. 프로그램 코딩을 동료들과 작업하게 하자 동시에 개설된 12개의 다른 수업과 비교해서 학습 효율이 3위 안에 들었다. 성적 개선만을 위한 수업은 아니었지만 어쨌든 성과가 좋았다. 영어와 과학적인 글쓰기 수업에서도 강의식 방법을 없앴다. 87명이 듣는 생산 관리수업에서는 조별 학습으로만 오프라인 강의를 진행했다.

2012년 3개의 시범수업을 시작으로 2014년에는 102개의 수업에 이러한 방식이 적용됐다. 장기적으로는 800개 수업에 적용할 것이다. 수업 만족도는 3.9점(5.0 만점), 수업 평가는 4.2점(5.0 만점) 그리고 강의 선호도에서는 64%, 강의 지속성 평가에서는 67%가 긍정적으로 답변했다. 만족도도 높았고 반응이 좋았다. 교수들도 학생들이 이해도가 높았다고 응답했다.

역발상 수업은 굉장히 지속 가능한 교수법이다. 초기에는 교수와 학생이 회의적이었으나 이후 개선됐다. 막상 시행해보니 성과도 좋았다. 하지만 아직 시작에 불과하다. 개선할 부분이 남아 있다. 학생들은 그냥 강의를 원하지 않는다. 좀 더 상호적인 이러닝 콘텐츠를 요구하고 있다. 교수도 마찬가지다. 이러한 수업 방식에서는 명확한 해답이 나오지 않으므로 왜 이것을 해야 하는지 이해를 시켜야 한다. 학생들도 스스로 확인해야 된다.

우리의 성과가 세계적인 과학 잡지 〈네이처〉와 경영 전문잡지 〈포브스〉에도 실렸다. 나도 이와 관련해 60차례 이상 강연을 했다. 하버드대학교 물리학과에서도 비슷한 연구를 해봤는데 강의를 없앴더니 더 나은 성과가 가능하다고 한다. 터키에는 100% 이상 이러한 역발상 수업을 하는 대학도 있다. 정리하자면, 강의를 수업시간에서 제거하는 것이 학습의 효율적인 면에서 굉장히 효과적이라고 할 수 있다.

이제 어디로 어떻게 나아가야 하는가? 영화와 음악은 90%까지 디지털화가 됐지만 강연은 디지털화가 된 비율이 4%에 불과하다. 이제 디지털화의 비중이 급속하게 확대될 것이다. 교육부가 강의의 온라인 디지털화에 대해 특별한 의미를 찾고 있으니 조만간에 비즈니스의 생태계도 바뀔 것이다.

코세라(온라인 공개강좌 플랫폼)은 계속해서 빠르게 진화하는 대학이다. 카이스트도 코세라에 참여하고 있다. 정말 반응이 좋다. 전 세계의 많은 학생이 보고 있으며 2,000명의 학생들이 이런 강의를 청강하고 있다. 정부도 코리안 무크를 발족시켰다. 지난 10월에 출범했는데 앞으로 더 많은 혁신이 있었으면 좋겠다. 역발상 교육과 무크는 서로 보완적이다.

그렇다면 강의의 미래는 어떤가? 점점 필요가 없어질 가능성이 큰 '교수'라는 직업 자체가 사라질지 모르겠다. 디지털화된 자료가 하나의 교재 역할을 할 것이다. 이미 많은 글로벌 출판사가 이런 방향으로 나아가고 있다.

미래는 효과적인 강의에서 효과적인 학습으로 바뀔 것이다. 앞으로 교수들은 수많은 콘텐츠 생산자가 될 것이며 온라인과 오프라인에서 이런 역할을 할 것이다. 강의를 빼면 훨씬 더 많은 콘텐츠가 생기고 콘텐츠의 질도 높아질 것이다.

이태억

서울대 산업공학과를 졸업하고 카이스트에서 석사 학위를, 미국 오하이오 주립대학교에서 산업공학과 시스템공학 박사학위를 받았다. 카이스트의 교육 혁신 프로그램인 '에듀케이션 3.0'을 총괄하고 있으며 2015년 한국 교육부가 주는 '이달의 과학자상'을 수상했다.

상호작용을 더한 온라인 교육이 필요하다

송해덕(중앙대학교 교육학과 교수)

대학 수업에 혁신이 필요하다는 말이 요즘 들어 많다. 왜 혁신이 필요하다고 하는가? 학령인구가 감소하고 있기 때문이다. 인구가 감소하다 보니 교육의 생산성과 힘이 더욱 중요해졌다.

사회의 변화에 따라 교육도 변해야 한다. 미래에 대해 여러 가지 이야기가 많지만 가장 큰 특징은 '알 수 없다'이다. 불확실하다는 말이다. 이런 미래에 대비하려면 결국 학습자들이 상황에 따라 유연하게 대처하는 능력이 가장 중요하다. 학습자들에게 요구되는 역량은 창의성, 비판적 사고, 협동성이다. 그리고 자기 스스로 성찰해나가는 능력이 가장 중요하다. 그러기 위해서는 교육에서 단순한 지식의 전달보다 높은 차원의 상호 교류가 중요해졌다.

과연 오늘날의 대학이 이에 적합한 교육을 하고 있는가? 앞의 강연에서 나왔지만 지금은 그렇지 못하고 있다. 19세기 강의실과 변한 것이 없다. 교수는 강의하고 학생은 듣고만 있다. 미네르바 프로젝트와 카이스트의 '에듀케이션 3.0'은 이런 현실에 대해 문제 제기를 하고 대안을 찾고 있는 중이다.

미네르바 프로젝트는 21세기형 인재를 키우기 위해 세계 각국의 학생들이 함께 공부를 하도록 만들기 위한 것이다. "공부할 때는 온라인 플랫폼을 이용하고 서로 상호작용하자는 것이다.

사실 그동안 온라인 교육은 많았다. 하지만 상호작용이 거의 없었다. 온라인에서도 교수가 일방적으로 강의하고 학생은 듣고만 있었다. 미네르바 프로젝트 같은 경우에는 교수가 학생 한 명, 한 명과 라이브 카메라를 통해 상호작용을 한다. "그 부분에 대해 더 자세히 듣고 싶다", "어떻게 되는지 궁금하다" 등의 의사 교환이 가능하다.

카이스트에서는 교수가 주도해서 사전에 강의를 녹화하고 온라인에서 퀴즈를 낸다. 온라인에서 충분히 1시간 반 동안 교육한다. 나머지 1시간 반은 핵심적인 아이디어에 대해 공부한다. 수업도 토론 위주로 진행된다. 대학 강의실에서 강의를 없애자는 것이 카이스트 교육의 핵심이다. 강의를 학생 중심으로 바꾸고 상호작용이 있도록 하는 것이다.

교수 입장에서는 지식 전달을 넘어 학생 중심적인 수업으로 강의를 재구성해야 한다. 학생이 지식을 구성하고 창조하는 형태로 유도한다. 학생들 간의 상호작용과 협동하면서 창조하는 것이 가장 중요하다. 학습자 측면에서는 우리가 도대체 기르고자 하는 학습자가 누군지, 가르치려는 역량을 무엇으로 볼 것인지가 중요하다. 지금까지 학습자에게 가르쳤던 건 흔히 이야기하는 '하드 스킬(Hard Skill)' 이라고 할 수 있다. 역사학과 물리학 같은 분야다. 앞으로 미래 사회에서는 '소프트 스킬(Soft Skill)'이 강조될 것이다. 협동적으로 다른 이들과 함께 사고하는 기술을 말한다. 켄 로스 전무가 미네르바 프로젝트를 이야기하면서 21세기 학습자에게 요구되는 것이라고 강조한 내용이다.

이미 미국에서는 우리가 따라가지 못할 정도로 학습 자료가 디지털로 되어 있다. 실시간으로 온라인을 통해 교육 자료가 제공된다. 테드(TED)와 무크도 있고 그 외에도 다양한 루트가 있다. 다만 무크가 세계 명문 대학의 유명 교수 강의를 들을 수 있어 확산되고 있지만 높은 중도 탈락률이라는 문제가 크다. 처음 시작하는 수천 명 중 겨우 1, 2명만 수료한다. 이런 수준으로는 안 된다. 학습자들이 공부를 끝낼 수 있도록 멘토링 서비스를 하는 것이 중요하다. 자료는 주위에 많지만 그것을 내 것으로 하는 어려움이 있다. 온라인 학습을 통해 교육이 가능하므로 멘토링 서비스 등 기술적 지원이 더 강화가 되어야 한다.

이제 대학의 강의실은 캠퍼스 안에서만 한정되지 않는다. 외부하고도 밀접하게 연결되어 있다. 앞으로 대학 수업이 혁신할 것인데 그렇다면 강의실은 어떻게 정의할 것인지에 대한 고민도 필요하다.

| 토론 ② |

수업의 근본 모델을 바꿔야 한다
래리 쿠퍼먼(미국 UC어바인 오픈에듀케이션 부학장)

앞의 강연을 들으면서 대학생들을 대상으로 UC어바인에서 진행했던 경연대회가 생각난다. 다양한 학과의 여러 학생이 참여했었다. 경연대회의 과제는 '최대한 에너지 효율을 강화한 집을 짓는 것'이었다. 참가자들은 어떻게 빨래를 하면 물과 에너지를 줄일 수 있는지,

음식을 조리할 때는 어떻게 에너지를 써야 하는지에 대해 고민했다. 결과물을 보면서 미래의 집이 어떻게 지어질 것인지 예측하는 시간이었다. 한편으로는 고등교육의 미래를 엿볼 수 있는 시간이었다. 하지만 한걸음 뒤로 물러나 보면, 카이스트나 미네르바 프로젝트는 엘리트 학생들을 대상으로 한 교육이라는 특성이 있다.

사실 교육은 사회적 계층 이동의 수단이 되어야 하는데 많은 개발도상국에서는 과거보다 교육을 통한 사회적 이동이 줄어들고 있다. 이를 보완할 방법을 찾아야 한다. 무크는 소득 최하위의 학생들에게 상호작용성이 높은 수업을 제공하는 수단으로써의 가능성이 있다. 이러한 과정을 통해 고등교육과정이 국가에 어떤 영향을 미치는가를 봐야 된다.

미국은 영국보다 계층 간 이동성이 좋지 않다. 이런 상황에서 교육계의 혁신을 일반인들에게 어떻게 전달할지가 중요하며 교육이 어떻게 민주주의에 기여할 수 있을 것인가를 고민해야 한다.

교수 없이 동료끼리 상호작용하면 학습 결과가 더 우수하게 나온다는 연구가 있다. 앞으로 이런 상황을 더욱 최적화할 필요가 있다고 생각한다. 교수들은 지금보다 훨씬 더 고민하고 연구해야 하며 학생 400명이 한 공간에 앉아서 그저 강의를 듣는 것은 지양해야 한다. 이제 수업의 근본 모델을 바꿔야 한다. 학습 결과의 70%는 학생이 스스로 공부하면서 달성되고 10%만이 강의를 통해 이뤄진다는 것을 잊지 말라.

05 평생학습을 책임지는 대학

기영화 국가평생교육진흥원 원장은 "온라인으로 평생학습이 가능한 시대에 대학의 역할은 무엇인가"라는 화두를 던졌다. 평생교육에서 온라인 공개 수업인 무크나 OER(교육 자료 공개, Open Education Resources)의 활용도가 커지면서 앞으로 대학이 사라질 수 있다는 위기감이 반영된 질문이다.

비비언 존스 영국 리즈대 교학부총장은 "학생들의 지적 호기심을 발현시켜 주는 대학의 핵심 본질은 바뀌지 않을 것이다. 교육의 핵심은 결국 인간이다. 온라인 교육은 대면 교육을 보완하는 역할을 할 뿐 완전히 대체할 수는 없다"라고 역설했다. 다만 "기술 변화에 맞춰 교육도 유연하게 변해야 한다. 지역사회와 연계한 강좌 프로그램이나 글로벌 파트너십을 통한 온라인 강좌를 늘려야 한다"라고 강조했다.

메러디 행콕 미국 뉴욕주립대 엠파이어스테이트칼리지 총장은 "대학의 평생교육은 현대 사회에 걸맞은 창의적인 커리큘럼을 제공

왼쪽부터 기영화 원장, 메러디 행콕 총장, 비비언 존스 교학부총장, 왕리빙 전문위원.

해야 한다. 학생들에게 필요하면 수업료 이상의 교수 자원을 전국에서 모아 가르치는 개방형 교육이 필요하다"라고 했으며, 왕리빙 유네스코 방콕사무소 전문위원은 "다양한 기술을 활용한 온라인 교육이 더욱 강화되어야 하므로 이를 위해서는 대학이 말뿐이 아니라 실제로 투자를 늘리는 게 중요하다"라고 강조했다.

기영화 원장은 "대학에는 고유의 역할이 있다. 한국형 무크는 대학 수준의 고등교육을 접근할 수 있는 다른 경로일 뿐"이라며 우려를 일축했다. 그러면서 온라인 공개강좌가 교육 기회가 부족한 소외계층에게 양질의 교육을 제공할 수 있는 대안이 되고 있다고 강조했다.

평생교육에 개방형 교육이 필요한 이유

메러디 행콕(뉴욕주립대학교 엠파이어스테이트칼리지 총장)

미국은 생산 중심의 시장에서 지식 기반 시장으로 변한 지 오래다. 그래서 평생교육의 일환으로 재교육에 대한 수요가 늘고 있다. 현재 증가하는 일자리 역시 지식 기반이 대부분이다.

뉴욕에는 2,000만 명이 살고 있다. 성인 중 550만 명이 고등학교만 졸업했다. 17%는 대학을 중도에 그만 둔 사람들이며 45%만이 대학 학위를 갖고 있다.

엠파이어스테이트칼리지의 평생교육은 기존의 대학교 교육을 받지 않은 학생들에게도 열려 있다. 전문성과 접근성을 높이기 위해 다양한 학습과정을 개설했다. 실험적 교육, 학생 중심주의 교육을 추구한다. 평생교육은 자신의 능력을 개발하고 사회적 형평성을 높이는 데에 기여한다.

우리는 혁신과 전통이 균형 잡기를 바라는 마음으로 평생교육을 시작했다. 30~40%가 전통적 수업 방식이고 나머지는 새로운 형태로 운영된다. 교실 중심의 학교가 아니기 때문에 교실 규모가 작고 인원도 적다. 학위를 위한 교육도 하지만 학생들의 직업적 성공을 위한 상담도 진행하고 있으며 교직원이 멘토를 맡고 있다. 평생교육에서는 학생들이 배우려는 자세를 오랫동안 유지하는 것이 중요하다.

현대 사회에 걸맞은 창의적인 커리큘럼을 만들어야 한다. 미국 전역에서 교수 자원을 모아 가르치는 '개방형 교육'을 실시하고 있다. 맞춤형 교육을 통해 학생들의 역량을 강화하기 위해서다. 학생들이 원하면 수업료 이상의 교수 자원을 모아 학생들에게 제공하고 있다.

지역사회와의 소통도 중요하다. 그래야 지역사회 연구나 향후 취업에 유리하기 때문이다. 학생들은 한 학기 정도 교환학생을 하는데 온라인 강의를 통해 해외에서 다양한 문화를 경험할 수도 있다.

군인들이 복무를 마치고 와서 평생교육을 받는 경우도 있다. 뉴욕에서 교육, 마케팅, 도서관 등 다양한 분야에 걸쳐 구직의 기회를 얻고 있다. 뉴욕 역시 이를 통해 인력 부족의 문제를 해소할 수 있게 된다.

현재 7만 5,000명의 동문이 있다. 43%의 졸업생들이 연봉 5만 달러 이상을 받고 있다. 엠파이어스테이트칼리지 학생 융자 부도율은 전국 대학교 수준의 절반 정도다. 많은 학생이 졸업 후에 구직에 성공했다는 것을 의미한다. 뉴욕주립대 중에서 학생 만족도 1위를 차지했다.

메러디 행콕

2013년부터 미국 뉴욕주립대학교 엠파이어스테이트칼리지 총장을 맡고 있다. 이전에는 센트럴 미시간대학교 글로벌 캠퍼스의 부총장을 지냈다. 미국 버지니아주 노퍽에 있는 올드도미니언대학교에서 도시교육행정학 박사를 받았다.

평생학습자들에게 무엇을 제공할 것인가
비비언 존스(영국 리즈대학교 교학부총장)

리즈대학교는 연구 중심의 대학이다. 3만 1,000명이 재학 중이고 신입생 대부분이 18세의 어린 학생이다. 평생교육도 연구 중심 교육의 맥락에서 성인들에게 평생학습을 제공하고자 노력 중이다.

평생교육의 핵심은 개연성, 유연성, 공동체 관련성이다. 일단 '개연성'이 확보돼야 한다. 우리가 제공하는 교육이 성인 학습자의 필요를 충족시켜야 한다는 의미다. 복잡한 필요를 충족시키려면 '유연성'이 제고되어야 한다. 교육 전달 방식과 시간이 유연해야 하기 때문이다. '공동체 관련성'의 관점에서 보면, 평생학습자들은 어린 학생과 마찬가지로 현대 사회를 살아가면서 꼭 대응해야 하는 문제들을 배워야 한다. 직업 능력을 향상시키기 위한 방법이나 일하고 있던 분야에서 새로운 접근법을 배우고 싶을 수 있다. 또한 진정한 의미의 평생학습자가 될 수 있도록 지식과 문화를 소개할 필요가 있다. 이런 관점에서 리즈대학교는 평생학습자들에게 가르쳐야 할 글로벌 문제들로 식량, 수자원, 도시, 문화, 고급 엔지니어링, 의료 등을 설정했다.

학습자들의 다양한 필요를 충족시키기 위해서는 어떤 교육을 얼마나 신속하게, 어떤 접근법으로 제공할지를 상당히 유연하게 고민해야 한다. 전문적인 학제 간의 연구 중심 대학으로 어떤 교육을 제공할지가 '무엇'에 해당한다.

평생학습자들은 자신이 쌓아온 경험의 가치를 잘 모르는 경우가 있다. 이들 경험에 가치와 자신감을 불어넣는 게 필요하다. 또한 원격 기술을 이용해 언제, 어디서든지 교육을 받을 수 있게 하는 것도 중요하다. 특히 글로벌 개발과 윤리의식 등 국제적인 협력이 필요한 과목은 온라인 네트워크를 이용하는 것이 효율적이다. 아울러 지역 사회의 참여를 이끌어내는 강좌 프로그램을 만들어야 한다. 이는 향후 지역 주민들의 평생교육 진학률을 높이는 데도 효과적이다.

 비비언 존스

2006년부터 영국 리즈대학교 교학부총장을 맡고 있다. 2010~2014년 영국의 연구역량평가(Research Excellence Framework)에서 영어 부문 패널을 지냈다. 옥스포드 대학교에서 영어영문학 학사 및 박사 학위를 받았다.

 | 강연 ③ |

기술 변화에 맞춰 투자를 계속해야 한다
왕리빙(유네스코 방콕사무소 선임고등교육프로그램 전문위원)

현대 사회는 끊임없는 기술 변화로 평생학습을 요구하고 있다. 1960 년대 유럽에서 평생교육이란 개념이 나오기 시작했다. 《평생학습》이 출간되면서, 학습자 관점을 우선순위에 두고 '평생교육'을 '평생학습'의 개념으로 전환하는 계기가 됐다. 그동안 학계에서만 평생학습에 대한 연구가 진행됐으나 최근 정부 차원에서도 이 문제를 다루게 됐다.

한국 정부도 2007년 평생학습 관련 법령이 도입됐다. 한국은 우수한 기준을 만들어 커리큘럼을 개발해 제공하고 있다. 커리큘럼 개발의 원리는 다양화와 다각화다. 대면 방식의 교실 수업 대신 기술을 활용한 온라인 개방 학습, 혼합형 학습이 늘어나고 있다. 하지만 아직까지 아시아의 정부나 대학들은 온라인 강좌를 그렇게 신뢰하지 못하는 것 같다.

이제 유네스코가 나설 차례다. 평생학습은 교육기관에서도 이뤄지지만 집이나 직장에서도 가능하다. 학습의 수혜자는 더 이상 학령기에 있는 사람만이 아니다. 성인 학습자의 수요와 요구에 부합해야한다.

평생학습을 교육 시스템의 일부로 포함시켜야 한다. 현재 고등교육에서의 평생학습은 대학 안으로 들어가 버렸다. 하지만 평생학습은 입학과 졸업 시점이 매우 유연해야 하므로 다양한 기술을 활용하는 온라인 교육 방식이 적극 활용되어야 한다. 온라인 공개 수업(MOOC), 교육 자료 공개(OER)가 대표적이다.

대학 교육에는 학부, 대학원 그리고 전문적인 지속 교육 등 3가지 기둥이 있다. 학부 교육은 각 과목별로 품질 수준을 맞춰 일관성을 확보해야 한다. 교양과 전공과정의 조화도 중요하며 학교 교육이 기술을 더 많이 활용하도록 촉구해야 한다. 호주는 70%의 과목이 온라인으로 제공되고 있으며 30%만 교실에서 대면으로 이뤄지고 있다.

한국 정부는 공동의 온라인 플랫폼을 만드는 데 더 많은 투자를 하길 바란다.

대학원 과정 역시 어느 정도 품질 수준을 맞춰야 한다. 서울대는 독자적인 프로그램을 운영하고 있다. 여기서 좀 더 투자해서 지방 대학들이 공통으로 할 수 있는 교육 프로그램을 만들어야 한다. 대학원 과정은 학부보다는 시장, 직업, 전공 중심으로 가야 한다. 그러므로 품질 관리가 더욱 중요하다.

마지막으로 지속 교육은 성인 학습자를 위한 것이다. 인구의 노령화가 되면서 젊은 학생들은 줄고 있는 반면, 나이 든 학생들은 늘어나고 있다. 그러므로 대학의 기둥이 균형 있게 개발되어야 한다. 국가별로 의무 교육이 끝난 이후에 진행되는 평생교육 체계와 기준을 만드는 것이 중요하다. 여기에는 온라인과 오프라인 수업도 평생학습에 포함될 수 있다. 고등교육기관은 발생하는 이익을 통해 개방형 자원을 더 많이 활용할 필요가 있다.

사회의 새로운 요구에 부응할 수 있도록 교사들은 전문성을 키워야 한다. 그래서 교수들이 가르치는 방식을 개선할 수 있는 프로그램을 제공할 필요가 있다.

 왕리빙

2012년부터 유네스코 방콕사무소에서 선임고등교육프로그램 스페셜리스트로 일하고 있다. 이전에는 중국 저장대학 교육대에서 교수를 맡았다. 중국 항주대학교에서 비교교육학 박사 학위를 받았다.

06 영국 대학의 산학 협력

이번 강연에서는 성공적인 산학협력 사례를 보여주고 있는 영국의 대학 관계자들이 각 대학의 노하우를 발표했다. 스완지대학교는 에어버스, 롤스로이스 등 다국적 기업과 과학 혁신 캠퍼스를 함께 이용하고 있다. 의과대학 연구센터에는 다양한 기업이 입주해 연구를 공동으로 진행 중이다. 2009년부터 4년간 58개의 연구 개발(R&D) 프로젝트를 수행했으며 300개의 일자리를 창출했다. 또한 17개의 신생기업이 창업했고 198개의 신상품이 나왔다.

리처드 데이비스 총장은 "에어버스의 공기 역학 시스템은 스완지대학교에서 개발한 기술을 사용했고, 초음속 자동차를 개발하는 프로젝트에도 우리 공과대학 연구팀이 참여하고 있다. 1시간에 1,000마일(약 1,610킬로미터)을 가는 자동차를 개발 중인데, 성공한다면 총알보다 빠른 자동차가 나오는 것이다. 이처럼 대학은 기업과의 전략적 교류를 통해 새로운 부를 창출하는 '엔진'이 되어야 한다"라고 말했다.

리버풀대학교는 유니레버, 포드, 화이자 등 다국적 기업과 산학 협력관계를 맺고 있다. 비누, 세제 등을 생산하는 유니레버는 세계에서 세 번째로 큰 생활용품업체다. 다이나 버치 연구부총장은 "유니레버와의 오랜 협력을 바탕으로 대학교 내에 6,000만 파운드(약 1,050억 원) 규모의 '소재 혁신 공장'을 설립했다. 이곳에서 첨단 소재 부문 연구를 함께 진행 중이다. 연구소에서는 합성 로봇공학, 엔지니어링 등 다각적인 연구가 이뤄지고 있어 유니레버뿐만 아니라 다른 기업에도 큰 혜택을 가져다줄 것이다"라고 강조했다. 리버풀대학교는 비싼 장비를 살 수 없는 중소기업에 연구 장비와 시설도 제공하고 있다.

롤스로이스 등과 연구소를 공동으로 운영 중인 노팅엄대학교의 하이수이 유 대외부총장은 "산학 협력을 통해 학생들이 얻는 것은 무궁무진하다. 학생들은 직장을 얻을 수 있고 기업은 대학의 연구 결과를 상업적으로 활용할 수 있으니 서로 윈윈(win-win)이다. 그래서 노팅엄대학교는 기업과 함께 교과과정을 짜고 인턴십 기회도 제공한다"라고 강조했다.

이어 산학 협력의 어려움과 극복 방안에 대한 설명도 이어졌다. 다이나 버치 연구부총장은 "학계와 산업계는 기본적으로 우선순위가 달라 서로 협력하는 게 말처럼 쉽지 않다. 학교의 주력 산업을 바탕으로 업계와 지속적인 교류를 이어나가야 서로의 문화를 이해할 수 있다"라고 조언했다.

대학과 기업, 어떻게 연계할 것인가

리처드 데이비스(영국 스완지대학교 총장)

대학과 기업의 연계성에 대해 발표하고자 한다. 한국 정부는 물론 영국 정부에도 중요한 주제다. 그동안 여러 활동을 지원하는 데 많은 펀딩이 있었지만 총체적이지는 않았다. 그래서 최근에는 전략적인 방법을 사용하고 있다. 소위 얘기하는 앵커 회사(Anchor Company)를 유치해서 '하이테크 클러스터'를 만들고 과학단지에서 고용을 창출하는 방법이다. 기업과의 전략적 제휴를 통해 대학들이 경제를 발전시키는 원동력이 되는 것이다. 과거 대학이 기술 있는 학생을 배출만 하면 된다고 생각했다면, 이제는 기업과 같이 일해서 부(富)를 창출하는 지식 경제의 일부가 됐다. 대학과 기업 간의 순환적 관계가 성립되는 것이다.

우리 대학이 그동안 진행한 성과에 대해 간단히 소개하겠다. 스완지대학교 의대 연구센터에는 기업 연구소가 같이 입주해 있어 공동으로 연구 개발을 하고 창업도 지원하고 있다. 4년 동안 함께 일한 결과, 공동 R&D 프로젝트가 58개, 일자리 300개, 창업 17건, 신상품 198개가 탄생했다. 최근에는 4억 5,000만 파운드(약 8,200억 원)를 들여 과학 혁신 캠퍼스(Science and Innovation Campus)를 열었다. 롤스로이스, 에어버스 등 많은 기업과 시설을 공유하며 함께 연구하고 있다. 에어버스 비행기 안의 공기 역학 시스템은 스완지대학

리처드 데이비스 "대학과 기업 간에 순환 관계를 만들어야 한다."

교가 개발한 소프트웨어다. '초음속 자동차 개발 프로젝트'에도 스
완지대학교 연구팀이 참여하고 있다. 1시간에 1000마일까지 속도
를 낼 수 있는 지구상에서 가장 빠르고 총알보다도 빠른 자동차가
될 것이다.

🧑 리처드 데이비스

영국 케임브리지대학교에서 엔지니어링을 전공하고 동 대학원에서 석사학위를, 영국
브리스톨대학교에서 지리학과 통계학으로 박사학위를 받았다. 영국 랭카스터대학교
공과대학장, 스완지대학교 부총장을 거쳐 현재 스완지대학교 총장으로 있다.

| 강연 ② |

산학 협력으로 지역과 하나 되다

비비언 존슨(영국 리즈대학교 교학부총장)

'UniverCity(University+City)'라는 용어를 알아두면 좋겠다. 대학과 지역사회와의 관계를 잘 정리했다고 생각한다. 리즈대학교가 어떻게 산학 협력을 추진 중이고, 이것이 어떻게 지역 경제에 기여하는지를 소개하겠다.

취업 현장에 있는 고용주들은 "대학을 졸업한 학생들이 취업 준비가 되어 있지 않다"라는 이야기를 많이 한다. 기술이 있으면서 동시에 문제 해결 능력, 지적인 자신감을 가진 사람을 고용주는 원한다. 예상치 않은 문제가 발생했을 때 이를 해결할 수 있는 소프트한 능력을 중시하는 것이다. 연구 중심의 교육이 중요하다고 생각했기 때문이다. 리즈대학교의 산합 협력 프로그램에는 대형 다국적 기업들이 참여한다. 제약업체, 에너지 회사 등이 있다.

영국의 대형 유통업체 막스 앤 스펜서와 우리 대학은 협력하기에 매우 좋은 조건을 갖고 있었다. 막스 앤 스펜서는 영국의 대형 유통업체다. 영국 리즈에서 사업을 처음으로 시작했는데 다시 리즈로 돌아와 우리 대학교 안에 막스 앤 스펜서 아카이브를 세우고 이곳을 기반으로 산학 협력을 확대했다. 식품 개발을 위한 공동 연구를 주로 하고 있는데 막스 앤 스펜서가 지속 가능한 경영에 관심이 많아 환경 분야에서도 공동 협력사업을 추진 중이다.

비비언 존스 "산학 협력을 통해 학생들은 기업가 정신을 배운다."

이외에도 다양한 기업의 글로벌화가 가능했던 것은 그 출발점이 지역사회였기 때문이다. 지역 경제에 대한 책임감을 느끼면서 창업을 장려하는 것이 얼마나 중요한지도 연구 중이다. 골드만삭스는 옥스퍼드대학교 사이드경영대학원과 손잡고 지역 사회에 소프트웨어를 가르치는 프로그램을 개발했다. 275개 기업이 참여했으며 이 과정에서 학생들은 창업의 의미를 배웠다. 음악을 전공하는 사람도 창업을 준비할 수 있고, 미술을 공부하던 친구도 기업가 정신을 배울 수 있다. 창의적인 공부를 하는 사람일수록 이런 교육이 중요하다.

산학 협력 관계를 추진하면서 혁신을 도모하고 창업을 돕고 있다. 리즈대학교가 하나의 축이 되어 지역의 경제, 사회, 문화적 발전을 이끌고 있다. 이렇게 지역 정체성을 형성하고 있는 것이다.

비비언 존스

영국 옥스퍼드대학교에서 영문학을 전공하고 동 대학원에서 철학 박사학위를 받았다.
영국 리즈대학교 영문과 교수를 거쳐 현재 리즈대학교 교학부총장을 맡고 있다.

 | 강연 ③ |
박물관을 통한 산학 협력의 시너지 효과
마틴 할리웰(영국 레스터대학교 국제교류처장)

박물관학에 대해 말씀드리려고 한다. 이 분야에 있어 대학과 기업,
정부는 함께 일하면서 시너지를 낼 필요가 있다. 단순히 지식을 전달
하는 게 아니라 기술을 익히고 적용할 수 있는 인재를 육성해야 한
다. 예를 들어 박물관의 큐레이션, 관람객과의 관계, 21세기 박물관
의 정체성까지도 살펴봐야 한다.

레스터대학교 학생의 3분의 1은 80개국에서 온 유학생이다. 1966
년에 박물관학과정을 설립했다. 그래서 박물관학에 있어서는 세계
최고라고 자부한다. 졸업생들은 프랑스 루브르박물관, 영국 대영박
물관 등에서 일하는데 박물관뿐만 아니라 정부와도 같이 일하고 있
다. 박물관은 과거 보존뿐만 아니라 과거의 교훈을 미래 세대에게 전
달하는 역할까지 한다. 사회적 목표를 갖고 다양한 사람을 포용할 수
있게 만들어 준다.

마틴 할리웰 "단순히 지식을 전달하는 시대는 끝났다."

통계를 보면 레스터대학교 학생의 22%가 동아시아에서 왔다. 홍콩대학의 평생교육기관인 HKU SPACE와 파트너십을 맺고 박물관 전문가를 육성하면서 홍콩 전역 19개의 박물관에 참여하고 있다. 한국과도 이러한 프로그램을 운영하고 싶다.

박물관학 연계 과정을 통해 한국 졸업생들과도 관계를 유지하고 있다. 최근 졸업생을 만나기 위해 국립중앙박물관을 방문했다. 전시물도 좋았지만 공간 안과 밖 모두가 아름다웠다. 균형의 탁월성을 보여주는 디자인이었다. 서울은 유형 문화와 무형 문화가 아름답게 조화된 곳이다. 이런 문화를 바탕으로 한국 대학들과의 협력 관계를 확대하고 싶은 바람이다.

마틴 할리웰

영국 엑세터대학교에서 영문학을 전공하고 동 대학원에서 비평 이론으로 석사학위, 영국 노팅엄대학교에서 북미 연구로 박사학위를 받았다. 현재 영국 레스터대학교 국제교류처장을 맡고 있다.

 |강연 ④|
산학 협력의 어려움을 극복하는 노하우
다이나 버치(영국 리버풀대학교 연구부총장)

리버풀대학교는 1881년 리버풀 상인들에 의해 설립됐다. 당시 상인들은 자신들이 번 돈으로 교육을 발전시켜야 한다는 책임감이 있었다. 리버풀대학교가 산업 중심적인 시각을 가질 수 있었던 배경이기도 하다. 지금은 유니레버, 포드, 롤스로이스, 화이자 등 다양한 업종의 기업과 협력하고 있으며 산학 협력을 통해 수익도 창출하고 있다.

유니레버는 식품, 개인 생활용품 등을 생산하는 기업으로 16만 2,000명을 고용하고 있으며 세계에서 세 번째로 큰 소비재 생산업체다. 리버풀 지역에 거점을 두고 있어서 오랜 협력 관계를 유지하고 있다. 산학 협력에 있어서 중요한 것이 대학과 기업 간에 신뢰를 쌓는 일인데 신뢰는 하루아침에 형성되지 않는다. 오랜 기간 함께 작업

다이나 버치 "산학 협력은 결코 단순하지 않으므로 다양한 노력이 필요하다."

하며 서로를 이해하는 과정이 필요하다.

6,000만 파운드를 들여 '소재 혁신 공장(Material Innovation Factory)'을 최근에 설립했다. 정부, 리버풀대학교, 유니레버가 공동으로 참여했다. 연구자들은 기업인들과 함께 첨단 소재에 대한 연구를 하고 있다. 전산학, 소프트웨어, 합성 로봇공학, 엔지니어링 등 다각적인 연구가 이뤄지고 있다. 첨단 소재를 개발할 경우 유니레버뿐만 아니라 기업 전반에 큰 혜택을 가져다줄 것으로 예상된다.

산학 협력이 말처럼 쉽지 않다. 그래서 산학 협력의 어려움을 극복하기 위한 노력이 필요하다. 첫째, 다양한 문화가 통합되어야 한다. 학계와 업계는 추구하는 가치와 우선순위가 너무나 다르다. 유니레버의 사례에서 보듯이 업계와 지속적으로 오랜 관계를 유지하는 것과 서로의 이해관계를 인정하고 공동의 목표를 설정하려는 노력이 중요하다.

둘째, 유연성이다. 프로젝트를 오래 끌고 나가기 위해서는 유연한 자세가 필요하다. 산학 협력을 위해 만든 기관이나 시설도 지속적으로 진화 및 발전시켜야 한다. 그래야 그때그때 업계가 필요로 하는 결과물을 내놓을 수 있고 지속적인 발전도 가능하다.

셋째, 프로젝트를 관리하는 '경영 능력'도 중요하다. 산학 협력은 결국 학문적, 상업적, 산업적 에너지가 융합되는 프로젝트이기 때문이다.

 다이나 버치

영국 옥스퍼드대 세인트허그스칼리지에서 영문학을 전공하고 동 대학원에서 영문학 박사학위를 받았다. 리버풀대학교 영문과 교수, 영문과 학과장을 거쳐 연구부총장으로 있다.

 |강연 ⑤|
산학 협력의 대표 모델을 지향하다
하이수이 유(영국 노팅엄대학교 대외부총장)

대학은 산학 협력을 통해 기업 연계로 학생들이 직업을 찾을 수 있고 기초 연구가 상업적으로 사용될 기회를 얻을 수 있으며 정부 지원 중심으로 돌아가다가 기업의 협력을 통해 자체적으로 재원을 조달할

하이수이 유 "산학 협력은 대학과 기업, 모두에 많은 기회를 만든다."

수 있게 되는 등 이점이 굉장히 많다. 기업 입장에서도 대학과의 협력을 통해 다양한 인재를 만날 수 있고 대학 발전 기여 등 사회적인 의미까지 얻을 수 있다.

현실적으로 대학과 기업이 파트너십을 구축하고 기술을 이전하는 과정이 쉽지 않다. 그래서 노팅엄대학교는 교육 단계에서부터 기업들과 협업한다. 커리큘럼을 짤 때부터 함께 논의하고 기업과 연계해 1년의 인턴십 기회를 학생들에게 제공한다. 여러 협력 모델 중 대표적인 것을 소개하고자 한다.

첫 번째, 연구를 함께 하는 것이다. 롤스로이스는 전 세계에 30개 정도의 연구 센터를 가지고 있는데 그 중 2곳이 우리 대학에 있다. 엔지니어링과 트랜스미션 분야다.

우리는 제조업 기술 센터 MTC(Manufacturing Technology Center)를 운

영하고 있는데 롤스로이스, 에어버스 등의 기업과 시설을 공유하고 있다.

두 번째, 트레이닝과 리서치다. 우리 대학은 우리가 가진 기초 과학의 연구기술을 공유하는 동시에 중국항공공업진단공사(AVIC) 직원들을 훈련시키는 역할도 맡고 있다.

세 번째, 세계 대학과의 교류다. 말레이시아와 중국에 국제 캠퍼스를 운영 중이며 중국에 제1호 해외 연계 대학인 UNNC(University of Nottingham Ningbo China)를 세웠다. 학생들을 가르치는 것 외에도 세계의 대학과 연구 지식을 교류하는 과정은 글로벌 파트너와 일하는 데 있어서 굉장히 중요한 기능이다.

 하이수이 유

영국 런던대학교에서 이학 석사학위를, 호주 뉴캐슬대학교에서 이학 박사학위를, 영국 옥스퍼드대학교에서 철학 박사학위를 받았다. 영국 노팅엄대학교 토목공학과 학과장을 거쳐 공대 학장을 역임했다. 현재 노팅엄대학교 대외부총장으로 있다.

| 강연 ⑥ |

지역 인프라를 활용한 산학 협력 모델

아담 휠러(영국 사우샘프턴대학교 부총장)

사우샘프턴은 영국의 주요 항구이자 세계로 나가는 관문이다. 그래

아담 휠러 "지역의 인프라를 활용한 산학 협력도 유용하다."

서 지역이 갖고 있는 인프라와 강점을 기반으로 산학 협력을 이어나
가고 있다.

사우샘프턴대학교의 산학 협력은 조선업에 특화된 특징이 있다.
영국 로이즈 선급협회(Lloyds Register)와 지속적인 협력관계를 맺고 있
다. 로이즈 선급협회와 사우샘프턴대학교는 함께 혁신 캠퍼스를 설
립해서 엔지니어링, 해양, 해운 등의 연구 능력을 기업들에 접목시키
고 있다. 중소기업을 지원하고 창업 교육을 담당하고 있는데 10년 동
안 1,000개의 협력사를 위해 10억 파운드를 조달했다. 1972년부터
50여 개의 스핀 아웃(spin out) 회사(기업의 일부 사업부 또는 신규 사업이 분
리하여 세워진 회사)를 설립했고, 그 중 4개는 상장까지 했다. 산학 협력
을 통해 총 1억 파운드의 부가가치를 창출하고 지역사회에 500개의
일자리를 만들었다.

로이즈 선급협회와의 협력 활동은 환경, 해양 분야에 특화된 사우샘프턴대학교의 강점을 활용한 것이다. 로이즈 선급협회와는 40년간 협력관계를 다져왔다. 로이즈 선급협회는 런던에 있는 본사를 이전하려고 하는데 사우샘프턴이 유력한 후보지다. 그만큼 파트너십이 단단하며 또한 영국 해양의 중심지인 만큼 클러스터 내에서 활발한 상호작용을 할 수 있기 때문이다. 이외에도 다양한 산업 컨설팅도 진행 중이며 대표적으로 소형 선박에 대한 컨설팅을 하고 있다.

아담 휠러

영국 이스트앵글리아대학교에서 수학을 전공하고 동 대학원에서 수학 박사학위를 받았다. 영국 사우샘프턴대학교 수학과 학장을 거쳐 현재 부총장으로 있다.

| 토론자 |
리처드 데이비스(영국 스완지대학교 총장), 비비언 존스(영국 리즈대학교 교학부총장),
마틴 할리웰(영국 레스터대학교 국제교류처장), 다이나 버치(영국 리버풀대학교 연구부총장),
하이수이 유(영국 노팅엄대학교 대외부총장), 아담 휠러(영국 사우샘프턴대학교 부총장)

▶ 리처드 데이비스: 강연을 통해 대학과 기업의 연계가 연구에 도움이 된다는 것을 알았다. 전문가들이 할 수 있는 일을 우리가 대체하는 것이 아니라 그들이 할 수 없는 일을 우리가 해주는 것이다. 글로벌 회사들이 연구 중심의 대학 졸업생들에게 굉장한 관심을 갖고 있다.

▶ 청중: 학생들이 산학 협력을 통해 얻는 것은 무엇인가?

▶ 비비언 존스: 교과과정을 어떻게 설계하는가에 따라 달라진다. 산학 협력을 교과과정에 반영하고 학생들이 기업에 가서 직접 참여할 수 있도록 해야 한다.

▶ 마틴 할리웰: 정부 지원의 경우에는 박사과정을 진행하면서 기업과 함께 일하도록 한다. 실질적으로 활용할 수 있는 연구들이 이뤄진다. 이런 과정을 통해 학생들이 다양한 주제에서 기업을 경험할 수 있도록 노력하고 있다.

▶ 다이나 버치: 다양한 협력과정에서 인턴십의 중요성이 강조되고 있다. 자연스레 취업률도 올라간다.

▶ 하이수이 유: 학부 학생들은 보통 튜터(tutor, 개인 지도교사)를 배정받게 되는데, 우리 대학은 학업 튜터 외에도 산업계 튜터를 따로 배정하고 있다. 산업계 튜더와

만나면서 장기적인 비전 설계, 직업 선택의 방향성 등에 대해 논의할 수 있다.

▶ 아담 휠러: 함께 일하는 많은 직원이 실제 런던 산업 현장에서 일하는 사람들이다. 이들과 함께 연구하면서 학생들에게는 현장에서 일하는 사람들에게 배울 수 있는 기회를 제공한다. 현장에서 벌어지는 문제들을 미리 겪을 수 있는 것이다.

▶ 리처드 데이비스: 우리는 모든 학생이 현장을 경험하도록 한다. 그 중 절반은 그 회사에 취직하게 된다. 그래서 원하는 분야에서의 인턴십이 중요하다.

07 호주 대학의 다양한 인재 육성

'호주 대학들의 다양한 인재 육성법'이라는 주제로 호주 명문대 8곳의 모임인 Go8(Group of 8) 총장단이 호주 대학과 졸업생들의 글로벌 경쟁력에 대해 강연했다. Go8은 뉴사우스웨일스대, 멜버른대, 모나시대, 서호주대, 시드니대, 애들레이드대, 호주국립대 등이 소속되어 있는 일종의 연합체. 호주 대학 총장단이 인재포럼에 개별 세션을 마련한 것은 이번이 처음이다.

데이비드 워드 부총장은 "호주 대학생 중 여학생 비율은 55%가 넘고, 42%는 다른 문화권의 학생이다. 이처럼 성별, 문화적 다양성은 호주 대학의 글로벌 경쟁력을 높이는 데 크게 기여하고 있다. 아울러 연구와 교육에서 다양한 목소리를 듣고 가르치는 것을 통해 학생들의 잠재력을 끌어낼 수 있다. 정부와 대학이 다양성 보고서를 발간하고 여성과 이민자들의 사회 진출 확대를 유도하는 등의 노력을 기울이고 있다"라고 말했다.

마거릿 셰일 멜버른대학교 부총장은 "입학생들이 다양한 학문을 배울 수 있는 환경 마련이 중요하다. 2008년 96개 학과를 6개의 학부제로 개편해 입학생들이 다양한 교육을 받을 수 있도록 했다. 이러한 개혁은 멜버른대의 취업 능력이 전 세계 13위로 뛰어오르는 데 큰 기여를 했다"라고 설명했다.

폴 존슨 서호주대학교 총장은 "대학이 학과 간의 경계가 분명하게 나뉜 것과 달리 기업과 정부는 분야를 넘나들며 협력하는 것이 일반적이다. 대학은 산업과 정부 부문이 어떤 인재를 필요로 하는지 고려하지 않는다면 발전할 수 없다"라고 강조했다.

타이론 칼린 시드니대학교 교무부총장은 "호주는 아시아 태평양 지역에 학생을 파견해 다양한 경험을 하면서 혁신과 기술을 배우는 '신(新)콜롬보 플랜'을 작년부터 시작했다. 이러한 대외적 지향성이 호주를 경쟁력 있는 국가로 만들고 있다"라고 말했다.

| 강연 ① |

산업과 정부가 원하는 인재를 고려하다
폴 존슨(호주 서호주대학교 총장)

서호주대학교는 호주 서부의 해안 도시인 퍼스에 있다. 이 도시의 인구 중 39%는 이민자 출신이다. 다양한 국가에서 온 서로 다른 인종이 함께 살고 있는 도시다. 존 섹스턴 뉴욕대 총장이 "뉴욕 시가 얼마

폴 존슨 "대학은 어떤 인재가 필요한지 고려해야 한다."

나 역동적인가를 보려면 인구 구성을 보면 된다"라고 말한 것이 기억
난다. 뉴욕의 이민자 비율은 퍼스와 비슷한 40% 수준이다. 퍼스도
뉴욕처럼 굉장히 역동적인 도시라고 할 수 있다.

이러한 역동성은 대학 문화에서도 잘 드러난다. 서호주대학교는
학제적 경계를 넘어 다양한 연구를 진행하고 있다. 산업, 정부 부문
과 자유롭게 협력하고 있으며 한국의 기업들과도 협력관계를 갖고
있다.

대학은 사실 학제 간 경계가 뚜렷한 것이 일반적이다. 1800년대
말부터 '학과'라는 것이 존재했다. 전공분야는 명확히 나뉘어 있었
고 연구 성과도 학문별로 달랐다. 노벨상이 분야별로 수상하는 것만
봐도 이를 알 수 있다.

하지만 산업과 정부 부문은 경계를 넘나드는 협력을 해왔다. 사용

자인 이들이 원하는 인재를 길러내는 것이 대학의 목표라면 학제라는 명확한 구분 안에 있는 것은 위험하다.

서호주대학교는 산업과 연계된 연구와 교육을 중시하고 있다. 퍼스는 광물자원이 풍부한 지역이며 철광석 수출량이 많다. 최근에는 LNG 수출이 크게 늘고 있다. 그래서 호주 최대 광물회사인 리오틴토는 서호주대학교의 가장 중요한 연구 파트너 중 하나다. 서호주대학교의 광물학자, 물리학자, 수학자, 지리학자들은 리오틴토 연구진들과 함께 광물 탐사기계를 만들었다. 이 기계를 비행기에 싣고 탐사하면 해당 지역의 광물 매장 여부를 바로 확인할 수 있다.

서호주 지역은 길이 1만 2,000킬로미터에 달하는 연안지역을 갖고 있다. 아름다운 해안이지만 관광지로 개발하거나 수산 자원을 확보하는 데 한 가지 문제가 있었다. 바로 상어가 굉장히 많이 살고 있다는 점이었다. 서호주대학교의 신경 생물학자들은 상어가 사냥할 때 어떤 감각을 활용하는지 연구하고 있다. 최근 특이한 문양의 서핑복을 만들었다. 상어의 시각능력에 혼선을 줘서 공격을 하지 못하게 하는 것이다.

서호주대학교의 연구 목표는 최종 사용자의 필요를 채워주는 것이다. 연구가 산업의 실제 수요에 부합할 수 있도록 방향을 제시하고 있다. 대학은 차세대 숙련 인력을 배출하는 기관이다. 산업이 어떤 인재를 필요로 하는지, 어떤 기술을 원하는지 고려하지 않는다면 발전할 수가 없다.

폴 존슨

영국 옥스퍼드대학교에서 현대사 전공으로 박사학위를 받았다. 런던정경대학교에서 경제사 교수를 거쳐 2007년부터 5년간 호주 라트로브대학교 총장을 지냈다. 2012년 서호주학교대 총장으로 취임한 후, 지금까지 대학을 이끌고 있다. 주요 연구로는 '1850년 이후 영국의 경제 및 사회의 발전', '고령화에 따른 경제적 영향' 등이 있다.

 |강연 ②|

환경 변화를 통해 교육을 혁신하다
마거릿 셰일(호주 멜버른대학교 부총장)

멜버른대학교가 교육 환경을 어떻게 바꿨는지에 대해 발표하겠다. 멜버른대학교는 1853년 설립됐다. 설립 이념은 '미래 세대를 존중하며 성장한다'였으며 이를 위해 학생들에게 꾸준히 '자부심'을 심어 주는 것을 최우선 과제로 여기고 있다.

멜버른대학교는 글린 데이비스 총장을 중심으로 세 가지 분야에서 개혁을 추진하고 있다. 첫 번째는 교과과정의 개혁이다. '멜버른 모델'이라고 불리는 이 개혁의 핵심은 학과제를 학부제로 바꾼 것이다. 96개의 전공을 6개 학부로 재편했다. 학생들이 입학할 때 학과를 선택해야 했지만 이 모델의 도입 이후에는 학부를 선택해 다양한 과목을 수강한 후에 적성에 따라 전공을 선택하는 방식으로 바뀌었다.

마거릿 셰일 "대학이 먼저 개혁하면 학생도 바뀐다."

　학부제 도입은 '다양한 인재를 육성해야 한다'는 목표에서 시작했다. 학과제로 운영하던 시절, 멜버른대학교의 최고 인기학과는 의대였다. 그래서 대학 입학시험에서 1개만 틀려도 입학하기 어려웠다. 입학생들의 지식수준은 굉장히 높았지만 다양한 경험을 한 사람을 뽑기는 어려웠다. 입시만을 위한 사교육이 성행하기도 했다.

　이런 문제를 해결하기 위해 지금 의대는 대학원 과정으로 옮겼다. 학부 때는 다양한 과목을 수강하며 인식의 폭을 넓히도록 유도하고 있다. 의대 입학생들의 대입시험 성적이 과거에 100점이었다면 지금은 90점대로 낮아졌다.

　두 번째는 연구 인프라에 대한 투자를 늘린 것이다. 멜버른대학교는 호주 고등교육기관 중 연구에 대한 투자가 최고 수준이었지만 설비 등 인프라 투자는 부족했다. 그래서 지역사회의 병원 등과 파트너십을 맺어 현장에 필요한 연구를 확대했다. 이러한 투자는 학생들의 수준을 높이는 데 크게 기여했다.

마지막은 최근에 시작한 행정의 효율화다. 졸업생과 기업의 기부금을 효율적으로 운영해 기부하고 싶은 대학이 되게끔 하는 것이 필요하다는 생각에서 시작했다. 총장단, 연구와 교육, 행정 서비스 등 세 분야의 구성원들이 머리를 맞대고 가장 효율적인 방법이 무엇인가 고민했다. 이는 서비스의 질을 높이는 데 기여했을 뿐 아니라 비용 절감을 통해 학문 분야에 재투자할 수 있는 기회까지 마련했다.

이 개혁과정에서 만든 창업 지원제도는 멜버른대학교의 취업률을 높이는 데 크게 기여했다. 학생들이 아이디어를 내면 학교와 교수, 교직원들이 직접 투자를 해 회사를 설립하는 제도다. '미래를 위해 필요한 기술을 개발해보라', '협력과 팀워크가 중요하다'라는 말을 하면 따분한 소리라며 듣지 않던 학생들이 '창업을 해보라'는 말에는 반응하기 시작했다. 미래 기술을 바탕으로 팀원들과 협력해 회사를 만드는 것이다. 지금은 교수, 교직원들 대부분이 학생 벤처에 투자하고 있다. 대학에서는 호주 우정사업부와 협력해 배송 서비스를 가능하게 만드는 등 다방면에서 지원하고 있다.

개혁은 항상 리스크(risk)를 수반한다. 그래도 리스크를 감수할 결심을 하는 것이 개혁의 시작이다. 대학이 먼저 개혁을 시작하면 구성원인 학생들도 바뀐다.

마거릿 셰일

호주 뉴사우스웨일스대학교에서 물리화학 전공으로 박사학위를 받았다. 호주 울릉공
대학교 화학과 교수, 연구부총장을 거쳐 2012년부터 멜버른대학교 부총장으로 있다.

| 강연 ③ |

다양성을 추구하는 호주 대학의 노력

데이비드 워드(호주 뉴사우스웨일스대학교 인적 자원 부총장)

호주의 대학들은 다양성의 긍정적인 측면에 대해 많이 알고 있다. 캠
퍼스에서 다양한 경험을 가진 사람들이 상호작용하면서 많은 성과를
내고 있기 때문이다. 다양한 의견은 혁신적인 사고방식으로 이어진
다. 뉴사우스웨일스대학교의 학생과 교수, 교직원들은 서로 다른 세
계관에 접해보는 것을 중요하게 생각한다.

　다양성과 관련이 있는 호주 대학들의 통계를 소개하려고 한다. 호
주 대학의 학생들 중에서 유학생은 약 25%다. 이 수치만 보면 그렇
게 많다는 느낌이 들지 않을 수 있다. 하지만 호주 국적을 가진 사람
들의 세부 통계를 보면 흥미로운 사실을 알 수 있다. 나머지 75% 중
호주 출신의 호주 국적자는 58% 정도다. 17%는 외국에서 태어난 호
주인들이다. 40%가 넘는 학생들이 호주 외 지역에서 출생했으니 문
화적 배경이 상당히 다양하다고 볼 수 있다.

데이비드 워드 "캠퍼스에 다양한 사람들이 있어야 한다."

여성의 비율이 높다는 점도 중요한 특징이다. 호주 국적 학생은 전체의 58%가 여학생이다. 유학생들을 포함하면 비율이 55%로 낮아지지만 그래도 절반이 넘는다. 성별, 문화적 다양성은 학생들이 광범위한 관점을 접하게 만든다. 서로 다른 배경의 학생들이 자신과 타인을 비교해가며 상대방의 관점을 학습할 수 있다. 뉴사우스웨일스대학교는 1949년 개교한 학교로 역사가 짧은 편이다. 하지만 전 세계 대학 평가순위에서는 50위 안에 이름을 올린다. 이 같은 성과를 이끈 것이 바로 다양성이라고 생각한다. 우리가 '다양한 인재를 키우고 있다'며 자만하지 않고 '더 개선될 여지가 있다'라고 보고 있다는 점이 중요하다.

다시 통계로 돌아가 보자. 여학생 비중은 높지만 전공별로 보면 교육, 보건, 인문학, 사회·문화, 창작 예술 등에 집중된 것을 볼 수 있다. 반면 공학, 건축학, 정보기술 등에는 여학생 비중이 낮다. 교수진의 구성도 아직 다양성을 확보했다고 말하기에는 부족하다. 시간 강사는 남녀 비중이 유사하지만 전임 강사, 부교수, 정교수 등 직급이 높은 교수진으로 갈수록 남성 비중이 확연히 높다. 총장단의 여성 비중은 31% 정도다. 대학의 방향과 분위기를 정하는 것은 직급이 높은 교수들이며 강사들은 제 목소리를 내기가 어렵다. 이 때문에 전임 교원의 여성 비중을 반드시 높일 필요가 있다. 다행스럽게도 시간이 갈수록 여성 교수의 비중이 높아지고 있다. 지난 2000년 전체의 15% 정도에 불과했던 여성 교수 비중은 지난해 30%대까지 증가했다. 아직 만족할 만한 수준은 아니지만 추세는 긍정적이다.

다양성을 확대하기 위한 호주 대학들의 노력을 되돌아보면, '리더의 용기'가 가장 필요하다고 할 수 있다. 리더가 목표와 방향을 설정해야 구성원들이 따라갈 수 있다. 또한 '파괴적인 사고방식'이 필요하다. 전통적인 사고방식에서 벗어나는 것이 다양성 확보의 첫걸음이다. 물론 이 같은 새로운 사고방식이 실패로 이어질 수도 있다. 다만 실패를 두려워하지 않는 문화를 만들면 지속적인 파괴와 실패 끝에 성공이 찾아올 것이다.

뉴사우스웨일스대학교는 최근 이안 제이컵스 총장을 중심으로 만든 '비전 2025'를 발표했다. 학문적 우수성, 사회적 참여, 국제적 성과 등 3가지 분야별로 방안과 목표를 제시했는데 이 중 사회적 참여 분야의 핵심이 성별과 문화적 다양성을 높이겠다는 것이다. 다양성을 포용할 때 각 구성원의 잠재력이 십분 발휘될 수 있기 때문이다. 구체적으로는 다양한 문화권에서 온 학생들에게 적응을 돕는 서비스를 제공하고 있다. 입학하면 오리엔테이션 기간을 두고 직접 필요한 사항들을 교육하고 다른 호주 학생들과 연결을 시켜준다. 어학기관에 보내 영어교육을 시키기도 한다. 또한 교수진에게도 이런 학생들을 가르치는 데 필요한 기술을 알려준다. 워크숍을 열고 수업을 어떤 방식으로 하면 좋은지 논의하고 있다.

 데이비드 워드

호주 뉴사우스웨일스대학교에서 인적 자원관리 전공으로 경제학 석사학위를 받았다. 2008년부터 동 대학에서 인적 자원 부총장으로 일하고 있다.

 | 강연 ④ |
대외적 지향성으로 성장을 꾀하다
타이론 칼린(호주 시드니대학교 교무부총장)

호주는 유럽인들이 이주해오면서 지금의 형태를 갖추게 됐다. 영국의 교도소에 공간이 부족해지자 범죄자들을 시드니로 보낸 것이 대규모 이주의 시작이다. 시드니대학교는 1850년 시드니가 교도소의 역할을 더 이상 하지 않게 됐을 무렵에 생겼다.

'옥스포드나 케임브리지에서 할 수 있는 것들은 호주에서도 할 수 있다'는 라틴어 문구에서 볼 수 있듯 시드니대학교의 교육에 대한 열

타이론 칼린 "대외적 지향성을 통해 성장해야 한다."

망은 대단히 크다. 인구가 적은 편인 호주의 대학들이 세계 정상급 대학과 어깨를 견줄 수 있는 원동력은 이 같은 열망에서 나온다.

시드니대학교는 학생들을 '불편하게' 만드는 데 능숙하다. 학생들이 편안함을 느끼는 '익숙한 사고방식'에서 벗어날 것을 계속 주문하기 때문이다. 물론 이는 안락함을 추구하는 인간의 기본적인 성향과 충돌을 일으킨다. 하지만 전에는 생각해보지 않았던 메시지를 던짐으로써 학생들이 창의적이고 비판적인 사고를 할 수 있게 만든다.

시드니대학교에서 만날 수 있는 '불편함' 중 하나는 바로 서로 다른 문화권의 학생을 만나는 것이다. 대학 캠퍼스를 걸어 다니면 다른 문화권에서 온 사람을 쉽게 마주칠 수 있다.

호주의 유학생은 약 25만 명으로 미국(75만 명)에 비해 훨씬 적다. 하지만 전체 학생 수 대비 유학생 비중은 호주가 18%로 미국(4%)을 상회한다. 또한 호주 유학생 중 75%는 아시아에서 온 학생들이다. 호주 대학에서는 아시아의 축약본을 볼 수 있다는 말도 있다.

다양한 국가에서 온 학생들이 호주에서 교육을 받고 다시 전 세계로 나간다는 것이 호주인들에게도 시사하는 바가 크다. 호주는 작은 국가이며 섬나라다. 내향적인 시각으로는 생존할 수가 없다. 호주 정부가 대학생을 선발해 아시아 태평양 지역의 국가들로 유학을 보내는 '신(新)콜롬보 플랜'을 시작한 것도 대외적 지향성을 통해 성장을 이어가기 위해서다.

이러한 노력은 호주의 생산성을 높이는 데 기여하고 있다. 시간당 GDP로 계산한 생산성은 지난 15년간 꾸준히 증가했다. 세계 100대 대학 중 7곳이 호주에 있는 것도, 노벨상 수상자들을 배출하고 있는 것도 결코 우연이 아니다. 고등교육에 대한 열정이 있었기에 달성할 수 있었던 것이다.

👤 타이론 칼린

호주 맥쿼리대학교 경영대학원에서 박사학위를 받았다. 시드니대학교에서 경영대학장, 교육 부문 부총장보를 지냈으며 현재는 동 대학교 교무부총장으로 있다.

| 토론자 |
리처드 포가티(주한 호주대사관 교육과학담당 참사관), 폴 존슨(호주 서호주대학교 총장),
마거릿 셰일(호주 멜버른대학교 부총장), 타이론 칼린(호주 시드니대학교 교무부총장)

▶ 리처드 포가티: 미래에 필요한 기술은 계속 진화하고 있다. 대학이 산업의 수요에 맞는 기술을 가르칠 필요가 있다고 했는데 미래의 변화에 대해서는 어떻게 대비할 수 있을까?

▶ 폴 존슨: 수년 내에 일부 직종이 사라질 것이라는 연구 결과가 있다. 그렇기 때문에 우선 어떤 직종이 남아있을지에 대한 연구가 필요하다. 학생들은 세상이 더 나아질 수 있다는 비판의식을 가져야 한다. 기술적으로는 디지털 기술에 대한 숙련도가 높아야 한다. 바이오, 공학, 의학 등 전공분야에 따라 세부적으로는 다르겠지만 디지털 기술로 관련 내용을 다룰 수 있는 능력은 아주 중요하다.

▶ 리처드 포가티: 학생들이 강의를 듣고 연구하는 것을 넘어 다양한 산학 협력에 참여하고 있다. 구체적으로 어떤 프로그램들이 있는가?

▶ 마거릿 셰일: 학생들이 학술적인 분야에 고립되지 않도록 신경을 쓰고 있다. 강의하는 것뿐만 아니라 업계와 파트너십에도 참여할 기회를 준다. 보건 전공은 병원에서 일종의 실습과정을 거친다. 경영학 전공은 회사 경영진과 함께 문제 해결 방법을 찾는 프로그램이 있다. 공동 연구 프로젝트도 많다.

▶ 리처드 포가티: 혁신적인 졸업생을 배출하기 위해 필요한 것은 무엇인가?

▶ 타이론 칼린: 학생들에게 다양한 경험을 하게 할 필요가 있다. 교육 환경 자체도 중요하지만 학생들이 재미를 느낄 수 있는 다양한 외부 활동도 제공해야 한다. 시드니대학교에는 동아리가 220개가량 있다. 그 중 하나가 초콜릿 클럽인데, 오리엔테이션 기간에 초콜릿을 무료로 제공해 굉장히 인기가 높았다. 교실 밖 활동을 활발하게 한 학생이 행복감과 학업 성취도가 높다는 연구 결과가 있다. 취업시장에서도 경험을 다양하게 한 사람을 선호한다.

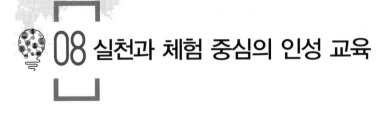

08 실천과 체험 중심의 인성 교육

이번 강연에 참석한 강연자들은 모두 학교에서 정식 교과목으로 지정된 도덕이나 인성 교육도 중요하지만 무엇보다 학생들에게 다른 사람들과의 상호작용을 통해 올바른 사회 구성원으로서 자라는 체험을 제공하는 것이 중요하다는 의견에 동의했다.

천옌신 대만 국립타이중교육대학교 교수는 2004년 도덕 교과목이 없어진 대만의 사례를 소개했다. 대만에서는 학교가 도덕 교육을 하지 않는 대신 종교 단체나 교육재단이 나서서 학생들의 인성 교육을 책임지고 있다고 한다. "대만에서 도덕 교육이 없어진 것은 정치적인 획일화나 의식 교육이 이뤄질 수 있다는 우려 때문이었다. 이후 각 교육재단과 종교 단체에서 아이들에게 인성 교육을 실시하고 있으며 성과도 학교에서 교과목으로 가르칠 때보다 더 좋은 편"이라고 강조했다.

학교 밖뿐 아니라 학교에서도 교사들과 아이들의 상호작용에 의해 인성 교육이 이뤄지고 있으므로 인성 교육이 학생들의 일상을 통해서도 가능하다는 의미다.

대만의 인성 교육은 《논어》 등 중국 고전에서 발췌한 내용을 토대로 한 교육을 기본으로 학교에서는 교사가 부모와의 긴밀한 연락을 통해 아이들이 친구와 어울리는 것 등 올바른 인성 발달을 위해 협조하는 것이 핵심이다. 또한 천옌신 교수는 "학교는 지역사회를 인성 교육에 참여시키고 있다"라고 설명했다. 가정과 지역사회가 학생들의 인성 교육에 많은 기여를 하고 있다는 말이다.

또 다른 발표자 한혜민 스탠퍼드대학교 연구원은 "한국에서 최근 인성 교육 진흥법이 통과됐지만 서면심사가 중심이다. 과학적인 연구, 시범 사업이나 현장을 토대로 교육 환경을 구축하지 않으면 실효성이 떨어질 것"이라고 지적하면서 한국의 인성 교육이 체험 중심으로 이뤄져야 한다는 점을 강조했다.

 | 강연 ① |

실질적 인성 교육을 위한 대만의 혁신

천옌신(대만 국립타이중교육대학교 교수)

대만에서의 경험을 바탕으로 인성 교육에 대해 발표하겠다. 인성 교육은 결국 인적 자원 개발의 근간이다. 대만만 봐도 고등교육기관의 졸업생들을 보면 자신들의 전공 분야에 대해서는 전문성이 있고 개발이 될 여지도 있지만 인성은 더 이상 바꿀 수 없다는 것이 나타난다.

천옌신(왼쪽에서 두 번째) "인성 교육은 결국 인적 자원 개발의 근간이다."

인성은 어린 시절에 형성된다는 것이 증명되는 순간이다.

　나는 초등학교와 대학교에서 학생들을 가르친 경력이 있다. 1954년부터 2004년까지 대만의 초·중등과정에서는 50년간 도덕을 가르쳤다. 하지만 21세기에 들어서서 대만 정부는 공식적으로 도덕 교과목을 폐지했다. 공식적으로는 폐지됐지만 대만의 교육기관은 다른 방식으로 인성 교육을 하고 있다.

　도덕 교육이 없어진 계기는 다음과 같다. 대만 정부는 1990년대 들어서 변화의 필요성을 인식하면서 2004년에 도덕과 인성이라는 과목을 폐지했다. 민주화의 일환이라고도 볼 수 있다. 이는 동아시아 국가에서 이례적이었다. 하지만 공식적인 폐지 이후에도 다수의 학자들이 도덕 교육을 재정립해야 한다고 주장했다. 전통적인 가치에 대한 교육이 없어졌다고 우려한 것이다.

2004년 대만은 인성과 도덕 교육 개혁이라는 정책을 발표했다. 이 정책의 목표는 핵심적인 윤리 가치와 행동 강령을 생각하고 배양하게 하면서 도덕적인 사고를 하도록 학생, 학부모, 지역사회 모두의 참여를 유도하는 것이었다.

　그렇다면 인성과 도덕 교육에서 교사들은 어떤 역할을 할까? 처음에는 모든 학교가 학생들의 도덕 교육에 적극적이지는 않았다. 하지만 서서히 변화의 조짐이 나타나고 있다. 대만에서는 학교가 아니라 교육재단들의 지원 활동이 늘어나고 있는 것이다. 《논어》와 같은 전통적인 문건을 편집해서 학생들 일상에 필요한 내용을 가르치고 있다. 대만 내 관련 재단들은 도덕과 인성 교육을 가르칠 수 있도록 지원하고 있다. 또한 윤리에 관한 잡지들을 출간하고 있으며 지역사회와 정부의 협력을 통해 유명한 학자가 학교 교장이나 교사에게 강의하도록 한다. 학교에 많은 재정 지원도 하고 있다. 이를 위해 교육 선진국인 미국의 방법론도 도입하고 있다.

　대만 정부에서는 개별 학교들에 재량권을 준다. 하지만 모든 교사가 그 의미를 잘 이해하는 것은 아니다. 실제로 대만 정부는 학교 교사들에게 어떤 정책이 있고 어떤 부분에 재량권이 있는지를 적극적으로 알리지도 설명하지도 않는다. 많은 교사가 도덕 교육할 시간도 부족하다.

　2009년에 서울대학교에 방문했었는데 한국의 학자 한 분이 1970년대까지 도덕과목이 없었는데 이후 공식적으로 도입했다고 말했다. 기존의 교과목에 도덕적 가치를 편입하는 것만으로는 부족하고 별도의 과목이 필요하다.

또 다른 문제가 있다. 많은 교사가 전문 지식이 부족해 가르칠 역량이 안 된다. 체계화된 교재도 없다. 교사들이 도덕이나 인성 교육을 하고 싶어 하는 열의를 갖고 있었지만 교육하기에는 필요한 전문적 교재가 제공되지 않고 있었다. 정부에서도 충분한 예산을 지원하지 않았다. 대만 사회는 너무나 많은 이슈가 있기 때문이기도 하다. 경제 교육 등 많은 이슈를 교사들에게 일임하면서 정부의 지원은 부족한 것이 현실이다.

저소득 지역의 한 학교를 사례로 들겠다. 이 학교는 인성 교육에 크게 신경을 쓰면서 인성 교육 중심으로 운영되었다. 양성이 평등한 환경과 관련 교육, 인도주의에 대한 교육, 학습 환경 및 가치를 갖도록 가르쳤다. 이런 내용의 독서 경험을 위해 전체 반이 도서관을 방문하기도 했으며 일상생활을 기초로 음악이나 미술을 통해 유순한 성품을 배울 수 있도록 했다. 또한 다양한 인성 배양 교육과 학생들이 자신감을 기를 수 있도록 롤 모델을 정립하는 것도 도와줬다.

대만에서는 교사와 부모들 간의 연락장이 있어서 잘한 일은 기록해 부모와 교사가 공유한다. 학교가 지역사회를 인성 교육에 참여시킬 수 있다는 것은 인성 교육에 많은 기여를 한다는 의미다. 한국은 적합한 교재와 시간이 마련되어 있어서 도덕 교육이 체계적으로 진행된다는 장점이 있는 나라다.

 천옌신

대만 신죽교육대학교를 졸업했고 런던대학교 교육연구대학원에서 박사학위를 받았다. 타이중중화초등학교 교사를 거쳐 현재 국립타이중교육대 교수로 있다.

미국 인성 교육 시스템의 시사점

한혜민(미국 스탠퍼드대학교 연구원)

미국에서 인성 교육이 어떻게 진행되는지 발표하면서 한국에 주는 시사점은 무엇인지 알아보겠다.

미국 세인트루이스대학교에서 집계한 인성 교육에 관련된 데이터가 있다. 미국의 교육학자들과 연구자들이 공유하는 자료인데 메타 분석을 토대로 개념적인 연구가 아닌 과학적인 시험을 통해 검증된 것을 소개하고 있다. 특정 행동의 개선 성과, 마약 오남용을 줄인 성과들을 볼 수 있다. 웹 사이트에서도 찾아볼 수 있다.

나는 도덕 교육과 친사회적 행동에 관심이 있기 때문에 초·중등학생들에게 적용됐던 프로그램에 대해 검색해봤다. '친사회적 행동 영역에서 유의한 효과가 있었다'라는 검색을 해보니, 시애틀 사회 개발 프로젝트, 학교 사회 관리, 세컨드 스텝(Second Step) 등 3가지 결과가 나왔다. 샌프란시스코는 학교에서만 하는 세컨드 스텝을 전 사회에 적용하겠다고 결정했다.

'시애틀 사회 개발 프로젝트'는 1981년 사회 발전 연구단에서 워싱턴대학교와 공동으로 개발한 것이다. 처음 대상은 초등학생이었다. 마약류 오남용과 위험한 성적 행동이나 위험한 행동을 줄이고 학생들의 행동을 개선하는 목적을 갖고 있었다. 교사들이 학생들에게 직접 전달하는 것으로 설계됐다. 미국의 경우 초등학교에서는 교사들이 거의 모든 과목을 가르치고 있기 때문에 한국의 담임선생님처럼 중요한 역할을 한다.

거절하는 능력을 가르치는 것이 특이하다. 거절을 잘하는 것도 행복한 삶을 위해 중요하다. 이러한 역량을 심어줘야 한다.

학부모가 학교 교육에 더 적극적으로 참여하도록 하는 것도 마찬가지다. 한국은 자녀들의 학업 성취도에 관심이 많지만 저소득층이 많은 미국의 경우에는 학업 성취도에 대해 관심이 적다. 그래서 학부모의 참여를 높이는 것이 하나의 목표다.

교사들은 어떠한 가치가 중요한지, 어떠한 가치를 강조해야 하는지 등을 결정해 가르친다. 또한 아이들이 자신의 감정을 제대로 느끼게 하기 위해 사회 인지적 감성을 가르친다.

'학교 사회 관리'는 서로 돌보는 환경을 만드는 것이다. 결과부터 말씀드리면, 공동체로서의 교실 자율성과 웰빙, 학교에 대한 호감도 등에 기여하면서 교사와 학생의 관계를 개선했다고 본다. 교사에게는 교사들 간의 교류 및 지지를, 학생에게는 교사에 대한 신뢰와 존중감을 높여줬다. 교사와 학생들 사이에서의 인성 계발에 도움이 되었다고 볼 수 있다.

마지막은 '세컨드 스텝'이다. 시애틀의 아동위원회에서 만든 프로그램으로 초등학생, 중학생 대상으로 운영 중이다. 공격성과 반(反)사회성을 줄이고 친(親)사회성을 높이도록 되어 있다. 학생들끼리 공감과 관심을 높이는 것, 충동 관리, 문제 해결, 약물 남용 예방 등이 목표다. 또한 아이들에게 집단 따돌림, 교내 폭력 희생자들의 영상을 보여주면서 감성교육을 제공하고 있다. 목표를 정의하고 그 목표를 지지하는 과정을 거친다.

　기본적으로 교육학, 심리학 교육과 연결되어 관련 주체들의 참여가 목표다. 최근 한국에서는 인성 교육 진흥법을 통과시켰다. 이와 관련된 인증제도가 있지만 서면심사가 중심이다. 실효성이 우려된다. 과학적인 연구, 시범 사업, 현장을 토대로 구축할 필요가 있다. 물론 평가도 해야 한다. 심리학적인 분석을 할 필요도 있다. 이런 인성 교육은 철학적 토대가 있어야 하므로 서면 중심의 인증이 아니라 과학 연구를 토대로 인증받는 방식으로 보강할 필요가 있다. 학생들 상호 간의 협력과 관련해서는 교사, 특히 도덕 교사가 지도하는 역할을 해야 한다. 또한 대학의 도덕 교수나 강사뿐만 아니라 기초 연구 능력이나 개발, 발달학, 교육학, 사회 심리학을 갖춘 교수들도 참여해야 한다.

 한혜민

서울대학교 윤리교육과를 졸업하고 스탠퍼드대학교에서 교육심리학 박사학위를 받았다. 서울대학교 연구원을 거쳐 현재 미국 스탠퍼드대학교 연구원으로 있다.

| 토론자 |
손경원(서울대학교 교육종합연구원 선임연구원), 배상훈(성균관대학교 교육학과 교수),
천옌신(대만 국립타이중교육대학교 교수)

▶ 손경원: 한국의 인성 교육의 현황을 이야기하자면, 1995년부터 인성 교육에 대한 관심이 급증했으며 현재 인성 교육 관련 운동이 진행되고 있다. 하지만 아직 이런 운동이 자살률이 줄었다는 등의 어떤 효과를 내고 있지 않다.

정부는 2012년 학교 폭력 예방을 강화하겠다면서 인성 교육 강화 정책을 펼치고 있다. 체계적인 인성 교육 지원을 할 수 있는지에 대한 관심은 높다. 그런 맥락에서 봤을 때 앞선 강연이 시사점을 준다. 한국의 인성 교육에서 도입할 수 있는 것은 과학적 연구에 기초한 데이터베이스, 전향적인 기법들 등이다. 또한 한국에는 오랜 역사를 안고 있는 역사 교육 프로그램이 없다. 이제 질문을 드리겠다. 한국에도 인성 교육 프로그램이 지속될 수 있는지, 그리고 프로그램의 기간과 효과를 내는 데 걸리는 시간은 어느 정도가 될 것인지, 학생이 어느 정도 참여해야 효과를 볼 수 있는지에 대한 것이다. 또한 한국에서도 단일 과목에서의 도덕은 폐지되어야 하며 다른 교과목으로 대치하면 된다는 의견이 있다. 그렇다면 어떤 교육이 필요하겠는가?

▶ 배상훈: 논의를 글로벌로 확장시켜야 한다고 생각한다. 전 세계에서 지금까지 논의됐던 많은 이론이나 방법이 새로운 글로벌 컨텍스트(context, 맥락)에서 논의가 진전되어야 한다고 생각한다. 내 전공이 교육 정책으로 주로 대학생을 연구하는데 남성과 여성이 상당히 다르다는 것을 보게 된다. 남성은 굉장히 외향적이고 상호교류를 잘하는 반면 여학생은 전형적인 스타일이다. 남녀는 리더십의 스타일,

가치체계에 대한 인식도 다르다. 전공별로도 많이 다르다. 하나의 프로젝트를 주면, 공대 학생들은 '어떻게 잘 만들까'를 고민하고 인문계 학생들은 '어디에 쓸까'를 고민한다.

독립적인 도덕 교과의 존재를 반대하지 않는다. 하지만 그것이 대학에서도 적용이 가능할까? 대학에서 인성 교육이 필요할까? 필요하다면 어떻게 해야 할까? 이런 부분에 대해 질문을 드리고 싶다.

▶ 천옌신: '인성 교육이 과목인가'부터 다뤄야 할 것이다. 동아시아에서는 대만을 제외하고는 단일 과목으로 배우는 경우가 많다. 물론 그것도 중요하다. 하지만 교과 제도를 통해서뿐만 아니라 학생들에게 좋은 사람이 되도록 교육하는 것이 더 중요하다.

대만에서는 '도덕을 공식 교과목으로 도입해야 하느냐'와 관련해 정치적인 방식으로 가르치는 건 지양하고 있다. 당연히 1990년대처럼 체계적으로 교재도 만들고 진행할 수 있다. 하지만 도덕 교육은 교과로 가르치는 것도 중요하지만 도덕적인 사고가 더 중요하다. 글로벌 사회에서는 여러 가지 다양한 문제가 나타나는 충돌 및 갈등 상황이 있기 때문이다.

인성 교육의 가장 중요한 점은 존중, 즉 상호 존중을 가르쳐야 한다는 것이다. 다문화 가정 등 다름에 대한 존중을 가르치는 것, 자기 자신의 진정성과 정직성을 가질 수 있게 하는 것이 중요하다.

09 학교와 기업을 오가며 배우는 도제교육

지난 10월 정부는 산학일체형 도제학교 신규사업단으로 51개 학교를 선정했다. 올해 3월부터 시범적으로 운영하던 9개교 등 총 60개 특성화고가 내년부터 산학일체형 도제학교로 운영된다.

'도제식 교육'은 최근 몇 년간 한국의 교육현장에서 가장 많이 언급된 말 중 하나다. '도제'는 유럽 중세시기에 장인 밑에서 기술을 배우던 교육생들을 의미한다. 독일, 스위스 등은 지금까지 도제교육을 잘 발전시켜 산업에 도움이 되는 인재를 길러내고 있다.

이번 강연에서는 스위스와 호주의 도제교육 현황을 발표하면서 한국의 산학일체형 도제학교가 나아가야 할 방향에 대해 논의했다.

올해 초, 산학일체형 도제학교 선정과정에서 평가위원장장을 맡았던 정철영 서울대학교 교수는 "정권이 바뀌더라도 직업교육에 관한 정책은 큰 틀에서 계속 이어져야 한다. 미국과 유럽은 각각 학교와 기업이 산학 협력을 주도하고 있지만 한국은 정부 주도로 이뤄지므로 다양한 이해 당사자가 좀 더 적극적으로 참여할 필요가 있다"라고 말했다.

그랜트 러브록 호주 연방교육훈련부 국장은 "호주에서 도제교육이 성공적으로 운영되는 것은 기업의 확고한 지지 덕분이다. 정부의 역할은 학생과 기업 사이에서 생기는 갈등을 조정하고 제도를 도입한 기업에 인센티브를 주는 정도"라고 설명했다.

크리스틴 브링스 한국산업인력공단 선임전문위원은 "기업과 학생들이 도제교육을 긍정적으로 바라볼 수 있도록 사회적 인식 전환이 선행되어야 한다"라고 말했다.

특히 이번 강연에서는 한국이 벤치마킹하고 있는 스위스식 도제학교의 변화에 관심이 집중됐다. 제이 로제프스키 미국 조지아대학교 교수는 "스위스 도제학교들은 특정 직업군에 필요한 숙련도를 높이는 것만 중시하지 않는다. 기술이 급속도로 발전하면서 도제학교에서 배운 기술이 1~2년 만에 쓸모없어지는 사례도 나오고 있기 때문이다. 그래서 새로운 환경에서 직업을 탐색하는 능력과 직업윤리로써의 근면성 등에 대한 교육을 확대하고 있다"라고 말했다.

| 강연 ① |

스위스의 도제교육이 강한 이유
제이 로제프스키(미국 조지아대학교 인력교육과 교수)

도제교육의 핵심은 학업과 직업교육을 병행한다는 것이다. 미국에서

제이 로제프스키 "1~2년 사이에 학교에서 배운 기술이 쓸모없어질 수 있다."

는 두 가지가 분리된 경우가 많다. 학생들은 학교만 다니고, 직업을 가진 사람은 학교에 가지 않는다. 그렇기 때문에 학교에 있는 학생들은 '내가 이 과목을 왜 배워야 하지' 라는 생각을 하게 된다. 동시에 학교를 떠난 사람은 '학교에서는 왜 내가 일할 때 필요한 것을 가르쳐주지 않았을까' 라고 생각한다. 도제교육은 이 간극을 줄이는 역할을 한다.

스위스에서는 중등교육과정에서 학생들이 도제교육을 선택할 수 있다. 대학에 가서 학자가 될 수도 있지만 직업을 갖기로 결정하고 남들보다 일찍 일터로 나갈 수 있는 것이다. 도제교육을 선택하면 일주일을 2~3일씩 나눠 절반은 학교에서 이론을 배우고 나머지 절반은 일터에서 실습한다. 두 가지가 조화를 이룰 때 도제교육의 효과는 극대화된다. 물론 균형이 쉽지는 않다. 이론 학습 비중을 높일 것인지, 실습 교육을 더 중시할 것인지는 끊임없는 연구과제다.

도제교육이 성공하기 위해서는 사회적인 합의가 중요하다. 스위스의 도제교육이 훌륭하다고 해서 이를 한국에 바로 적용하기 힘들다. 일종의 기준점은 되겠지만 그것이 성공할 것이라고 장담할 수 없다.

무엇보다 이해 당사자의 협력이 중요하다. 기업은 일자리를 제공해야 하고 학교는 기업의 수요에 맞는 학생을 길러낼 수 있도록 커리큘럼을 바꿔야 한다. 학생도 도제교육에 참여할 의지를 가져야 한다. 대학을 중시하고 반드시 대학을 가야 한다고 생각하는 미국과 같은 국가에서는 도제교육이 성공하기 힘들다. 직업교육에 대한 부정적 인식을 버려야 한다.

과거 도제교육은 단순한 기술이나 저숙련 직업인을 배출하는 경우가 많았다. 하지만 최근에는 최첨단 분야에서 도제교육을 요구하고 있다. 장기적으로는 부정적 낙인이 사라질 것이라고 생각한다.

사실 스위스에서는 일자리와 직업 환경의 근본적인 변화에 주목하고 있다. 안정적인 평생 직장은 더 이상 존재하지 않게 될 것이다. 현재 학교를 다니는 세대들이 사회에 진출할 때에는 프로젝트형 일자리가 대부분을 차지할 것이다. 일부 학자들은 지금의 학생들이 약 8~10번 일자리를 옮길 것으로 봤다. 또한 직장의 변화뿐만 아니라 직종의 변화도 충분히 가능하다.

기술의 발전이 이 같은 직업 환경의 변화를 가져왔다. 과거의 일자리가 예측 가능한 점진적인 변화의 틀에서 움직였다면 이제는 폭발적인 기술 발전으로 예측 자체가 어려워졌다. 그렇다면 어떤 역량이 중요해질까? 흔히 도제교육의 목표라고 생각하는 기술적 숙련도는 크게 중요해지지 않을 것이다. 1~2년 사이에 그 기술이 아예 쓸모없어질 수도 있기 때문이다. 그래서 우리는 기술이 변하더라도 직업을 찾을 수 있는 학생들의 기본 소양에 오히려 더 집중하게 됐다.

첫 번째, 커리어의 방향을 설정하는 능력을 기르도록 해야 한다. 직업을 탐색하고 다양한 분야와 자유롭게 네트워킹을 하는 것이 중요하다.

두 번째, '워크에틱(work ethic)', 즉 직업윤리적인 근면성이다. 학생들의 지각을 대수롭지 않게 생각하는 경우가 많은데 미래에는 심각한 문제가 될 수 있다. 한 프로젝트를 마치고 다음 프로젝트로 넘어갈 때 근면함에서 오는 작은 신뢰가 특히 중요할 수 있다.

세 번째, '혁신'이다. 미래의 인재는 두 종류일 것이다. 하나는 실제 기술적 숙련도가 높거나 디자인을 할 수 있는 사람, 다른 하나는 미래 비전을 제시할 수 있는 사람이다. 혁신은 후자의 인재에게 꼭 필요한 능력이다.

미래의 일자리가 어떻게 변할지는 지금 알 수 없다. 그렇기 때문에 도제교육도 미래에는 이 기술이 필요 없을 수 있다는 점을 염두해야 한다. 내게 어떤 일을 하냐고 묻는다면 "도제교육을 한다"라고 답하지 않겠다. "학생들이 미래의 직업을 찾는 데 도움 주는 일을 합니다"라고 하겠다.

👤 제이 로제프스키

미국 네브래스카주립대학교에서 교육학 박사학위를 받았다. 조지아대학교에 조교수로 있으면서 25년간 직업교육 등을 연구했다. 한국의 직업 환경에 대한 논문도 썼다. 현재 조지아대학교 인력교육과 교수로 재직 중이다.

기업의 든든한 지지를 받는 호주의 도제교육

그랜트 러브록(호주 연방교육훈련부 국장)

도제교육은 스위스와 독일에서 특히 유명하지만 호주도 도제교육이 잘 뿌리내린 국가 중 하나다. 법적 근거도 확실히 마련되어 있고 정부의 재정 지원도 충분하다. 산업 부문에서도 적극적으로 도제교육에 참여한다. 도제교육을 통해 배출된 인재들이 국가 경제에 기여하는 바도 크다.

호주의 도제교육에 대해 말하기 전에 우선 호주가 어떤 국가인지 설명할 필요가 있다. 호주는 2,400만 명의 인구가 6개주와 도서지역 등에 살고 있는 나라다. 각 지역은 별도의 규제 환경을 갖고 있다. 세금, 국방, 외교 분야는 연방정부에서 총괄하지만 의료 및 보건, 교통, 그리고 교육은 각 주 정부가 관할한다.

도제교육도 기본적으로는 주 정부가 목표를 정하고 기업과 협업해 별도로 진행한다. 연방정부는 재정 지원 등 서포트(support)하는 역할을 주로 한다. 인센티브를 제공하고 도제교육의 결과를 통계로 정리해 종합적으로 평가하고 분석하는 일도 하고 있다. 주 정부는 이 분석을 보고 각 도제교육 프로그램을 업그레이드하는 식으로 발전을 해나가고 있다.

현재 호주에서 도제교육에 참여하고 있는 사람은 41만 명이다. 매년 19만 명가량이 새롭게 도제교육을 받는다. 훈련생 수는 호주 전체

근로자의 3%에 불과하지만 대부분 중요한 직종에서 일한다. 분야도 자동차, 전자기술, 정보통신, 과학기술, 제조업, 농업, 요식업 등 다양하다. 호주의 도제교육은 전 세계적으로도 인정받고 있다. 16~29세 학생들의 직업시장 참여도는 OECD 국가들 중 2위를 기록하기도 했다.

그랜트 러브록 "도제교육을 받은 인재들이 국가 경제에 기여한다."

호주에서는 도제교육에 대한 기업의 지지가 확고하다. 도제교육은 사실 본질적으로 기업의 지지 없이는 운영할 수 없다. 현장에서 필요한 기술을 체계적으로 배우는 것이 도제교육의 본질이기 때문이다.

정책과 법 제도는 이 같은 생태계가 잘 돌아가도록 만드는 역할을 한다. 호주의 연방정부는 임금 지급, 고용 등 기업과 교육생 사이에서 발생할 수 있는 갈등 요소에 관한 법을 체계화하는 데 주력하고 있다.

호주의 도제교육은 장기 교육과 단기 훈련생 프로그램으로 나뉜다. 단기 프로그램은 6개월 만에 끝나기도 한다. 해당 분야에서 지식과 능력을 갖추고 있다는 것을 증명해주려고 교육 결과를 바탕으로 자격증을 준다. 교육생들에게 임금도 지급한다. 과거에는 아주 적었지만 최근부터 점차 늘고 있다.

　도제교육의 종류는 다양하다. 정부에 등록된 직업훈련 기관에서 이론 교육을 받고 현장에 투입되는 경우가 일반적이지만 1년간 기술을 집중적으로 교육받으면서 기술의 원리를 배우는 방식도 있다. 이 경우에는 과거에 습득한 지식을 기반으로 새로운 기술을 학습할 수 있는 기회가 제공된다.

👤 그랜트 러브록

호주 연방정부의 교육훈련부에서 직업교육과 관련된 다양한 역할을 역임했다. 특히 도제교육과 관련된 정책의 전문가로 꼽힌다. 총리 내각부와 문화부에서도 일했으며 현재는 호주 연방교육훈련부 국장으로 있다.

| 토론자 |
장원섭(연세대학교 교육학과 교수), 크리스틴 브링스(한국산업인력공단 선임전문위원),
정철영(서울대학교 농업생명과학대학 학장), 그랜트 러브룩(호주 연방교육훈련부 국장)

▶ **장원섭:** 제이 로제프스키 교수와 그랜트 러브룩 국장의 발표에는 도제교육을 교과 과정에 도입하고 있는 한국이 참고해야 할 내용이 많았다. 사실 도제교육은 동서양을 막론하고 교육의 역사와 함께 해왔다. 부모의 일을 배우는 가족 도제에서 장인의 지도 아래 체계적으로 기술을 배우는 방식으로 발전했다. 산업화 이후 대규모 노동력 육성이 필요해지면서 전통적 도제제도는 힘을 잃었다.

그동안 한국의 직업교육은 다양했다. 1960~1970년대에는 직업학교가 있었다. 이를 통해 효율적으로 대규모 기능 인력을 사회에 보급했다. 그러다가 단순 노동력보다 문제 해결 능력 등이 중요해지면서 '고숙련 장인' 모형이 각광을 받았다. 1990년대 후반에는 공업고등학교에 '2+1' 체제가 있었다. 2년은 공부하고 마지막 1년은 현장 실습하는 제도였다.

최근에는 산학일체형 도제학교라는 이름으로 독일과 스위스식의 프로그램을 도입했다. 이 제도는 특성화고 학생들이 학교와 기업을 오가며 이론과 현장 실무를 배우도록 설계한 제도다. 올해 9개 학교를 시범 운영했다. 내년에는 60개 학교로 확대하고 2017년에는 203개 공업화 특성화학교에 전면적으로 실시할 계획이다. 일부 성과를 거두고 있는 것은 분명하지만 빠른 확대에 따른 우려도 있다. 도제교육에 대한 경험이 적기 때문이다. 사실 학교와 기업이 준비가 되어 있을지 의문이다. 전면적인 전환을 하겠다는 정부의 계획은 성급한 일이 아닌가 싶다. 도제교육이 중요하지만 장인 육성의 만병통치약은 아니다.

무엇보다도 학생들의 의지가 중요하다. 도제교육에 참여하든 하지 않든 장인으로서 성장하려는 의지를 가진 학생이 많이 나와야 한다. 정부가 산학일체형 도제학교를 아무리 많이 만들어도 장인정신을 꿈꾸는 학생들이 없다면 성공하지 못할 것이다.

▶ 크리스틴 브링스: 최근 한국 노동시장을 분석해보면 이론교육만을 받은 사람들은 쉽게 취업하지 못하는 경향이 나온다. 이런 상황에서 도제교육의 확대는 노동시장 진입을 좀 더 수월하게 만드는 효과가 있다. 기업 입장에서는 교육기간 동안 학생을 관찰할 수 있기 때문에 회사에 필요한 인재인지 판단할 수 있다. 동시에 국가는 젊은 층의 취업률을 높일 수 있다.

개인의 인성 차원의 장점도 있다. 독일어권 국가들의 경우 도제교육을 이수한 학생들의 인성이 뛰어나다. 도제교육으로 직업교육뿐만 아니라 사회성도 교육되는 것이다. 기업이라는 사회의 축소판에서 동료들과 커뮤니케이션하고 네트워크를 구축하면서 책임감과 비판의식 등을 기를 수 있다.

제이 로제프스키 교수가 말한 현대의 직업 환경이 급변하고 있다는 의견에 매우 동의한다. 구직자들은 직업을 얻은 후의 생활수준에 대한 기대치가 높아지고 있다. 기업은 채용할 때 복잡한 사고를 할 수 있는 인재를 원한다. 기업이 원하는 것을 충족시키기 위해서는 새로운 이론과 실무 역량이 필요하다. 공식적인 교육을 통해서는 이러한 역량을 확보하기 어렵다. 다양한 경험을 통해 자율적인 사고 방식을 배울 필요가 있다. 하지만 도제교육이 정답이라고 하기는 어렵다. 정규교육과정에서도 충분히 새로운 경험을 할 수 있다.

한국의 도제교육은 정착까지 오랜 시간이 걸릴 것으로 본다. 이해 당사자 간의 신뢰를 바탕으로 협력이 필요하므로 공통의 목표를 향해 함께 노력하는 자세가 필요하다.

▶ 정철영: 산학 연계형 교육은 어떤 주체가 주도하느냐에 따라 많이 달라진다. 미국의 경우에는 대학이 주도한다. 유럽은 노동계와 산업이 도제교육을 필요로 한다. 하지만 한국은 정부 주도로 이뤄지고 있다. 이러한 한국식 도제교육의 성공을 위

해서 무엇이 필요한가?

▶ 그랜트 러브룩: 정부의 의지만으로는 어렵다. 기업과 학생들의 사고방식을 바꿔야 한다. 함께 생각하는 것이 필요하다. 도제교육이 다른 공부, 대학 진학 등과 동등한 가치를 지닌 것으로 인식할 필요가 있다.

정부는 도제교육이 제대로 굴러갈 수 있도록 강력한 안전망을 갖춰 놓아야 한다. 도제교육이 정착한 호주에서도 임금 체불 등 문제가 일부 발생한다. 하지만 정부가 철저하게 감시하고 강력하게 처벌한다. 향후 한국 정부가 도제교육의 지원 시스템을 만들 때 기업이 자격증 발급을 의도적으로 지연하거나 거부하는 사례가 나오지 않는지 잘 살펴야 할 것이다.

▶ 크리스틴 브링스: 지난 2년간 한국에서 경험해본 바로는 학생들의 인식 변화가 가장 중요할 것 같다. 대학을 나오지 않아도 동등한 사회적 대우를 받을 수 있다는 인식이 있어야 도제교육이 정착된다.

기업체의 관심도 더 커져야 한다. 독일에서는 자사에서 교육시킨 학생이 경쟁사로 가는 일도 빈번하지만 이상하게 생각하지 않는다. 독일이라는 국가의 산업 경쟁력을 키우는 데 기업이 기여한다는 인식이 있기 때문이다.

제4부

창의적
인재 양성

01 청년 고용 증진과 해외 취업

안양옥 한국교원단체총연합회 회장은 "초등교사와 중등교사 채용과 관련해서 각각 졸업생의 54%와 18%만이 취업에 성공한다. 우수 자원이 낭비되고 있는 상황이다. 취업난을 해결하기 위해 국내 예비 교사들의 해외 진출 프로그램을 준비해야 한다. 이를 위해 정부와 대학은 교육 혁신안을 마련할 필요가 있다"라고 진단했다.

리카르도 기사도 스페인 고용훈련 노사정재단 국장은 "스페인의 취업률이 유럽에서 최하위인 까닭은 언어능력이 떨어지기 때문이다. 그래서 인력을 수출하기 위해서는 학생들의 언어 능력 향상이 중요하다. 제도교육을 통해 두 가지 언어를 사용하는 학생의 비율을 높이려고 노력하고 있다"라고 말했다.

해외 인력 교류는 개별 국가의 노동 수요와 공급 간의 불일치를 완화시킬 전망이다. 필립 로베더 호주 국립직업교육연구센터 국장은 "독일에는 부족한 정보기술 인력이 인도에서는 넘쳐난다. 기술 인력이 부족한 분야에서 고숙련 해외 이민자를 받으면 국제적인 취업난을 줄일 수 있다. 호주는 고용주가 기술 이민자의 신분을 보증하면 정부가 영주권을 주는 '지역 고용주 기술 이민'을 활발히 시행하고 있다"라고 말했다.

| 강연 ① |
교원의 해외 진출도 필요하다
안양옥(한국 교원단체 총연합회 회장)

나는 직업교육 전공자가 아니다. 그런데도 전 세계에서 경제 위기와 고령화가 겹치면서 청년 취업이 위험한 현실에 한국 교원들의 해외 진출과 관련해 말하고 싶어 발표를 자처했다.

그동안 정부에 정책 제안을 여러 차례 했다. 한국이 이 정도로 발전한 이유 중 하나가 과거 서독으로 가서 광부나 간호사로 일했던 분들의 기여였다. 나는 교원도 이제 해외로 진출할 수 있으므로 교원의 해외 진출이 한국의 역동성을 보여주는 또 하나의 계기가 될 것이라 생각한다. 이번 강연을 통해 한국 교원들의 해외 진출이 왜 필요한지 공감대를 확산시키고 싶다.

고촉통 전 싱가포르 총리의 강연에서 감명 깊게 다가오는 내용 중 하나가 싱가포르의 교육 정체성이었다. 싱가포르인들이 국가적 정체성을 갖고 세계로 나가게 한 뒤에 다시 싱가포르로 돌아올 수 있게

안양옥(오른쪽) "교사를 세계로 나가게 해야 한다."

한 것이다. 김우중 전 대우그룹 회장이 써서 베스트셀러가 된 《세계는 넓고 할 일은 많다》가 생각났다.

한국이 지금 겪고 있는 청년 실업은 고령화 등의 영향으로 전 세계 대부분의 국가가 함께 앓고 있는 문제다. 국내에서는 이 문제의 해법을 찾을 수 없다는 것이 내 결론이다. 이제 세계로 나가야 한다.

과거와 달리 요즘은 초등교사가 교육대학교를 졸업한 뒤 54.1%밖에 취업이 되지 않는다. 교대 졸업하면 100% 취업한다는 것은 옛말이다. 중등교사는 더 힘들다. 중등교사 취업률은 18.2%에 불과할 정도다. 사범대학에 진학하는 학생들은 당해 연도의 수험생 모집단에서 3% 안에 드는 우수한 학생들인데도 초등교사의 약 50%, 중등교사의 약 80%가 노량진 학원가에서 아까운 시간을 허비하고 있다. 이처럼 우수한 인력 자원을 청년 실업으로 내모는 것은 국력의 낭비다. 그래서 반드시 해결책을 찾아야 한다.

해결책 모색은 교육부와 외교부의 진정한 협치가 전제될 때 가능하다. 한국은 OECD 가입국이 저개발국가 지원사업에 쓰는 600억 달러 중에 8억 달러를 지원하고 있다. 일본이 80억 달러를 지원하고 있는 것에 비해 턱없이 모자란다. 그렇다면 이제 소프트웨어적 접근을 통해서 저개발국가를 지원하는 방향 전환도 모색해볼 수 있다. 우수한 인적 자원을 제공하는 방식이 그것이다. 한국의 우수한 교원들을 외교부의 해외 원조사업과 연결시키면 여러 정책적 아젠다(Agenda)가 생길 것이다. 아시아 교원 단체들과 만나보면 한국을 배우고 싶어 하는 강렬한 동기를 발견하게 된다.

20여 년 전부터 국내 대학들은 외국 학생들을 유치해 그 힘을 바탕으로 대학 구조조정의 여파에도 살아남을 수 있었다. 그런데 교육 인력을 수입하는 방향은 이제 한계에 다다랐다. 이제는 패러다임을 교육 인력의 수출 전략으로 바꿔야 한다.

지금까지 교류 형태로 한국 교사들이 중국, 일본, 동남아 등지에 나간 적은 있다. 이는 주로 교사를 상호 교류한다거나 교육원을 통한 일시적 연수 형태였다. 그야말로 교사의 능력 계발 차원의 접근만 이뤄진 셈이다. 그런데 이보다는 좀 더 장기적이고 미래 지향적인 방향 설정이 필요하다. 청년 실업시대에 우수한 예비 교원들을 해외로 진출시킬 수 있기 때문이다.

교사 교류와 외교부의 해외 원조사업을 하나로 묶어서 개발도상국으로 예비 교사들을 6개월 이상 나가 활동할 수 있는 기회를 제공하는 것이 그 해법이 될 수 있다. 이들이 세계를 느끼고 돌아온다면 우리 교실은 세계 속의 교실이 될 것이다. 국가와 지방 교육 정책이 함께 힘을 모으고 각 대사관에서도 적극적으로 협력한다면 불가능한 일이 아니다.

다시 한 번 강조하지만 예비 교사와 우수 교원들을 한국에 머물지 않고 전 세계로 나가게 해야 한다. 우수 자원들이 대학을 다니는 동안 시간을 낭비해서는 안 된다. 교사 양성기관에서 필수적으로 제2외국어 프로그램을 운영해 어학에 능통한 예비 교사들을 배출시킨다면 이들은 어떤 나라든지 갈 수 있는 기회가 생길 것이다. 예비 교사들을 해외로 진출시키는 일은 한국의 미래에 또 다른 이정표가 될 것이다.

안양옥

서울대학교 사범대학 체육학과를 졸업하고 스포츠 교육학 박사학위를 취득했다. 미국 노스캐롤라이나 주립대학교 초빙교수를 지냈다. 전국교육대학교 교수협의회장과 한국 체육학회 부회장을 거쳐 한국교원단체총연합회 34대, 35대 회장을 역임했다. 2014년부터는 대한체육회 평가위원회 위원장으로도 활동하고 있다.

| 강연 ② |

해외 인력 교육에 맞는 교육 전략이 시급하다

필립 로베더(호주 국립직업교육연구센터 운영분석국 국장)

전 세계 노동시장을 보면 현재 많은 변화가 일어나고 있다. 어떤 곳에서는 훈련된 노동자들이 넘치는 반면 어떤 나라는 인력 부족에 시

필립 로베더 "국제적 감각을 갖춘 학생을 키워야 한다."

달린다. 독일의 경우 60만 개의 일자리가 있는데 채워지지 않고 있다. 인도는 반대로 노동력이 너무 넘쳐나고 있다. 독일은 IT 인력이 매우 부족하지만 인도는 IT 인력이 넘친다.

노동시장의 양상도 빠르게 변하고 있다. 오늘날 일자리의 많은 부분이 10년 후에는 자동화가 될 것이다. 2020년이 되면 전 세계적으로 8,500만 명의 일자리가 생길 것으로 전망된다. 특히 사이버 보안 분야에서 필요한 일자리가 많아질 것이다. 정보를 다루는 직업, 문제해결과 관련된 일자리, 디자인 관련 일자리는 넘쳐날 것이다. 물론 없어지는 일자리도 당연히 생긴다. 특히 고숙련과 저숙련을 제외한 중간 단위 기술 수준의 일자리가 많이 사라지면서 중간 기술 공동화 현상이 벌어지는 것도 예상이 가능하다.

프라이스워터하우스쿠퍼라는 컨설팅사에서 조사한 것을 보면 앞으로 위협받게 될 직업이 나온다. 특히 컴퓨터 기술의 발전으로 인해 위협받는 직종이 많이 생긴다. 대신 기술이 다양하게 발전해도 커뮤니케이션, 보육, 보건, 복지 등의 분야는 크게 위협받지 않을 것이다. 새로운 기술은 새로운 기회를 열어주기도 한다. 국제 해운, 운송 등도 앞으로 더 발전할 것이고 이 분야와 관련된 창업도 많아질 것이다. 또한 과학, 기술, 수학이 줄기가 되어 많은 분야가 발전할 것이다. 그래서 국가들도 정책을 통해 뒷받침해야 한다. 호주는 줄기 기술에 초점을 맞춰 이 분야를 발전시키고 일자리를 만들기 위해 노력하고 있다.

지금 실업률이 전 세계적으로 높다. 학교를 졸업해도 일자리 찾는게 쉽지 않다. 그만큼 세계 경제가 어려운 상황이다. 호주는 대학 졸업자가 학교를 졸업하고 전공과 연관된 직종에 취업하는 데 평균 4.7년이 걸린다. 졸업하지 않고 학교에 오래 머무는 학생도 많아지고 있다. 이를 위한 해결책 중 하나로 학생들이 해외에서 직업을 찾는 일에 적극적일 필요가 있다. 그러기 위해서는 노동시장에서 어떤 일이 일어나고 있는지를 이해하는 것이 중요하다. 고용주들은 자신의 분야에서 충분한 준비 지식을 가진 사람들을 고용하기 원한다. 전문 기술이 없으면 여전히 국제시장에서도 취업문은 좁을 수밖에 없다. 전공 외에 부수적인 활동에 참가하거나 해외 유학 등을 통해 노동시장에서 유리한 위치를 차지하기 위한 노력이 필요하다.

학생들이 외국에서 공부하고 경험과 기술을 쌓은 뒤, 본국으로 돌아오는 프로그램을 가진 중국, 인도, 한국 등의 학교들은 해외에서 굉장히 많은 학생을 받는다. 자원봉사 프로그램도 굉장히 많다. 이 같은 교환 프로그램은 문화 이해와 교육의 기회도 제공한다. 메트로 폴리탄대학교는 학생들에게 문화와 관련해서 새로운 시각을 제공해 성숙한 사람이 될 수 있도록 해준다.

워킹 홀리데이 제도도 30세 이하의 학생들이 원하는 곳에 가서 일을 도와가면서 경험의 폭을 넓히는 기회다. 호주 퀸즈 지역에서는 망고를 수확하는 인력이 부족하다. 독일, 영국, 한국 등에서 워킹 홀리데이 제도를 통해 이곳으로 들어와 일하도록 했다. 학생들은 이 기회를 통해 경험과 통찰력를 얻게 된다. 해외 인턴 연수는 젊은 학생들에게 해외에 나가서 다양한 부서를 돌아가며 경험할 수 있는 기회가 된다. 일을 배우면서 학교에서 배운 것이 현장에서 실제로 적용이 가능한지 경험할 수 있다.

이제 대학도 국제적인 비즈니스 환경을 고려한 교육 프로그램을 제공해야 할 때다. 호주에서는 수의학과의 경우, 현장에서 실제로 필요한 기술들을 학교에서 배우지 못하는 간극이 컸다. 학과 커리큘럼을 짤 때 실제 현장에서 필요한 것이 무엇인지 따져보고 적용하는 과정이 매우 중요하다. 시작 단계부터 현장 상황을 반영한 교육이 필요하다는 의미다.

이러한 교육을 통해 대학은 글로벌 인재를 길러야 한다. 글로벌한 노동시장을 생각해서 학생들이 기술을 연마하고 적응력과 유연성을 갖출 수 있도록 가르치는 것이다. 국제적 감각을 갖춘 학생들을 키워야 한다는 의미다. 학생들이 해외에 나가는 것을 고려할 때 노동시장이나 산업구조의 변화를 잘 따져봐야 한다. 세계 고용시장의 딜레마를 잘 파악해 학생들을 교육해야 한다는 것이다.

기술 이민을 통해 노동시장 참가율을 높이는 방안도 장려되어야 한다. 호주에서는 이민자의 80%가 한창 노동할 수 있는 40세 이하다. 이런 이민자들을 위해 호주에서는 지역 고용주 기술 이민제도가 있다. 그래서 숙련 노동자가 필요한 고용주들은 해외에서 이민자를 받아들여 인력을 충당할 수 있다. 호주 국립직업교육연구센터는 자국 내 기술 인력이 부족한 분야에서는 기술을 가진 인력을 해외 이민자로 충당하는 것이 한 가지 방안이라고 강조해왔다. 노동 인력의 이동성을 높여 인력이 넘치는 곳에서 부족한 곳으로 옮기는 현상은 바람직하다. 그러나 숙련 노동자들이 법에 저촉되지 않고 더 쉽게 이동할 수 있는 것은 여전히 고민거리다.

이러한 인력의 국제 교류의 혜택은 누구에게 돌아가는가? 학생은 문화 이해의 폭을 넓히고 세계시장에 참여하는 기회를 얻는다. 국내시장에만 머물렀다면 얻지 못할 기회를 제공받는 것이다. 고용주는 고숙련 인력을 얻게 된다. 하이테크, 엔지니어링, 수학 등의 분야는 이러한 현상을 더 적나라하게 보여주는 분야다. 기술 이민 제도는 영국에서 100억 파운드의 혜택을 가져다준다는 연구결과도 있다. 이민자의 출신국뿐만 아니라 이민을 받아들이는 국가에서도 혜택을 입는 것이다.

국가적 전략을 통해 국제적 경쟁력을 갖추고 언어와 문화 이해력을 지닌 글로벌 인력을 길러내는 것은 매우 중요하다. 그러기 위해서는 학생들이 자신들의 기회를 최대한 발휘할 수 있는 정책의 충분한 뒷받침이 있어야 한다. 중·고등교육 관련해서는 우리가 총체적 계획을 잘 세워야 하는 이유가 여기에 있다.

필립 로베더

호주 플린더즈대학교에서 미술학을 전공했으며 또한 교육경영학 석사학위를 받았다. 2012년부터 유네스코의 기술·직업교육 및 훈련을 위한 국제센터 UNEVOC에서 태평양-호주 지역 담당자로 일하고 있다. 현재 호주 국립직업교육연구센터(NCVER) 운영분석국 국장으로 있으면서 호주 직업능력교육센터 국제이사장도 맡고 있다.

 | 토론 ① |
해외 취업에 대한 동기부여를 하라
필리프 그네기(스위스 연방직업능력개발원 원장)

일단 커뮤니케이션이 중요하다. 학생들에게 해외로 가야 한다는 당위를 내세우기만 하면 젊은이들은 해외에 나가야 할 이유를 알지 못한다. 실업률에 맞서 싸우면서 학생들을 해외에 나가게 만들어 교육받게 하려면 긍정적 동기부여를 해줘야 한다는 의미다. 그래서 커뮤니케이션이 중요하다.

교육 훈련을 받고 해외 연수를 다녀오면 더 나은 일자리를 갖게 된다는 확신이 무엇보다 중요하다. 우선 더 풍부한 경험과 새로운 사람들과의 관계에서 새로운 문화를 습득할 수 있다고 학생들을 설득해야 한다. 그리고 다시 고국으로 돌아오면 더 나은 일자리가 보장되어 있어야 한다. 이 같은 전제조건이 충족되면 학생들에게 충분한 동기부여가 될 것이다. 이 약속은 정부, 기업, 학교 모두의 약속이어야 한다. 3자가 모두 동의하고 협력해야 해외 파견 프로그램이 실효를 얻을 수 있다.

| 토론 ② |

언어와 글로벌 감각을 갖추라

리카르도 기사도(스페인 고용훈련 노사정재단 국제관계국장)

스페인은 지금 젊은이들의 실업률 굉장히 높다. 약 49%에 달한다. 유럽 국가 중에 그리스만이 유일하게 스페인보다 높은 실업률을 기록하고 있다. 반면 독일의 실업률은 7.2%에 불과하다.

스페인은 경제적으로 많은 어려움을 겪고 있고 교육제도도 여러 가지 문제에 봉착해 있다. 청년 실업률이 낮은 독일은 이원화된 직업 교육이 있지만 스페인에는 없다. 교육법을 개정했지만 어느 정도 실효를 거둘지는 알 수 없다.

지금 스페인의 가장 큰 문제는 언어 능력이다. 정부에서는 자유롭게 영어로 말하는 학생들의 비율을 늘리려고 한다. 그 영향으로 영어 등 다른 언어를 가르치기 위해서 두 개의 언어로 수업을 진행하는 학교가 늘고 있다. 영어로 진행되는 수업에 지원도 늘리고 있다.

에라스무스 프로그램을 통해 2020년까지 200만 명의 젊은 유럽인이 다른 국가로 진출해서 대학 교육을 받을 수 있도록 했다. 이 프로그램에는 교사도 포함이 되는데 2020년까지 80만 명의 유럽 교사들이 다른 국가로 진출할 수 있는 기회가 제공된다.

　새로운 세대에게는 새로운 정신을 불어넣어야 한다. 즉, 글로벌 시대에 맞춰서 새로운 언어와 문화를 배우려는 자세가 중요하다는 의미다. 국수주의를 고집하면서 우리 언어를 고집하는 것은 이제 더 이상 아무런 의미가 없다.

02 인구 변동과 로봇의 역할

기술이 눈부시게 발전하면서 미래에는 기계가 인간을 대체할 것이라고 전망하는 사람이 많다. 일자리 부족이 세계적 현상이 된 가운데 인간과 가장 닮은 기계인 로봇이 일자리를 빠르게 없앨 것이라는 걱정스런 예측도 있다. 하지만 로멜라로봇연구소장을 겸직하면서 2009년 '과학을 뒤흔드는 젊은 천재 10인'에 선정된 데니스 홍 미국 UCLA 교수는 "로봇이 인간의 일자리를 빼앗을 것이란 생각은 대부분 과장됐다. 로봇 기술은 인간을 행복하게 해주기 위한 것이며 로봇과 인간은 서로 공존할 수 있다"라고 말했다.

"일단 로봇이 인간의 일자리를 빼앗을 정도로까지 발달하려면 최소한 수십 년이 걸릴 것이다. '뇌'에 해당하는 인공 지능과 '몸'에 해당하는 로봇 기술은 서로 다른 개념이다. 인공 지능 자체는 굉장히 빠른 속도로 발전하지만 이를 담을 '그릇'인 로봇의 발전 속도는 비교적 더디다. 팔과 다리의 움직임 등에서 물리적인 제약이 있기 때문이다. 기술이 비약적으로 발전해 인간의 일을 대신 한다고 해도 그 분야는 사람들이 하고 싶어 하지 않거나 해서는 안 될 일일 것이다. 또한 로봇의 사용이 활성화되면 새로운 산업이 생길 것이며 오히려 일자리가 늘어날 수도 있다. 자동차가 없을 때에는 주유소도, 정비공도 없었지만 지금은 자동차와 관련한 직업이 엄청나게 많지 않은가. 다만 교육 시스템은 창의성과 예술성 등 대체 불가능한 인간 고유의 특성을 키워주는 쪽으로 바뀌어야 한다."

로봇 과학자로서의 윤리적인 고민도 털어났다. 미국 해군의 지원을 받아 군함에서 불이 나면 투입되는 화재 진압용 로봇을 개발 중이라고 한다. 인간의 생명을 위협하는 일을 로봇이 대신하는 것이다.

"일단 개발이 끝나면 로봇이 소화기 대신 총을 들어도 내가 컨트롤할 수 없게 된다. 기술은 의도하지 않은 결과를 가져올 때도 있기 때문에 개발과 동시에 기술에 대한 방책도 세울 필요가 있다."

하지만 로봇 개발이 인간을 이롭게 하기 위한 것이라는 데니스 홍 교수의 믿음에는 변함이 없었다. 데니스 홍 교수는 세계 최초로 시각 장애인을 위한 무인 자동차를 개발했고, 지난해에는 재난 구조 로봇을 만들기 위해 후쿠시마 원전 안에 직접 들어가기도 했다.

"무인 자동차 주행에 처음 성공했을 때 본 시각 장애인의 행복한 표정을 잊을 수 없다. 그날 인간에게 행복을 주는 로봇 개발에 인생을 걸겠다고 생각했다."

데니스 홍 교수는 미국에서 태어났지만 한국에서 고등학교를 마친 뒤 다시 미국으로 건너간 독특한 이력을 갖고 있다. 서울고를 졸업하고 고려대 기계공학과에 들어갔지만 중퇴하고 미국으로 건너갔다. 최근에는 한국 대중 매체에도 출연해 국내 인지도가 높다.

"나도 친구들과 놀기보다는 컴퓨터와 혼자 놀기를 좋아하는 평범한 한국 학생이었다. 내가 한국을 자주 찾고 강연하거나 TV에 출연하는 것은 나와 같은 한국 젊은이에게 꿈을 주기 위해서다."

데니스 홍 교수의 강연에는 중고생이 대거 참석해 그의 대중적인 인기를 실감하게 했다. 그는 강연이 끝난 뒤 몰려든 학생들과 함께 사진을 찍으며 격려했다.

《인구 쇼크》의 저자 앨런 와이즈먼은 "나흘마다 세계 인구가 100만 명씩 늘어나는 것은 지구에 커다란 위협"이라며 "세계 인구를 60억 명 수준으로 조절해야 한다"고 주장했다.

| 강연 ① |

지속가능한 미래를 위한 열쇠

앨런 와이즈먼(미국의 유명 저널리스트, 《인구 쇼크》 저자)

나는 저널리스트다. 모든 것에 호기심 있어서 저널리스트가 됐다. 항상 주변에 궁금증을 가지던 나는 시간이 지날수록 환경 전문 저널리스트가 됐다. 환경이 자원과 기후 변화 등에 영향을 미치고 우리의 미래를 변화시킨다는 걸 알았다. 가장 아름다운 곳이 가장 무서운 곳이 되고 있다. 북극은 빙하가 녹아서 사라지고 있다. 또한 아름다운 밀림이 사라지고 있다. 우리가 혹시 사라진다면? 우리가 빨리 사라

저널리스트 앨런 와이즈먼(가운데)과 데니스 홍 교수(오른쪽)

진다면 어떻게 될까? 호모 사피엔스에만 작용하는 바이러스가 생기거나 에이즈 바이러스가 창궐해 어느 날 모든 인간이 다 사라진다면 어떻게 될까?

2억 5천만 년 전 식물의 종류도 별로 없었을 때 식물이 썩어서 양분이 되고 토양이 비옥해지는 식의 과정이 있었다. 1억 년이 지나면 새로운 지구가 될 수 있는 것이다. 멕시코에서는 많은 멸종위기 동물이 사라졌다. 여러 종류의 동물이 사라지는 상황을 지구는 많이 겪었다. 어쩌면 우리도 멸종할 수 있다. 지구에서 그런 일이 많았기 때문이다. 내가 연구하는 내용을 보여서 자연이 엄청난 힘이라는 것을 알게 하고 싶었다. 자연은 엄청난 힘이 있다. 물론 상처를 치유할 수도 있다.

우리가 어떻게 지구를 지속 가능하게 만들 수 있을까? 나는 최근에 인생을 바꿔놓을 만한 끔찍한 사실을 알았다. 나흘마다 100만 명의 인구가 늘어난다는 사실이다. 죽어서 사라지는 사람의 숫자를 차감한 숫자다. 이런 식으로 우리가 지속 가능하게 살 수 있을까? 그런 숫자가 놀랍지 않나? 이와 관련해서 생각을 많이 했다. 과연 인간이 할 수 있는 가장 최선의 방법은 뭘까? 증식을 멈추는 게 아닐까 싶다. 아이들을 더 이상 낳지 말라는 말로 들릴 수도 있겠다.

과거 16억 명 정도였을 때는 살기가 좋았다. 다른 생물 종을 밀어낼 필요 없이 같이 살 수 있었다. 하지만 최근 100년 동안 4배나 늘었다. '아기를 낳아라, 마라' 할 수 있는 정부는 없다. 그래서 우리 스스로가 중지하는 것이 가장 좋은 방법이라 생각한다. 사실 이런 인구 통제 자체는 불편한 일이다. 예를 들어, 종교는 계속해서 아이를 많이 낳아라, 인류를 더욱 크게 만들라고 가르친다. 종교의 힘이 강해져야 하니까. 그래야 다른 종교와 싸우고 자기 종교를 지킬 수 있으니까. 경제학자들도 인구가 많은걸 좋아한다. 많은 인구에 기반해서 계획을 세우고 경제활동의 주체인 소비자가 많아지기 때문에 인구는 늘어나야 한다고 생각한다. 과학자, 경제학자는 인정하진 않겠지만 사람이 많아지면 사실 경쟁이 치열해지기 때문에 나중엔 최하위 사람들은 임금이 적어지면서 최하 빈곤층으로 떨어진다. 아무도 이런 이야기는 하지 않는다.

나는 인구 과잉이 모두의 가장 큰 환경 문제라고 본다. 최근에 쓴 책이 《인구 쇼크》다. 이 책을 쓰면서 내가 생각한 질문은 '얼마나 많은 사람이 있어야 적정 인구인가', '자연을 어떻게 보존해야 인간의 생존을 보존할 수 있나', '정부가 아이를 낳지 말라고 주장하는 것 외에 알아서 할 수 있는 방법은 없나', '인구 증식을 막을 수 없다면 경제구조를 우리가 어떻게 만들어야 하나' 등 4개였다. 나는 저널리스트이지 인구 문제 전문가는 아니다. 질문을 받아도 나는 전문가들에게 답을 가져오는 경우가 많다.

인구가 왜 이렇게 증가했을까? 과거에는 인구가 거의 성장하지 않았다. 당시 우리의 수명이 길지 않았기 때문에 빨리 죽었다. 그렇게 인구수가 유지되다가 1900년대 말쯤 천연두 치료법이 개발됐다. 천연두에 대한 치료가 만들어지면서 오래 살게 됐다. 그 이전에는 40년 정도가 수명이었고 영아 사망도 많았다. 천연두 백신이 나오자 사람들이 과거보다 죽지 않았다. 20세가 시작되면서 16억 인구까지 만들어졌으며 그다음부터 계속 증가했다. 이렇게 직선으로 쭉 올라가는 이유를 말하기 위해서는 20세기에 대한 설명이 필요하다. 생물학의 역사를 보면 이게 정상은 아니다. 우리로 인해 오염된 것이 너무 많다. 이렇게 많이 오염시키는 생물 종이 지구 상에 있을까?

우리가 처한 모든 현상이 정상은 아니다. 왜 이렇게 됐나? 20세기에 우리는 배운 것이 있다. 좋은 아이디어를 바탕으로 의학을 개발했다. 의학이 개발되면서 사람들은 많이 살게 되었으며 자연이 주는 것보다 더 많은 걸 경작할 수 있는 기술이 생겼다. 2차 대전 이후 독일에서는 질소를 대기 중에 뿌려 토양에 떨어지게 하는 방법을 개발했다. 질소에 기반한 박테리아가 뿌리에 살게 되는 것이다. 질소 비료가 토양을 완전히 바꾸면서 우리의 모든 것을 바꿨다. 비료가 없었다면 우리는 생존하지 못했다. 질소 비료가 물에 씻겨 내려가면서 나중에는 온실가스를 만들었고 오존층 파괴의 주범이 되었다.

멜서스의 《인구론》을 보자. 경제학자인 멜서스는 식량이 부족하기 때문에 인구는 증가하지 못한다고 했다. 식량 생산이 기하급수적으로 늘어날 수 없다는 것이다. 그러나 인도, 파키스탄에서는 인구가 폭발적으로 늘었다. 농업의 기적으로 인해 일어난 혁명이다. 연구소에서 시작한 쌀이나 옥수수, 귀리 등 다양한 곡물이 점점 종자가 부족해지게 됐다. 왜냐하면 더 많이 필요해졌기 때문이다. 수확량은 개량되어 몇 배 늘어났다. 그 어떤 사람도 기아에서 벗어날 수 있게 됐다. 처음엔 칭찬받고 상까지 받았다. 그런데 식량 생산기술이 인구통제를 하지 못하게 만든 것이 있다. 식량을 더 많이 생산하면 기아로 죽는 사람이 없으니 오래 살게 되고, 아이를 더 많이 낳으니 인구는 더 늘어났다. 혁명적이고 혁신적이라 했던 그런 기술들이 인구가 기하급수적으로 올라가게 만든 원인이었다. 인류 역사에서 이런 일이 계속되면 어떻게 될지 누구도 모른다. 어떤 기법이 또 나올지도 모른다.

녹색 혁명이라고 하는 것이 인도와 파키스탄을 살렸다. 인도가 인구수로 중국을 능가하고 있다. 녹색 혁명은 물에서 나온다. 펀자브 지역에 가봤더니 농부들이 물을 얻기 위해 굉장히 땅을 깊게 파고 있었다. 지하수를 끌어올리려고 말이다. 너무 힘드니까 자살하는 사람도 있다.

파키스탄의 인구는 2억 명 정도가 된다. 땅 크기는 미국 텍사스 주만 하다. 이런 상황이 정말 분개할 수밖에 없게 만든다. 그래서 테러리스트가 되기도 한다.

우리가 갖고 있는 농토의 40%는 처음부터 농토가 아니었다. 우리가 멸종 동물 서식지를 우리 영토로 만든 것이다.

인구 성장 그래프는 대기 내 이산화탄소 증가와 똑같은 모양이다. 많은 과학자가 여기에 대해서 두려워하고 있다. 소비도 문제다. 우리가 소비를 적게 하면 어떨까? 지금 너무나 많은 제품을 소비하고 있다. 그래서 너무 많이 에너지가 쓰이고 있다. 반면 우리는 대규모로 지구에서 에너지를 계속 가져올 기술이 없다. 기술을 만들어가는 중일뿐이다.

이란의 정치가 아야톨라 호메이니가 살아 있었을 때 "모든 여성은 임신이 임무"라고 말했다. 그렇게 해서 인구가 늘었는지는 모르겠지만 이란의 인구 성장률은 당시에 세계에서 유례가 없었다. 그 인구를 다 먹여 살릴 식량은 당연히 부족하다. 아니나 다를까, 현재 파키스탄은 그런 문제를 겪고 있다. 하지만 아직도 《코란》에는 산아 제한 이야기가 없다.

많은 나라에 가봤더니 교육받은 여성들이 아이를 덜 낳고 있었다. 교육을 받고 나면 경제적으로 돈을 벌고 사회를 위해 좋은 일을 하길 원한다. 교육받지 않은 여성들은 이미 7명이 있어도 또 아이를 낳는다. 고등교육을 받은 여성은 2명 이상 낳지 않는다. 더 적게 낳는 경우도 많다. 이란은 대학생 60%가 여자다. 그들이 2명 정도 낳는다. 그래서 인구가 확 증가하지 않았다. 중국에서 굳이 1가구 1자녀를 쓰지 않더라도 교육을 받으면 별로 많이 낳지 않을 것이다.

인구가 줄어드는 것이 문제인 나라도 있다. 경제에 어떤 영향을 미칠까 고민한다. 한국도 그렇다. 이런 고민을 해보시길 바란다. 우리가 이산화탄소를 계속 증가시키면 경제도 없어질 것이다. 지구 체제에 대한 관심을 젊은이가 많이 가져야 한다.

아이 많이 낳는 것은 농사짓던 시대에 필요했다. 지금은 아니다. 일본은 인구가 줄고 있는데 이렇게 되면 그다음 세대가 훨씬 더 여유 있게 살 수 있다. 자연스럽게 경쟁도 줄어든다. 훨씬 더 균형 잡힌 삶을 살 수 있다. 내가 사는 나라도 노인 부양을 위해 많은 돈을 들인다. 사회를 유지하기 위해 젊은 세대가 노인을 부양하는 것이다.

인구가 줄면 GDP도 줄어든다. 그러나 여러분들이 지금 GDP를 걱정하나? 아니다. 자기 소득을 걱정한다. 그런데 경제학자처럼 생각해보자. 사람이 적게 태어났다. 그러면 한 사람, 한 사람이 더 가치가 있게 된다. 당연히 가치가 올라간다. 현재 많은 부(富)가 상위계층에만 머물러 있는데 이 문제가 자연스럽게 해결된다. 그러면 균등화가 이뤄지면서 삶의 질이 높아지게 된다. 이 현상이 일본에서 이미 일어나고 있다. 노인세대가 많이 사망하면서 젊은 세대들에게 집을 살 수 있는 땅이나 기회가 주어진다. 어떤 산업군은 스스로 조직을 개편하고 있다. 숫자는 줄어도 더 가치가 있게 말이다.

마지막으로 기업은 앞으로 인구가 적은 상태에 적응할 수 있도록 변해야 한다. 적은 인구들은 훨씬 더 창의적일 수 있다. 자동화된 시스템을 사용하면 대안이 될 수 있다. 로봇 시스템이 생산을 맡는 것이 대안이다.

많은 사람이 인간의 일자리를 로봇이 뺏을 것이라고 걱정한다. 인구가 줄어들면 그렇게 될 수밖에 없다. 우리가 교육받은 사람으로서 산아 제한도 생각하고 콘돔을 사용하므로 2~3세대 정도 지나면 인구는 줄어든다. 60억 명 이하로 인구가 유지될 수 있다. 그것이 유지만 된다면 다른 사람들을 위해서도 적정수준이라고 생각한다.

| 강연 ② |
로봇이 인간을 대체할 수 있을까
데니스 홍(미국 UCLA 기계공학과 교수)

버지니아 공과대학교에서 11년간 교수를 하다가 작년에 연구소와 같
이 옮겼다. 우리가 개발한 로봇인 다윈은 2004년, 2005년, 2006년
내내 발전했다. 이제는 스스로 생각하고 축구도 한다. 2050년까지
로봇 축구팀이 인간 월드컵 축구팀을 이기는 것을 목표로 한다.

2009년 다윈 4호를 개발했다. 힘도 세지고 태권도도 한다. 다윈을
교육과 연구용으로도 만들었다. 이 로봇은 모든 것이 공짜다. 소프트
웨어뿐만 아니라 하드웨어까지 오픈 소스로 공개했다. 하드웨어가
오픈 소스라는 말은, 어디서 부품을 사고 어디서 가공했는지 모든 걸
인터넷에 공개했다는 것이다. 동료들과 가족들이 쿡쿡 찌르더라. 왜
이걸 공짜로 오픈하느냐, 팔면 돈을 엄청 벌 수 있다면서 말이다. 고
민을 했다. 삶을 살면서 고민 있을 때 스스로 하는 질문이 있다.

"내가 애초에 이걸 왜 시작했는가?"

다윈을 만든 이유는 연구용과 교육용으로 보급하기 위해서였다. 당연히 오픈하는 것이 옳은 일이었다. 지금은 로봇학회 같은 데 가면 엄청나게 새로운 논문들이 다윈을 사용해서 만들어진다. 다윈은 내가 로봇학회에 준 선물이라고 생각하는, 아들 같은 로봇이다.

오픈 소스는 온라인 유저들도 엄청 많다. 어떤 대학교에서 다윈의 손 센서를 또 만들었다. 펜실베니아대학교와 개발한 넘어지지 않는 기술도 있다. 경험을 바탕으로 새로운 행동이 나오는 기계 학습이 있다. 로봇끼리 협동하는 것에 최근 관심이 있다. 오픈 소스로 로봇 기술은 발전했다. 다윈은 오픈 소스의 성공 케이스다. 내가 오픈하지 않고 팔았다면 지금 같은 임팩트(impact)는 없었을 것이다. 기술의 공유와 개방의 힘이다.

월드컵 축구팀과 대결하기 위해 찰리라는 큰 로봇을 만들기 시작했다. 모든 방향으로 걸을 수 있고 명령이 주어지면 스스로 할 수 있는 로봇이다. 아주 가볍게 만들었다는 사실이 가장 중요하다. 안전에도 중요한 점이다. 이 로봇은 미국 최초로 성인 사이즈 로봇으로 인정받았다.

로봇 월드컵이 2011년 이스탄불 터키에서 열렸다. 정말 재미있었다. 앞으로는 어린이 사이즈의 다윈부터, 어른 사이즈의 찰리까지 공을 스스로 찾고 차기 위해서는 그와 관련한 모든 기술을 개발해야 한다.

사람들은 로봇이 축구 말고 더 중요한 것을 해야 하는 것 아니냐고 말한다. 그런데 로봇이 축구조차 못한다면 더 중요한 일을 어떻게 할 수 있겠나? 우리는 사람의 생명을 살리는 로봇도 만들고 있다. 거기에 쓰이는 기술이 다 로봇이 축구를 하는데 개발한 것들이다. 그 로봇이 완성되면 군함에서 불이 났을 때 소방관과 함께 가서 불을 끈다. 계단을 열고 도구도 사용하며 문도 연다. 바닥이 흔들려도 넘어지지 않는다.

아직은 사람처럼 행동하는 것이 힘들다. 그래서 사람이 걷는 것을 다시 개발하고 재조명한 로봇이 나비로스다. 인간처럼 생기지 않은 두 다리가 달린 로봇 시스템이다. 계단도 쉽게 올라가며 가볍고 저렴하다. 다이나믹(dynamic)하고 탄성이 살아있어서 뛰어 다닐 수도 있다.

내가 진짜 로봇을 만드는 이유는 인간을 위한 따뜻한 기술을 만들기 위해서다. 일본 후쿠시마에 원자력 사고가 나서 많은 사람이 죽었다. 지금도 문제가 상당히 심각하다. 우리가 개발하는 로봇은 후쿠시마에 사용할 로봇이다. 바로 재난용 로봇이다.

최근 나는 목숨 걸고 후쿠시마 원전에 들어갔다가 나왔다. 심리적으로 아주 힘든 결정이었다. 기술을 개발하는 사람 입장에서는 직접 쓸 사람이 사용할 곳을 보고 체험하지 않으면 효율적으로 기술을 개발할 수 없다. 재난 구조 로봇을 만든다고 떠들더라도 그 상황을 진짜 이해할 수 없으면 개발하지 못한다. 후쿠시마 갔을 때 전문가들과 대화했는데 24시간 안에 밸브 하나만 누가 열었더라면 그런 재난이 없었을 것이라는 말을 들었다. 로봇이 있었다면 방지할 수 있었다. 그래서 우리는 인류와 지구를 구할 로봇을 개발하겠다는 신념으로 연구한다.

화재 진압형 로봇을 미국 해군에서 큰돈을 받아 개발하는데 이 로봇이 갖춰야 할 스펙이 있다. 소방 호스를 불에 겨냥하거나 문을 열고 소화기를 던져서 끌 줄 알아야 한다. 하지만 이 로봇을 개발해서 넘긴 후에는 우리가 어떻게 할 수가 없다. 소방 호스 대신 총을 들고, 소화기 대신에 수류탄을 던질 수도 있다. 전쟁에 로봇을 사용하면 오히려 생명을 더 구할 수 있다는 시각도 있지만 나는 사람을 해치는 로봇을 만들고 싶지 않다. 그래서 걱정된다. 이게 굉장히 큰 프로젝트다. 내가 만든 기술이 내가 원하지 않는 방법으로 사용될 수 있다는 걸 아는 상태에서 이걸 시작해도 되는가 하는 딜레마가 있다. 그래서 내가 내린 결정은 굉장히 나이브(naive)한 결론이다. 내가 안 하면 누군가는 할 것이고, 누군가 할 거면 내가 하는 게 차라리 낫다는 것이다. 내가 하게 되면 어느 정도 컨트롤할 수 있다는 생각이다.

로봇에 관한 문제가 아니라는 생각도 했다. 망치를 보자. 망치는 못을 박는 도구지만 망치로 누굴 때려서 죽일 수도 있다. 그건 망치나 망치를 만든 사람의 잘못이 아니다. 사용자의 문제다. 책임을 회피하려는 건 아니지만 그건 로봇이나 로봇 개발자의 잘못이 아니고 사용자의 윤리 문제다. 노벨도 다이너마이트를 개발했지만 결국은 1차, 2차 대전에서 무기로 사용됐다. 그래서 노벨이 괴로워했다. 아인슈타인은 상대성 원리를 발견했다. 그런데 결국 원자폭탄에 사용됐다. 윤리에 대한 고민은 계속 하고 있다. 내가 하는 일이 사회에 어떤 영향을 미치는지 항상 고민한다.

무인 자동차도 개발했다. 모든 것이 자율적으로 움직이고 안에는 아무도 없다. 스스로 주차도 한다. 운전사 없이 도심지에서 교통법규를 지키면서 6시간 동안 미션을 완수하는 대회가 있다. 길에는 다른 자동차도 있고 다른 로봇 자동차도 있다.

당시 팀에 학생들 46명이 참가했다. 이런 기술이 있으면 시각 장애인도 운전할 수 있는 자동차를 만들 수 있지 않을까? 시각장애인 협회(NFB)에서 시각 장애인 자동차 대회가 있었는데 첫 번째 미팅 때 태어나서 가장 큰 쇼크를 받았다. 그 미팅에 간 사람이 나밖에 없었다. 앞으로 보지 못하는 사람이 직접 판단하고 직접 운전하는 자동차 대회였던 것이다. 많은 사람이 조언을 많이 해줬는데 3가지였다. 불가능하니까 다른 것을 하라는 조언, 돈이 안 되니까 다른 것을 하라는 조언, 시각 장애인을 돕기 위해 해야 한다는 조언 등이었다.

처음에는 돈도 없었다. 이베이에서 지원받아 만들었다. 시각장애인협회에 계신 두 분을 모시고 처음으로 테스트를 했다. 테스트가 끝나고 내 인생을 바꾼 순간을 경험했다. 태어나서 그렇게 행복한 미소를 본 적이 없었다. 시각 장애인으로 태어나서 처음으로 자유와 독립을 만끽한 순간을 본 것이다. '내가 저 사람을 이렇게 행복하게 만들었으면 내가 이 세상 모든 시각 장애인들에게 행복을 줄 수 있구나'라고 생각했다. 내 라이프 타임(life time)의 미션으로 삼았다.

로봇이 일자리를 대체하기에는 아직 갈 길이 멀다. 그리고 인공 지능과 로봇은 다르다. 인공 지능은 엄청나게 발전하지만 로봇은 사실 더디다. 실체가 있고 물리법칙을 따르기 때문이다. 인공 지능을 담을 그릇은 로봇이기 때문에 로봇이 일자리를 대체한다는 말은 과장되었다. 설령 그렇게 된다고 해도 멀었다. 하지만 그때가 되면 인간이 해서는 안 될 것들을 로봇이 대체할 것이다. 미래에는 아무도 하기 싫어하는 일일 것이다. 미래에 2015년을 돌이켜봤을 때 '인간이 저런 일을 했었단 말이야? 정말 미개했구나'라고 생각할 일들만 로봇이 대체할 것이다.

사실 로봇이 활성화되면 새로운 일자리가 생긴다. 자동차가 없던 시기에는 주유소도, 정비공도 없었지만 지금은 자동차 관련 산업이 얼마나 큰가. 로봇도 마찬가지다. 로봇이 인간의 일자리를 대체한다기보다 산업 흐름이 달라지는 것뿐이다. 다른 곳으로 이동하고 환경이 달라지는 것이다. 자동차 산업과 마찬가지로 오히려 일자리가 늘어날 수도 있다. 또한 로봇이 아무리 발전해도 감정이나 창의성을 대체하는 것은 불가능하다. 교육 시스템에서 이 창의성을 더욱 자극하고 창의적인 인재를 많이 육성해야 한다. 특히 예술가 등을 많이 양성해야 한다.

> **데니스 홍**
>
> 미국에서 태어났지만 한국으로 와서 학교를 다녔다. 고려대학교 기계공학과를 다니다가 미국으로 넘어가 위스콘신대학교 기계공학과를 졸업하고 퍼듀대학교에서 기계공학 박사학위를 받았다. 2003년부터 2013년까지 버지니아 공과대학교에서 교수로 지냈으며 현재는 UCLA 기계공학과 교수 겸 로멜라로봇연구소장으로 있다.

03 이공계 인재 잡기 경쟁

강연자와 토론자들은 이제부터 학교에서 교육 방식의 다양성을 추구할 때라는 데 의견을 같이 했다. 교과서 중심의 암기식 수업을 지양하고 좀 더 다양한 학습을 추구해야 할 시점이라는 지적이다. 밀턴 첸 조지루카스교육재단 이사장은 다음과 같이 말했다.

"학습에 대한 현명한 사고가 필요하다. 미국 애리조나 주의 코벳 초등학교에서는 학생의 읽기와 쓰기 능력을 높이기 위해 오페라를 따라 부르도록 했는데 효과적이었다. 또한 시간과 장소의 틀을 깨야 한다. 지금은 스마트폰을 통해 교육 프로그램을 접속할 수 있는 시대다. 개인의 학습 역량에 따라 다양한 속도로 학습할 수 있고 빨리 습득하면 교육기간도 줄여야 한다."

지금은 여러 과목 간의 통합 연계 학습이 중요한 화두다. 유명한 영화감독 조지 루카스는 학창시절에 자동차와 사진에 관심이 있었는데 이 분야에 대해 학교에서 배울 기회가 없었다.

"요즘에는 '픽사 인 어 박스(Pixar in a box)'와 같이 애니메이션에 이용되는 기본 기술의 원리를 교육하는 프로그램을 통해 수학과 애니메이션의 원리를 함께 공부할 수 있다."

세계적으로 경쟁이 치열해지고 있는 이공계의 인재 확보에 대한 논의도 이뤄졌다. 마이클 타이털바움 하버드대 로스쿨 선임연구원은 "미국에서도 STEM(과학·기술·공학·수학) 전공생의 숫자를 늘리려는 노력이 이뤄지고 있지만 정치권과 언론에서 지나치게 과장하는 측면이 있다. 일자리 수요를 감안해 균형 있게 인재를 공급하는 것이 중요하다"라고 설명했다. 또한 이공계 인력 공급이 경제 성장으로 이어진다는 믿음에 따라 지나치게 공급 측면만 강조하다가 인재를 수용하는 수요 측면을 소홀히 하고 있다는 지적과 함께 "과학기술계가 커뮤니케이션을 강화해 이공계 인력의 정확한 수요를 예측할 필요가 있다"라고 제안했다.

 | 강연 ① |

학교를 살리는 처방
밀턴 첸(조지루카스교육재단 이사장 겸 선임연구원)

학교를 개선하는 처방에 대해 논의하고 싶다. 현재 조지 루카스 재단에서 일하고 있다. 일을 시작할 때는 미국과 중국의 교류를 활성화하는 데 신경을 썼다. 아시아의 시대가 대두되고 있었기 때문이다. 양국 학생들의 교류를 증진시켜 세계 평화 등을 도모할 수 있었다.

에듀토피아라는 홈페이지가 있다. 학생들이 자신의 삶과 관련된 프로젝트를 진행하면서 배운다. 세상에 대해 배울 수 있도록 하려는 목표를 갖고 있다. 인터넷을 통해 다른 나라 친구들과 언어 등을 배울 수 있도록 글로벌 교육을 진행한다. 인터넷을 통해 국제화를 도모하는 것이다.

고향인 시카고에서는 중국어 교육 프로그램이 가장 활성화되어 있다. 시카고 시장이 국제화 의지가 강하기 때문이다. 동영상은 우리 사이트에 가면 볼 수 있다. 과학기술 관련 교육까지 인터넷을 통해 받을 수 있다. 학교 문제로 다시 돌아와 생각해보면 이런 여러 교육, 이를테면 정치, 언어, 과학기술 등의 교육이 장벽 없이 통합적으로 이뤄져야 한다. 싱가포르에서도 에듀토피아와 함께 파트너십을 맺고 교육받고 있다. 한국에서도 이뤄지기를 바란다.

'교육 국가'라는 이야기를 한다. 한국이 교육 강국으로 변해가고 있다고 생각한다. 국가가 새로운 지폐를 만드는데 들어갈 이미지를 논의할 때 교육적인 부분이 들어간다면 교육 강국이라 할 만한다. 싱가포르 화폐가 좋은 사례다.

조지루카스재단과 에듀토피아를 통해 학교를 살리는 6가지를 뽑았다. 한국어 책도 있다. 첫 번째, 학습에 대한 현명한 사고를 해야 한다. 학교에서 방과 후에 학생들이 무엇이 가능한지 생각해야 한다. 교과서 중심이 아닌 교육을 해야 하고 암기와 기억보다 수행 능력 성과 기반의 교육으로 사고를 바꿔야 한다. 생각의 변화가 학습과 교육의 핵심이 된다. 여러 다른 어떤 장소에서도 배울 수 있어야 한다.

학습에 대한 현명한 사고란 무엇일까? 학생의 다중 지능을 감안하라고 말한다. 다중 지능으로는 언어 지능, 논리 지능, 음악 지능, 개인 간 지능, 감성 지능, 신체 지능 등이 있다. 어떤 사람들은 개인 간 지능이 굉장히 높다. 협업을 잘하는 특징을 갖고 있으며 자연주의적 지능도 있다. 자연을 잘 다루는 재능을 말한다.

언어 지능과 논리 지능만 강조하면 점수에 불과한 인생을 산다. 다중 지능을 평가하려면 에듀토피아 홈페이지에서 다중 지능(MI) 평가를 해봐라. 질문에 답하면 본인의 다중 지능 점수가 나온다. 교사에게도 해볼 것을 제안한다. 자신의 약점을 파악하면 개선점을 고민하게 된다. 조지루카스재단에서 교육 영상 제작도 하고 있다. 우리의 강점이기도 한다. 5~8분 동영상을 통해 어떻게 교실 현장이 달라지는지 보여주고 있다. 에리조나 주의 코벳초등학교에서는 읽기와 쓰기 능력을 길러주기 위해 오페라를 이용했다. 오페라가 외국어이고 난해한데도 말이다. 그런데 효과적이었다. 언어의 글쓰기와 읽기를 배울 때 예술 분야를 통합하는 것이 효과적이라는 증명이 됐다. 단순히 글을 쓰는 것이 아니라 몸을 활용하고 목소리 등의 힘을 빌어서 교육하면 학생들이 훨씬 집중한다. 몸을 움직이면 신체 운동 지능에 도움을 준다. 시각, 촉각 등 오감을 이용해 교육을 받는 것이다.

두 번째로, 교육 커리큘럼의 혁신이 필요하다. 바이오 디젤을 연료로 사용하고 빈곤층 학생들이 제작한 하이브리드 자동차가 있다. 학생들은 아주 훌륭한 선생님들의 지도를 받았다. 필라델피아에 있는 이 학교는 교과목 기준이 아니라 프로젝트 기준으로 운영되고 있다.

사회 학습, 정서 학습을 병행하는 것도 중요하다. 자신의 정서 및 감정을 통제하는 방법을 알려주는 것이다. 자동차를 설계하고 개발하는 것도 혼자서는 힘들다. 이런 것을 잘 하려면 사회적 지능이 높아야 한다. 그룹 내에서 자신의 창의성을 높이는 방법을 알아야 하기 때문이다. 사회 지능도 가르칠 수 있다.

미국에서 상위권과 하위권 학생들의 격차가 꽤 크다. 미국 최고의 학교들은 최고 수준의 학생과 교수진이 있다. 반면 최하위권 학교에서는 어떤 과목의 경우에는 교사를 못 찾는다. 하지만 미국은 학교 바깥의 교육이 잘 갖춰져 있다는 강점을 갖고 있다. 도서관, 박물관 등이 대표적이다. 어린 학생들이 그곳에 가서 배울 수 있다. 학교의 현실이 내 현실과 연계될 수 있도록 해야 한다. 예를 들어, 특정 직업이 어떻게 하는 것인지 학교에서 이해시키는 것이 중요하다.

세 번째는, 테크놀로지에 관한 교육이다. 최신 도구를 학생에게 줘야 한다. 학생들이 사용할 수 있는 기기가 많이 있다. '픽사 인 어 박스(Pixar in a box)'는 애니메이션에 이용되는 기본 기술의 원리를 교육하는 프로그램이다. 수학과 과학이 애니메이션과 어떻게 연결되는지 알려주고 있다. 수학적 원리를 이용해 애니메이션 움직임 등을 설명한다. 애니메이션 속의 한 포기 풀이 더 두꺼워지고 얇아지는 이유를 설명한다. 어려운 수학원리도 쉽게 이해할 수 있다.

네 번째로 어느 곳에서도 배울 수 있어야 한다. 시간과 공간에 제한받지 않는 교육도 중요하다. 영상 속의 소년은 3D 프린터로 자신의 이름이 새겨진 스마트폰 케이스를 제작했다. 자유학기 동안 학생들이 원하는 방식으로 배울 수 있는 고등학교에 다니고 있다.

여러분들이 생각하는 혁신적인 좋은 학교는 무엇인가? 실제 어떤 지표로 평가해야 하는지 생각해보길 바란다. 내가 생각하는 좋은 학교는 '아이들이 학교에 오는 것을 집에 가는 것만큼 좋아하는가'를 보고 판단하면 된다고 말한다. 집에 가기 싫어하면 학교가 좋은 것이다. 이 내용을 여러분이 생각해봐야 한다.

다섯 째로 협력 학습이 중요하다. 모든 학생이 평생학습자여야 하고 서로 교사의 역할을 해줄 수 있어야 한다. 그렇게 하면 서로 배울 수 있는 것이 많아진다. 교사가 일방적으로 알려주는 것보다 학생 간의 대화로 많은 것을 알 수 있다.

여섯 째로 디지털 학습자인 청년들이 변화될 수 있도록 해야 한다. 스마트폰을 통해 교육 프로그램을 접속할 수 있는 시대다. 그러니 어떤 속도로도 배울 수 있어야 하며 빨리 배우면 교육기간을 줄일 수 있어야 한다.

여러 과목 간에 통합도 필요하다. 유명 영화감독인 조지 루카스가 고등학생일 때 뭐하고 싶은지 물으면 자동차와 사진이라고 대답했을 것이다. 하지만 1960년대에는 이러한 관심사에 대해 학교에서 반영할 수 있는 방법이 없었다. 요즘은 수학과 애니메이션을 연계해 주는 툴도 있다. 당시에는 사진을 인화하는 암실이 있었다. 그러나 지금은 학생들에게 암실에 대해 설명하기기가 쉽지 않다.

이공계 인재를 잡기 위한 세계적 경쟁

마이클 타이털바움(미국 하버드대학교 로스쿨 선임연구원)

과학 인재 분야 관련해서 이공계 인재를 찾기 위한 세계적인 경쟁이 이뤄지고 있다고 하는데 정말로 그런지 살펴보려고 한다. 현실적으로 인재를 찾기 위한 경쟁은 많이 이뤄지고 있다. 특히 '국가 안보' 를 '국가 인재' 에 의존하고 있는 미국은 과학, 기술, 공학, 수학이라는 STEM 전공생의 숫자를 늘리려고 노력하고 있다. 이공계 학과의 인재를 늘리려는 노력도 하고 있다.

컨설팅 회사 맥킨지에서 1997년부터 현재까지 '인재 전쟁' 이라는 제목으로 쓴 글이 있다. 반대 의견도 있다. 재계 지도자들은 미국에서 고용자들이 제대로 능력을 갖춘 직원을 찾을 수 없다는 이야기를 많이 들었다. '먹을 것만 주면 제가 자바를 코딩해드리겠습니다' 라는 광고를 들고 다니는 사람이 나올 정도다.

이렇게 상반된 이야기가 나오는데 무엇이 진실일까? 2001년 미국 공립과학재단에서 STEM이란 용어를 만들었다. STEM 전공자들이 어떤 직업으로 가야 하느냐에 대해 의견이 분분하다. '이공계 일자리가 얼마나 될까' 에 대해서도 설왕설래하고 있다. 공학도나 자연과학도라고 부르려면 적어도 학사 이상이어야 한다는 의견도 있고 취직한 사람이라고 해야 한다는 의견도 있다. 구분을 어떻게 하느냐에 따라 이공계에서도 이야기가 좀 다르다. 과학 및 공학만을 놓고 보자면 적어도 학사과정에서 과학이나 공학을 전공한 사람이라고 분류할 수 있다.

이 같은 전공자들은 첨단의 혁신과 경제 성장을 이끄는 사람들이지만 전체적으로 보면 숫자가 10%밖에 안 된다. 어떤 나라는 이공계 전공자가 1%밖에 안 되는 경우도 많다. 반면 아시아 국가들은 이공계 비율이 굉장히 높다. 가장 많은 공대 학사학위를 받

마이클 타이털바움 "수요를 감안한 균형이 중요하다."

는 곳은 중국이다. 중국의 경우 대학생의 31%가 공대의 학사학위를 받고 있다. 한국 24%, 대만 23%, 일본 17%, 독일 13% 등이다.

최근 10년간 추이를 살펴보면 한국은 약간씩 올라가는 정도다. 그렇다면 이공계 부족 현상은 정말 존재할까? 이공계 인재를 확보하기 위한 전쟁이 정말 일어나고 있을까? 미국에서 1992년~1997년 데이터를 갖고 분석해보니 이공계 부족 현상에 대한 뚜렷한 증거가 없는 것으로 조사됐다. 그런데도 미국 정계와 언론에서 과학기술의 인력이 부족하다는 의견이 지배적이다. 이 의견은 기술 진전이 경제 성장에 있어서 중요하다는 믿음에 기초한다. 믿음은 과거 영국의 중상주의를 연상시킨다. 중상주의는 16~17세기 영국을 지배한 사상이다.

인구 성장을 촉진하고 해외 이민을 받는 한편, 국내의 숙련된 기술자가 해외로 이주하는 것을 막아야 한다는 사상이다. 이러한 사상은 이후 아담 스미스나 데이비드 리카도 등 고전 경제학자에 의해 대체되었다. 인적 자원의 중상주의가 무엇일까? 인적 자원이 물리적 자원만큼 중요하다는 말이다. 수입 제한, 고숙련 인력 유출 방지 등을 주장하지는 않는다.

인적 자본을 최대화하는 것이 궁극적 목표다. 현재 과학기술의 인력에 대해 인적 자원을 최대화로 하려는 경향이 있다. 그런데 이 이론이 너무 멀리 나간 것 같다. 인적 자원을 최대화해야 한다는 결과를 얻기 힘들다. 누군가 자원을 투입해 연구소를 세워야 하기 때문이다. 인력에 대한 수요가 있어야 하는데 지나치게 공급만 생각한다. 정치인과 언론은 과학기술의 인력이 증대되면 경제 성장이 이어진다는 믿음이 있고 공급적 측면만 지나치게 강조하다가 수요 측면을 간과하는 경향이 있었다.

인도 정부도 과학기술의 인력이 부족하다는 주장을 강하게 펼친다. 박사나 석사를 유치하려는 고등기관이 있고 그들은 비자 발급이 좀 더 수월하다. 그렇다고 해서 근거가 뒷받침되지 않는 과학기술의 인력 부족 주장이 마치 사실인 것처럼 받아들여지는 것은 문제다. 정부에서는 이런 주장을 바탕으로 재정 지원을 늘리고 있는데 이런 현상이 장기적으로는 피해를 가져올 수 있다. 5년~10년이 지나면 거품 붕괴 현상이 나타날 수 있는 것이다. 정부가 엄청난 지원을 했다가 어려움을 겪을 수 있다. 호황기에 공부를 시작했다가 사회에 진출할 때가 되어 보니 해당 산업이 죽어가는 상황에 처할 가능성도 있다.

2차 대전 이후 5번 정도 과학기술의 인력이 부족하다는 주장이 나왔던 시기가 있었다. 그래서 2차 대전 직후부터 1957년까지 정부가 과학기술의 인력에 투자를 많이 했다. 그 거품이 꺼질 때쯤 러시아가 우주 개발을 하는 바람에 거품을 막을 수 있었다.

두 번째 붐이었던 시기가 1957년~1970년대다. 이때에는 거품이 붕괴됐다.

세 번째는 정부가 주도했다고는 볼 수 없는 1995년~2005년 사이에 불었던 인터넷 붐이다. 통신, 광섬유 등도 엄청난 호황기였다. 그런데 거품이 또 꺼졌다. 이때 많은 사람이 해고를 당했다.

네 번째는 연구 기금을 정부에서 2배가량 늘렸다. 그 이후 거품이 꺼지고 나서부터는 정부의 거품이 그렇게 커지지 않았다.

과학과 공학 부문에서 어디는 인력이 부족하고, 어디는 과잉 공급되고 있다. 석·박사학위 같은 경우는 기초 연구, 학문적인 부분에 집중한다. 장기적으로 프로젝트를 하다 보면 실제보다 큰 위협이 될 수 있다.

마지막으로 과학기술의 인력 부족 현상에서 있어 필요한 것이 무엇인지 생각해보자. 객관성을 유지하는 일이 필요하다. 물론 (기술 부족 현상을) 피해야 하며 경제 성장의 핵심 동력인 것은 맞다. 하지만 과잉 공급도 맞지 않다. 10년 이상 집중적으로 교육시켰는데 일자리를 구하지 못하면 비극이다.

앞서 설명한 주기를 감안해서 능력 있는 학생들이 일할 수 있도록 해야 한다. 목표는 과학기술의 인력이 부족하다고 하는 것, 과잉 공급, 둘 다 아니다. 수요를 감안해 균형을 이루는 것이 중요하다.

과학기술계가 커뮤니케이션을 강화할 필요가 있다. 산업 현장에 필요한 인재가 누군지 알기 때문이다. 또 한편으로는 과학기술 관련 커리어가 매력적이고 경쟁력을 유지할 수 있도록 해야 한다.

> **👤 마이클 타이털바움**
>
> 영국 옥스퍼드대학교에서 박사학위를 받았고 옥스퍼드대학교, 프린스턴대학교 교수를 역임했다. 인구학 분야의 세계적 석학으로 특히 역사적, 정치적 함의와 인재 수급에 관심이 많다. 저서로는 《인구 감소의 공포》, 《저출산의 글로벌 확산》 등이 있다.

| 토론자 |
백순근(한국교육개발원 원장), 밀턴 첸(조지 루카스 교육재단 이사장 겸 선임연구원),
마이클 타이털바움(미국 하버드대학교 로스쿨 선임연구원)

이공계 인재에 대한 세션에서 경청하는 청중들.

▶ 백순근: 에듀토피아에서 프로젝트 중심의 프로그램으로 판매가 가능한 동영상이
있는가? 그리고 어린이를 위한 프로그램 중에서 정신지체 어린이를 위한 프로그
램이 있는가?

▶ 밀턴 첸: 문의한 종류의 자료 동영상이 더 필요한 것은 사실이다. 특수 교육 관련
동영상이 있을 것이다. 지원적 지식과 관련된 동영상이다. 시각 장애나 색맹처럼
예전에는 장애로 여겨지던 결함이나 신체적 어려움 있는 사람들이 기술을 활용해
어려움을 극복하도록 도와주는 프로그램이다.

사람들은 서로 다른 요구를 갖고 있다. 각각은 강점과 약점이 모두 있다. 또한 다양한 종류의 지능에도 강점과 약점이 있다. 기술을 잘 활용하면 장애가 있는 학생들을 도와줄 수 있다. 해당 동영상은 회사 홈페이지에 있다.

▶ 백순근: 감성 행동 중심의 교육에는 공감한다. 하지만 이런 활동은 주로 초등학생에게 많이 적용되고 있다. 특히 저학년 학생들에게서 사용되는데 고학년에게도 적용이 가능할까? 예를 들면 '픽사 인 어 박스' 같은 것들 말이다.

▶ 밀턴 첸: 이런 접근법은 고등기관에서도 충분히 활용할 수 있다. 어떤 연령층에서든 원하는 기술은 다 같다. 협업 능력과 프로젝트 수행 능력을 찾아내는 것이 바로 이 접근법의 목적이다. 이런 방식의 접근법은 연령층이 높은 학생에도 적용할 수 있다. 예를 들면, 현재 대학에서 제공하는 교육과 산업 현장에서 필요한 능력에는 격차가 있다. 이것을 해결해야 한다.

캘리포니아에 '멀티플 패스웨이'라는 것이 있다. 미국의 여러 재단에서 이 프로그램에 대한 연구를 진행하고 있는데 연구를 통해 효과가 입증되면 정부에서는 해당 프로그램을 확대해 운영하게 된다. 캘리포니아에서는 어바인 재단에서 캘리포니아 고등교육을 확산시키려 계획 중이다.

고등학교 학생에게 커리어 경험을 할 기회를 많이 줘야 한다. 직업의 세계를 강의할 때 '멀티플 패스웨이' 프로그램은 학생들이 실제 현장에서 가서 직업 체험을 할 수 있도록 한다. 예를 들어, 16세 아이에게 픽사 스튜디오에서 일하는 것이 어떤 건지 경험하게 해주는 것이다.

▶ 백순근: 처음으로 과학 인재를 연구한 이유는 무엇인가?

▶ 마이클 타이털바움: 모든 선진국에게 과학기술은 미래다. 과학의 품질 수준, 기술의 품질 수준, 엔지니어의 품질 수준도 중요하다. 밀턴 첸 박사님이 이야기한 것처럼 조기 교육의 품질도 중요하다. 우리 사회에서 과학과 이공계 학생들이 중요하기

때문이다.

지금 과학 인재들은 어떤 직업을 찾아갈 것인가에 대한 고민이 많다. 한국은 경제적·정치적으로 성공 사례가 많은 나라다. 하지만 최근 한국이 많이 겪고 있는 문제가 경제 발전으로 인해 많은 학생이 좋은 대학에 갔지만 구직이 어려워졌다는 것이다. 이런 상황 때문에 학생들이 인정받지 못하고 일을 할 수 없어 어려움을 겪고 있다.

이런 경우에는 해당 분야의 교육을 많이 받으면 받을수록 좋다고 한다면 인재들이 그 분야로 더 갈지도 모른다. 학생들이 과학을 전공해도 갈 길이 분명히 있다는 점을 알려줘야 한다. 스티브 잡스가 대학을 나왔나? 그렇지 않다. 대학을 졸업하지는 못했지만 저명한 사람이 되었다. 스티브 잡스가 "대학이 지루해서 그만뒀다"라고 말한 것이 매우 재미있었다.

그는 대학을 중퇴하고 대학 수업을 청강하면서 서예를 배웠다. 그가 서예를 통해 글자의 아름다움을 느낀 후 만든 것이 바로 매킨토시다. 매킨토시 이전에는 컴퓨터에서 사용하는 글자체는 고딕체밖에 없었다. 하지만 이제는 화면이 좋아지다 보니 굉장히 많은 서체가 사용되고 있다.

스티브 잡스는 '왜 대문자만 써야 할까?'를 고민했다. 램이 커진 후에는 글자체를 하나만 쓸 필요가 없어졌다. 제한이 없어진 것이다. 그는 이 상황을 좀 더 효율적으로 써봐야겠다고 생각했다. 엔지니어들에게 서예를 적용해서 다양한 글자체를 해보자고 제안했다. 처음에는 엔지니어들이 그 말을 못 알아들었다. 서예를 잘 몰랐기 때문이다. 당시 엔지니어들은 "글자체가 뭡니까?"라고 반문했다고 한다. 이 사례는 엔지니어들에게 널리 알려진 이야기다. 애플의 컴퓨터가 최고 수준의 미적 감각을 자랑할 수 있게 된 것은 결국 스티브 잡스가 대학을 중퇴했기 때문인지도 모른다.

▶ 백순근: 학생들이 왜 이공계를 기피한다고 생각하는가?

▶ 마이클 타이털바움: 학생들이 이공계를 기피해서는 안 된다고 생각한다. 이공계는

흥미롭고 재능 있는 인재가 추구하는 커리어 패스(career path)여야 한다. 과학이나 기술에 대한 이해가 깊은 인재들은 어떤 분야에서도 잘 할 수 있다. 과학을 독려할 필요는 있다. 하지만 자꾸만 인력이 부족하다고 말한다면 잘못된 것이다. 학생들이 학위를 마치고 나면 공급 과잉으로 일자리 찾기가 어려울 수도 있기 때문이다. 과학, 기술, 공학 같은 것들은 살아가는 데 유용한 지식이다.

▶ 백순근: 친구들에게 무언가를 가르치는 것이 매우 힘들다. 저 같은 학생들이 가르치는 법을 제대로 배우려면 어떻게 해야 하는지 묻는 고등학생이 있다.

▶ 밀턴 첸: 21세기에는 발표하거나 가르치는 능력이 필요하다. 그래서 고등학생일 때 그런 능력들을 연습할 수 있다고 생각한다. 매킨토시 초창기에 진행한 프로젝트가 하나 있다. 스탠퍼드대학교에서 스티브 잡스가 한 졸업연설을 보면, 이야기하고 정보를 공유하는 능력이 중요하다고 했다.
중학생을 대상으로 한 프로젝트에서 칠판에 선을 긋고 알고 가르치는 것을 적게 한 다음, 다른 쪽은 배우고 싶은 것을 적게 했다. 모든 아이들이 배우고 싶은 것을 적게 한 것이다. 이런 활동을 통해 여러분들은 정보를 교환할 수 있다. 발표할 수 있는 기술, 스토리를 풀어낼 수 있는 기술이 중요하다.

▶ 마이클 타이털바움: 모든 학생이 다른 사람 앞에서 발표하도록 이를 의무사항으로 정해놓는 것도 좋다. 슬라이드를 만들고 오디오 영상 자료를 준비하면서 학생들은 자신이 생각했던 것을 잘 설명할 수 있게 된다. 학생들이 공부만 하고 끝내게 되면 사회에서 필요로 하는 역량이 부족할 수 있다. 대기업에서는 매일 자신의 프로젝트를 설명하고 그것이 회사에 어떻게 도움이 되는지 매일 적극적으로 설명해야 한다. 팀 프로젝트든, 개별 프로젝트든 자기 프로젝트에 대해 완벽하게 설명할 수 있는 능력이 중요하기 때문에 학생들은 커뮤니케이션 능력을 키워야 한다.

▶ 백순근: 밀턴 첸 박사님의 발표를 보면, 새로운 교수의 학습 방법에 초점을 맞추고

있는 것 같다. 교수 학습법의 혁신적인 방법을 소개했는데, 그것이 실현되려면 지도하는 교사들이 혁신적이어야 한다고 생각한다. 교사들의 혁신성을 키우는 방법은 무엇이 있을까?

▶ 밀턴 첸: 지금까지 말한 많은 내용이 교사의 역할을 강조하고 있다. 교사 역시 학습자가 될 수 있고, 반대로 학습자가 교사가 될 수 있다. 배울 수 있는 가장 좋은 방법은 가르치는 것이다. 다른 사람에게 무언가를 가르치는 과정을 통해 자신이 이해하지 못하고 있던 부분을 파악할 수 있다. 혁신성이 부족한 경우가 한국에 많다고 생각한다. 예비 교사들을 훈련해야 혁신적 교육을 할 수 있기 때문에 사범대 학생들을 교육하는 데 신경 써야 한다고 생각한다.

▶ 백순근 원장: 미리 질문지를 받았는데 고등학생들의 질문이 많았다. 2018년부터 한국 고등학생들은 문·이과 통합교육을 받는다. 인문학과 공학 등이 합쳐지는 것인데 이과를 싫어하는 학생은 이런 방법을 싫어할 수 있을 것 같다. 이과 공부를 싫어하는 학생이 이과 공부가 싫어지지 않게 하는 방법이 있을까?

▶ 마이클 타이털바움: 수학, 과학, 기술 등 STEM과 같은 교육은 교육받은 사람일수록 빼놓을 수 없는 부분이다. 기술이 계속 발전하고 있기 때문이기도 하다. 이런 분야에 어느 정도 소양이 있으면 유용하게 사용할 수 있다. 시간이 지날수록 공학과 이과 분야는 더 발전할 수밖에 없기 때문이다. 이과를 가든, 문과를 가든 지향해야 할 모습은 배움을 최대화하고 학습을 좋아하며 학문을 끝까지 추구하는 것이다. 미래는 아무도 예상하지 못하기 때문에 교육을 받는 입장에서는 이과, 공학을 빼놓을 수 없다.

▶ 밀턴 첸: 마이클 타이털바움 연구원이 티 러너(T자형 인재를 의미하는 것으로, 특정 분야에서 깊이 있는 전문적인 지식을 갖고 있을 뿐만 아니라 다른 분야에 대해서도 폭넓고 다양한 지식과 경험을 갖고 있는 인재를 말한다. 이번 강연에서는

특정 이공계 분야의 전문가이면서 예술과 인문학에도 거부감 없는 학습자를 뜻한다)를 말했는데, 자신의 꿈이 기자든, 예술가든, 과학자든 상관이 없다. 티 러너는 일반적 기술을 많이 구비해뒀다. 유수의 대학은 성적이 완벽한 학생을 오히려 거부하는 경우가 많다. 성적이 훌륭한 학생을 거부하기도 한다. 스탠퍼드대학교는 티 러너를 원하고 있다. 과학에 흥미를 가진 사람을 원한다. 과학자에게 "미술관 갈래?"라고 물었을 때 "싫다"라고 하지 않는 것이 바로 우리가 생각하는 이상형이다.

▶ 백순근 원장: 한국 고등학생들은 요즘 인문학에 관심이 많다. 인문학에 대한 관심이 점점 늘고 있다. 이공계 부분도 수요가 늘고 있다. 두 학문을 어떻게 비교할 수 있을까? 이공계가 그랬듯 인문학 역시 경기 변동과 같이 주기를 탈 것이라고 생각하는가?

▶ 마이클 타이털바움: 학생들이 교육받는 것에서 끝나는 것이 아니라, 더 깊이 있는 교육을 받도록 해야 한다. 깊이 있는 교육을 받은 학생들은 어떤 경제 상황에서든 적응력이 높아진다. 경기 활황 상태가 끝나고 침체기에 들어가도 지식은 어디를 가지 않는다. 나의 지식을 다른 분야에도 깊이 있게 적용할 수 있다면 적응력은 커진다. 스티브 잡스의 이야기를 다시 하면, 스탠퍼드대학교 졸업연설문에서 그는 "실패를 준비하라. 잘 준비해야 나중에 살아날 수 있다. 성공하기 위해서는 지금껏 하던 방식을 바꿔서 해봐라"고 했다. 더 많은 지식을 쌓을수록 경기 탓을 하지 않게 된다는 말이다.

인문학에 대해 이야기하자면, 역사학도도 물리학을 이해하고 화학도 이해해야 한다. 이것이 바로 교양교육의 장점이다. 인문학을 종합 예술이라고 한다면 모든 교양과목이 다 인문학에 들어간다. 인문학에 과학, 수학도 들어가는 것이다.

04 21세기 직무 능력과 중국의 혁신

중국 전문가인 조지 입 CEIBS 소장은 '중국의 보이지 않는 혁신'이라는 주제로 강단에 올라 "저성장의 늪에 빠져 있는 21세기의 성장 동력은 혁신이다. 이것은 생각이 아닌 '행동'에서 나온다. 행동이 생각을 만드는 것이다. 그 반대가 아니다. 혁신적 아이디어를 위해서는 일단 행동해야 한다는 점을 명심할 필요가 있다. 중국은 기업가 정신으로 무장하고 빠르게 행동하며 혁신하는 국가다. 중국의 첫 번째 성장이 '베끼기'에서 왔으며, 두 번째 성장은 '글로벌 공급망 참여'에서 왔으며 세 번째 성장은 '혁신'이 이끌 것"이라고 강조했다.

그는 '행동하는 중국'을 높이 평가했다. 역사가 오래된 서구의 기업이 더디게 움직이고 위험을 회피하는 반면 중국의 기업은 새롭게 열린 시장에 대응하기 위해 적극적으로 위험을 감수한다는 의미다. 전기차와 관련한 새로운 시장은 중국에서 탄생할 것이라고 전망하면서 '충전소가 먼저냐, 전기차가 먼저냐'와 같은 논쟁 없이 필요하면

곧바로 인프라 구축에 나설 것이기 때문이라는 설명도 덧붙였다.

현금 수송차량을 생산해 수출하는 중국 기업의 사례도 소개했다. 현금 수송차량과 같은 특수 보안차량은 각국마다 규제와 기준이 달라서 글로벌 기준을 마련하기 어렵다. 하지만 한 중국 기업이 기술자 100여 명을 세계 각국에 파견해 공통점을 찾아냈고, 그것을 상용화해 결국 수출에 성공했다.

조지 입 소장은 "미국과 유럽의 기업이 0에서 1을 만드는 혁신을 한다면 중국의 기업은 1을 100으로 만들어낸다. 강력한 리더십 아래 빠르게 움직이는 '늑대 정신'이 21세기에 점점 더 중요해지고 있다. 한국 기업은 큰 덩치를 웅크리고 있는 '스모 전략'보다는 빠른 '유도 전략'이 필요하다"라고 조언했다.

또 다른 발표자인 제이크 슈워츠 제너럴어셈블리 대표도 "창의적 사고방식은 '행동'이 중요하다"는 점에 동의했다. 사고방식 자체도 중요하지만 사고도 뭔가 해봤던 경험에서 나온다는 것이다. 그는 "불 속에 뛰어들어 실질적인 것을 만들어내고 이를 되돌아보는 것이 혁신을 이루는 가장 좋은 방법이다. 이것이 교육 스타트업인 제너럴어셈블리의 핵심 철학이다"라고 강조했다.

제이크 슈워츠 대표는 제너럴어셈블리에서 학생을 모집할 때 교육을 받으려는 동기와 목표의식, 팀워크 능력을 가장 중요하게 여긴다고 했다. 주로 정보기술(IT) 관련 교육을 하기 때문에 컴퓨터 기술과 수학적 지식이 필요하다. 하지만 이를 배울 수 있는 기반이 되는 것은 팀워크와 목표의식이라는 설명이다.

뉴욕에서 시작해 미국 서부, 중국 상하이, 호주 멜버른 등 세계로 뻗어 나가는 교육 기업을 키운 그는 "한국은 창업 생태계가 막 형성되고 있는 매력적인 시장이다. 한국의 강점인 인적 자원을 활성화하기 위해 서울 진출을 고려하고 있다"라고 밝혔다.

| 강연 ① |

성공에 필요한 21세기 직무능력

제이크 슈워츠(제너럴어셈블리 CEO 및 공동 창립자)

제너럴어셈블리는 사설 교육회사다. 과연 어디에서 시작했을까? 미국 고등교육의 문제점에서 시작했다. 흔히 미국의 대학제도는 부러움의 대상이라고 말한다. 하지만 교육과정의 일부 몇 가지는 논리적이지 않다. 미국 정부는 교육 융자를 1조 1,000억 달러나 하고 있다. 교육 소비를 장려하는 것이다. 이에 따라 교육참여율은 증가했지만 등록금도 늘어났다. 미국 등록금 상승률은 의료 보건료 상승률보다 높은 연간 5%다. 학생들에게 좋은 가치를 주기보다 강사진이 가르치고 싶은 것을 가르치게 했다. 학생들이 과잉 교육을 받고 있고, 졸업생 40%가 졸업장이 필요 없는 일을, 30%는 전공과 무관한 일을 하고 있다. 고용주들은 연간 2,000억 달러를 들여 재교육하고 있다. 2,000억 달러는 정부의 보조금 지급보다 더 크다. 제너럴어셈블리는 이 같은 문제를 해결하려고 한다.

우리가 추구하는 것은 투자 대비 수익이다. 투자하는 만큼 효과를

제이크 슈워츠(가운데) "실무자가 모든 과목을 가르친다."

얻을 수 있어야 하는 것이다. 일자리 측면에서 성과를 내야 한다. 고용주나 학생들도 강력한 지지를 보내고 있다. 학생의 99%를 졸업 후 원하는 일자리에 취업시키고 있다. 또한 소비자 중심의 사고 방식과 문제 해결 등을 교육하고 있다. 모든 과목을 실무자가 가르친다. 학생들은 이론을 배우려고 우리에게 오지 않는다. 현장의 실무 교육을 받으려고 온다.

매 분기별로 학생 4,000명이 졸업한다. 다음 분기는 5,000명이 졸업할 것이다. 2018년이면 14만 명의 동문이 생긴다. 동문은 우리의 비즈니스 모델을 지원할 뿐 아니라 새로운 학생들이 유입되는 토대가 된다.

우리 동문들에게 페이팔, 마이크로소프트 등의 기업들이 관심을 보이고 있다. 현재 많은 기업과 협력하고 있다. 〈포춘〉 500대 기업도 상당수가 된다.

전반적으로 21세기에서도 활력 있게 활동할 수 있도록 교육한다. 데이터 분석, 디지털 시대 리더십 등의 교육을 하고 있다. 임원, 중간 관리자를 위한 내용도 제공한다. 25개국 이상에서 워크숍도 하고 있다. 채용에서부터 역량 강화 기술 업그레이드까지 책임지는 것이다.

최근 몇 가지 교훈을 얻었다. '인재'란, 21세기에는 조직의 모든 차원에서 핵심적이다. 소규모로 팀을 구성해서 중요한 문제를 많이 다루는 게 중요하다. 기존의 인력 역량을 키우는 게 중요하다는 것을 깨달았다. 불필요한 자격증은 빼고 분명한 직무 능력을 찾는 것이 중요하다. 그리고 면대면(face to face) 직강('직접 듣는 강의'의 준말)의 가치가 아직까지 크다는 것도 깨달았다.

제이크 슈워츠

1978년 미국 오리건 주 포틀랜드에서 태어나 예일대학교, 펜실베이니아대학교 와튼스쿨을 졸업했다. 투자자문사와 보스턴컨설팅그룹 등에서 일하던 '잘 나가는 인재'였다. 이후 펜실베니아대 MBA인 와튼스쿨에 진학했지만 많은 돈과 시간을 들여야 하는 MBA 과정에 의문을 품고 2010년 교육 분야 벤처기업인 제너럴어셈블리를 창업했다. 직장인을 대상으로 웹 개발, 프로그래밍, 데이터 과학, 경영학 등의 실무 교육을 제공하는 벤처기업이다.

| 강연 ② |

'행동하는 중국'의 인재 혁신 전략

조지 입(중국유럽국제경영대학원 중국혁신센터 소장)

생각은 행동을 따라간다. 그 반대가 아니다. 생각을 먼저 하고 행동이 바뀌는 게 아니라 행동이 바뀌면서 생각이 바뀐다.

청중들 중 인사 관리자가 많을 텐데 그들에게 좋은 소식과 나쁜 소식이 있다. 좋은 소식은 인사 분야가 중요하다 보니 경영진으로 외부에서 많이 영입한다. 나쁜 소식은 이 사람들이 전문가가 아닌 경우가 많다는 것이다.

지난 4년간 저희 센터에서는 다음 주제를 연구했다. '중국은 혁신을 위한 조건을 만들어 가고 있는가?', '중국은 서양과 어떻게 다른가?', '중국에서 혁신을 만들기 위해 서양 기업들은 어떻게 하고 있는가?'

중국의 다음 단계로 가는 발전 전략은 '혁신'에서 나온다. 중국은 과학 논문 제출 수, 특허 출원 비용 지출 등이 증가하고 있다. 연구 개발 투자도 증가하고 있다. 연구 개발은 돈을 아이디어로 만드는 것이고 혁신은 아이디어를 돈으로 만드는 것이다. HR 전문가가 이런 혁신을 관리한다.

중국의 고객은 다른 국가의 고객과 매우 다르다. 차별성이 꽤 크다. 규모가 클 뿐 아니라 다양성도 크다. 중국에 진입하려면 이런 특수한 수요를 이해해야 한다. 중국의 기업과 리더들은 기업가 정신이

332

조지 입(오른쪽) "중국은 지금 혁신의 단계로 들어섰다."

강하다. 중국에서 가장 창의적인 혁신을 이끄는 알리바바의 마윈 등의 경영자들은 중국 교육제도에서는 두각을 나타내지 못했다. 요즘은 중국 총리도 혁신을 강조하고 있다.

중국 혁신의 역사 1단계는 '카피(베끼기)' 다. 중국의 시장경제 역사는 35년밖에 안 됐다. 무(無)에서 유(有)를 창조해야 했기 때문에 목적에 맞춰서 카피를 했다. 이 과정을 거쳐 샤오미 등이 혁신 기업으로 성장했다. 2단계는 글로벌 공급망에 참여하면서 혁신 역량이 높아졌다. 그만큼 수익도 높아졌다. 3단계로 넘어가서야 글로벌 스탠더드(Global Standard)에서 발맞춰 새로운 혁신 기술을 다루고 있다. 최근에는 글로벌 기업, 기술력, 브랜드를 인수하고 있다. 지금 중국의 기업이 갖고 있는 가장 큰 도전과제는 해외 기업을 관리할 역량 부족이다. 그동안 중국에서만 일을 했으며 언어 문제도 있다. 얼마 후에는 유학세대가 등장하겠지만 지금 당장 경영 능력이 부족하다. 경영진이 해결할 부분이다.

중국 기업의 혁신 방식은 어떻게 다른가? 서구와 달리 국내 수요에 초점을 맞췄다. 한 번에 두 채널을 볼 수 있는 TV 세트를 만들었다. 두 명이 각각 다른 프로그램을 볼 수 있도록 말이다. 한 자녀 정책 때문의 영향도 있다. 혼자인 자녀가 좀 더 이기적이다 보니 자신이 보고 싶은 채널을 고집한다는 점을 반영한 것이다. 이렇듯 고객에게 팔릴 만한 것이 무엇인지 실용적으로 생각한다.

또한 급진적인 속도보다는 점진적인 혁신을 추구한다. 아이폰을 그대로 만들어 내는 것이 아니라 기존에 갖고 있는 성능에서 좀 더 발전한 무언가를 만든다. 서구는 0에서 1로 가는 새로운 분야를 만든다면 중국 기업은 1에서 100으로 늘리는 것을 잘 한다. 특수한 수요에도 대응한다. 아프리카용으로 TV를 굉장히 크게 만든다. 부족별로, 마을별로 야외에서 다 같이 시청하는 경우가 많기 때문이다.

실행이 빨라서 실패도 빨리 경험한다. 서구는 프로세스 자체가 굉장히 엄격하고 꼼꼼해서 시간이 많이 걸리지만 중국은 빠른 프로세스를 추구한다.

중국인은 행동 중심이다. 반면 서구 중에서 프랑스의 회사는 과정 중심이다. 중국인은 행동을 이야기하는데 프랑스는 절차를 이야기한다. 중국 CEO들은 성공의 95%를 '내가 좌우한다' 는 식으로 말한다. 이런 이야기를 하는 것 자체가 다른 나라와 다르다. 이런 식이다.

"아들아, 절대 나에게 반대하지 말라. 내가 틀렸을 때도 말이다."

중국은 건물을 '건축' 의 관점보다 '제조' 의 관점으로 본다. 미리 만들어 놓고 모듈러 방식으로 제조해 판매하는 방식이다. 그래도 테스트베드(Test Bed)가 있어서 내진 설계와 지진을 견딜 수 있는지 등을 시험한다. 레고에 비교되기도 한다. 기술력이 많이 필요하진 않지만 비용 대비 효과적이며 실용적인 혁신이다.

인적 자원 관련해서도 사람을 굉장히 많이 쓰는 특징이 있다. 보안 차량, 현금 수송차량 등은 보통 국내 산업이다. 규제가 국가마다 다르기 때문이다. 하지만 한 중국 회사가 100명의 기술자를 세계 각국에 보냈다. 조사하고 연구해서 공통점을 찾겠다는 의도였다. 결국 모듈 몇 개를 만들어 냈고, 세계 각국에서 최종적으로 조립하게 됐다. 멀티 로컬 방식으로 글로벌화를 한 것이다.

중국인에게 일과 생활의 균형은 없다. 매우 근면하고 부지런하다. 화웨이는 슬로건이 늑대 정신, 늑대 문화다. 어떤 정신인지 감이 오는가? 무리로 이동하는데 그 무리에 강력한 리더가 있다. CEO가 6개월마다 바뀐다. 회장, 오너 권력이 있기 때문이다. 그리고 게릴라처럼 공격한다. 항상 규칙을 따르지 않는다.

외국 기업들은 중국에서 어떻게 R&D(연구 개발)를 할까? 사실 중국에는 외국 R&D 센터가 많다. 올해부터는 미국보다 많을 것이다. 2018년까지 1,800개가 더 생길 예정이다. 왜일까? 왜 중국으로 올까? 공급 쪽에서 보면 유능하고 상대적으로 낮은 임금의 연구자가 많기 때문이다.

한 외국 임원은 유럽에서 비서를 고용하는 임금으로 중국에서는 엔지니어를 고용할 수 있다고 했다. 급여를 중국 수준에 맞추면 많은 과학자를 고용할 수 있으며 정부와 지자체의 지원도 많다.

아직까지 틈새시장이 많다. 충족되지 못한 시장이 많다는 것이다. 새로운 것을 할 여지가 많다. 서양에서는 할머니가 썼던 물건을 계속 쓴다면 중국은 새로운 것을 쓴다. 새로운 시장이기 때문이다.

고속철도 등 인프라를 빠르게 만들고 있다. 영국에서 '고속도로를 새로 만들 것인가'에 대해 토론하는 시간에 중국은 공항을 3개나 만든다. 아마 전기차 시장은 중국에서 가장 먼저 만들어질 것이다. 선진국에서는 '충전소가 먼저냐, 전기차가 먼저냐'라는 논의를 한다면 중국은 그냥 추진해 버린다.

GE는 15만 달러짜리 의료기기를 중국으로 들여와서는 중국용으로 슬림(slim)하게 만든 다음, 다시 외국으로 수출했다. 외국에서 왕진용으로 쓸 수 있게 한 것이다.

요즘 중국은 혁신하기 위해서 해외에 있는 중국 과학자를 다시 불러들이는 프로젝트를 하고 있다. 좋은 정책이라고 생각한다.

제가 있는 학교는 중국과 유럽이 공동으로 운영하고 있는데 중국 학생은 다 공산당이다. 수업을 빠진다고 하면 학교 공산당 회의가 있는 것이다. 중국에는 이러한 병렬구조가 있다. 민간 기업의 운영체제와 공산당의 운영체제가 공존하는 것이다. 서구의 체제 그대로 이식할 수가 없다. 상호 간의 연결이 되지 않는다.

중국에서 무엇을 배울 수 있을까? 중국은 전 세계에서 가장 빠르게 성장하고 가장 큰 인구 규모를 갖고 있다. 많은 부분에서 굉장히 독창적인 사용자와 시장을 확보할 수 있어 외국 기업에 많은 기회를 제공한다.

또한 대범한 실행과 신속한 반복을 통해 혁신한다. 서구 기업은 오래되어 굼뜨고 혁신에 대해 더디게 움직이며 위험을 회피하는 성향이 강하다. 반면 중국의 기업은 적극적으로 위험을 감수한다. 중국에 진출해보면 대범함과 신속함을 배울 수 있다.

하이얼은 미국 시장에 처음 진출했을 때 작은 혁신부터 시작했다. 나무로 된 컵을 냉장고 위에 덮어서 에너지 효율성을 높였다. 지금은 3단계 공간을 냉장고 내부에 만들었다. 세 번째 공간에서 아이스크림을 꺼내면 먹기에 딱 좋을 정도로 되어 있다. 기다리기 싫어하는 미국인을 보고 생각한 아이디어다.

한국, 일본 기업들의 제품은 굉장히 복잡하다. 일본이 휴대전화 시장에서 완전히 실패한 이유가 휴대전화가 너무 복잡하기 때문이다. 애플의 아이폰을 봐라. 굉장히 단순하다. 또한 일본은 해외 임원들에게 개방되어 있지 않다. 여러 인재로 혼합된 팀이 나올 수 없다. 중국은 개방이 되어 있어 기회가 많다. 상하이에서 경영할 수 있다면 그 어디에서도 할 수 있다.

> ### 👤 조지 입
>
> 케임브리지대학교, 하버드대학교 비즈니스 스쿨을 졸업했다. 케임브리지대학교, 에라스무스대학교에서 교수를 지냈으며 현재 중국유럽국제경영대학원(CEIBS) 중국혁신센터 소장으로 있다.

글로벌 인재포럼 2015

다양한 인재가 세상을 바꾼다

제1판 1쇄 인쇄 | 2015년 12월 16일
제1판 1쇄 발행 | 2015년 12월 23일

지은이 | 한국경제신문 특별취재팀
펴낸이 | 고광철
펴낸곳 | 한국경제신문 한경BP
편집주간 | 전준석
편집 | 황혜정 · 마수미
기획 | 이지혜 · 백상아
홍보 | 이진화
마케팅 | 배한일 · 김규형 · 이수현
디자인 | 김홍신

주소 | 서울특별시 중구 청파로 463
기획출판팀 | 02-3604-553~6
영업마케팅팀 | 02-3604-595, 583   FAX | 02-3604-599
H | http://bp.hankyung.com   E | bp@hankyung.com
T | @hankbp   F | www.facebook.com/hankyungbp
등록 | 제 2-315(1967. 5. 15)

ISBN 978-89-475-4064-3   03320